せりかクリティク Serica Critique

好井裕明・山田富秋 編

実践のフィールドワーク

せりか書房

せりか書房

実践のフィールドワーク——目次

Ⅲ　「ふりかえる」

はじめに

好井裕明

新しい論集ができました。これまでせりかのアーカイブスで『エスノメソドロジーの想像力』（一九九八年）、『フィールドワークの経験』（二〇〇〇年）と作ってきたのですが、今回、各論考に流れる基本テーマは差別です。「はじめに」で何を書こうか。あれこれ考えたのですが、結局は執筆者へのお願いの手紙にもどってきてしまいます。まずはその手紙で何を語ったのかから始めることにします。

最近、差別をめぐり多くの言説が世の中に流布しています。おそらく以前と比べてもかなり量的にも増大しているでしょう。ただわたしたちはこうした言説の流布にある種の危惧を抱いています。なぜでしょうか。端的に言えば、こうした言説の多くは差別というできごとをわたしたちの日常から一定の距離をとり、いわば「問題」として整理し理解させようとする知であり、差別を考える領域を少しでも限定していこうとする力をもっていると考えているからです。

たとえば、差別の現実にきちんと向き合うことなく、いわば金属疲労を起こしているような硬直した差別─被差別の枠を依然として前提として語られる啓発的な言説、硬直した正義の枠で現実を批判し切って棄てようとする言説、国家、ナショナリズムなど別様の理屈を持ち出し、日本がおこなってきた差別や排除を「ないこと」として、あるいはより積極的に正当化していこうとする言説、自らを共生の担い手として含みこみ、たとえば障害者と共生するわたしは差別するはずがないと思い込ませてしまう、その意味で差別を見抜く力を曖昧にしてしまう福祉的言説、あるいはカルチュラル・スタディーズのコンテクストに安住しマイノリティの文化創造力を一つの思想としてのみ語ろうとする知識人たちの言説などなど。

こうした言説に対して、わたしたちは、いわば差別に対する見方を大きく転換したいと考えています。差別や排除というできごとを「問題」として整理し、さらには否定的あるいはへできるならかかわりたくないもの〉として、自分の暮らしから遠ざけるのではなく、日常をより豊かに暮らしていくうえでの「生きる手がかり」として差別というできごとを呈示できないだろうか。一人一人が生活者として暮らしていくうえで、差別をより積極的に活用できないだろうか、という見方です。もちろん「差別するわたし」の存在をそのまま丸ごと肯定し、差別しろ、と言っているわけではありません。わたしたちが普段暮らしていくうえで、差別というできごとから回避しえないとすれば、そこから逃げようとするのではなく、翻って差別するわたしをきちんと見つめ、そこから明らかになる知を、わたしと他者との関係性をより豊かにしていく手がかりとして活用できないだろうか、という見方なのです。

こうした見方に転換するとき、やはり呈示すべき作業は、「いま‐ここ」で作られ、維持され、あるいは増殖されていく差別の現実のありようだと考えています。そして今回、みなさんにお願いしたいことも、この差別の現実が「いま‐ここ」でどのように生きているのかの語りなのです。差別の現実を「問題」として整理し解釈しておわってしまうような論文の枠をみなさんがそれこそ自由な仕方で軽やかに超越され、論考での語りと読む側の日常がどこかでしっかりとつながり、読む側に不安や怒り、喜びや安堵の気持ちを抱かせるような〈ちからがにじみ出てくる〉作品としての語りをお願いしたいのです。

といいつつも、いま述べてきたようなわたしたちの思いをみなさんなりに理解していただき、それぞれの関心で「いま‐ここ」の差別の現実に対して積極的に活用できるヒントや手がかり、具体的な指針、方法、実践の試みはこれだ、というものを、ほんと自由に語り、論じていただければ、と思っています。

事前にみなさんには内諾はいただいているのですが、なにとぞこの論集にこめたいわたしたちの思いを理解していただき、執筆を引き受けていただけるよう、お願いいたします。

ところで、この論集を誰に読んでほしいと考えているのでしょうか。研究者、大学院生、学部学生を含め、もちろんできる限り多くの人びとを想定しています。ですから文体などはまったく自由ですが、一つだけお願いがあります。一見して難解に見える概念で現実を説明してほしくないということです。その概念が日常言語で語り得るならば、その努力をしてほしいことです。言い方を変えれば、できるだけわかりやすくということになってしまうのですが、〈わかりやすく書いたふり〉は一切必要ありません。みなさんが「これならば読む側に自分の意図や思いが確実に伝わるだろう」と思う文体や表現でお願いします。

いろいろとごちゃごちゃ書いてしまいましたが、どうぞよろしくご配慮のほどお願いいたします。

こんな手紙でした。〈差別の日常〉からたちあがり、どこか他の理屈や道徳、倫理の世界へ逃走し消え去ってしまうことなく、再びわたしが生きている日常へ立ち戻り、日常を微細ではあるが確実に変えていくちからを行使する、そうした差別をめぐる社会学的な言説、論集を、わたしはほしかったのでしょう。いまもそう思っています。

そして、お願いをした人びとからは快諾の返事を得て、力作を集めることができました。もちろん、差別というできごとを社会学的に解読していくうえで、わたしが大切だというポイントや思いはあります。お願いの手紙で書いたとおりです。でもそんなわたしの思いに囚われずに各論者が、いま、自分が書いてみたい、考えてみたいと思う内容を端的に書いてほしいという気持ちもありました。そして結果的に寄せられた作品は、見事にバラエティに富みながらも、ある一定の共通した主張の方向が垣間見えてくるものでした。

蘭由岐子さんは、国賠訴訟期にハンセン病療養所を訪れ、ほぼ時を同じくして訴訟を推進する病者と訴訟に批判的な病者から生活史を聞き取るという体験を見直しています。訴訟は差別に対抗する手段としては明快なものです。調査にきたわたしは訴訟についてこう考えると率直に相手に語ったほうがいいのではないか、それとも語らないほうがいいのか。蘭さんは、当時の状況、自分の身体、情緒、思いを丁寧に思い起こし、読み解きながら、自らが実践していた微妙な揺れを反芻していくのです。硬直した正義 - 悪という図式に安住などせずに、「腰を引くことなくハンセン病者と出会うこと」が大切だと。そして自分の中で生じる動揺、緊張などの反応を見つめ、その意味を吟味しつつ、常に目の前にいる病者との新たな関係性を拓いていくべきだと。わたしもまったく同感です。差別問題の研究実践にとって蘭さんの主張は、まさに基本中の基本なのです。

倉石一郎さんは、大学院生の頃に行なったある在日朝鮮人の生活史インタビューをエスノメソドロジー的に読み解き「調査経験を通して生きられる〈差別の日常〉」を明らかにしています。在日としての被差別体験を、丹念に執拗に相手から「語り」を取り出そうとしています。解放運動を実践し差別を克服した主体として、相手を理解しそれに見合う差別克服、解放の「語り」を期待しつつ、彼はインタビューを進めていくのです。こうした思い込み、押しつけの聞き取りに、相手がどう対応していたのでしょうか。倉石さん自身の読み解きはとてもおもしろいものです。今の時点からインタビューを見直すとき、明確にわかったことがあります。なんのことはない、聞き取りの相互的なやりとりのなかに差別的現実は生きられているし、相手は倉石さんが調査にとりかかる最初からそのことを端的に伝えていたのです。あなたがわたしから改めて聞きたいと思っている〈差別の日常〉は、語るまでもなく「いま - ここ」のあなたとわたしの関係にあるのですよ、と。以前『フィールドワークの経験』で、わたしはある調査実践において徹底して啓発的な歪みに呪縛されていた自らの姿を読み解いたことがあります。そのうえで差別問題研究にとって必要なのは「啓発する言説構築」ではなく、差別の日常を「例証するフィールドワーク」だと主張したのです。今回の彼の論考は、まさに「例証するフィールドワーク」の優れたかたちではないかと、わたしは感じ入って読みました。

杉浦郁子さんは、女性同性愛者の生活史聞き取りをやってきています。そこで「レズビアン」として生き、語る女性たちの多様性と出会うことになります。彼女たちの自分語りに率直に向かえば向かうほど、聞き取る側があてはめようとする同性愛者イメージ、そうしたイメージを支えている「常識的知」がもつ権力性と向き合うことになるのです。論考では、ある女性がレズビアンであることを納得し自分の存在を肯定していく語りをとりあげ、詳細に解読しようとしています。そこで語られるレズビアンカテゴリーは〈外から〉の排除の徴としてのカテゴリーでもないし、差別を告発し同性愛者という存在を解放していく集合的なアイデンティティとしてのカテゴリーでもないのです。では自分が好きに語った、個人にのみ解消していくプライベートカテゴリーなのでしょうか。論考を読みながら、わたしは、社会問題、解放運動などが流通させているカテゴリーや「常識的知」でのみ現実を理解し対応することの〈偏り〉を改めて想起していました。個人が好きに自分について語る実践がもつ「政治性」をきちんと見つめ、その意義を解読せよという杉浦さんの主張。さらにどのように展開していくのか、とても興味深く思います。

風間孝さんは、東京で起こった同性愛者を狙った強盗殺人事件の言説分析を試みています。加害者が同性愛者をどう認識していたのか。報道するメディアが事件自体、加害者像などをどう語ったのか。そこで語られる同性愛者イメージの問題性はどのようなものか。刑事裁判という法廷場面で事件としてどのように認定されていくのか。風間さんは、さまざまな資料を使い丁寧に論じていくのです。そこから端的に示される事実。それは事件がゲイ・バッシングであるにもかかわらず、それが「隠蔽され」「抹消される」暴力の様相なのです。たとえば、論考に示されている法廷場面は象徴的です。同性愛者を痛めつけたいからやった、という犯行動機を裁判長が加害者に確かめようとします。しかし裁判長は率直に問いかけるのではなく「そういう気持ち」「そういうこと」など常に曖昧で、含みをもたせ、言いづらそうに語るのです。なぜそのような言い方しかできないのでしょうか。「同性愛嫌悪について語ることを回避しつつ、同性愛嫌悪を明らかにしようとすることの不可能性」として風間さんは批判しています。確かに取り上げられた事件は象徴的な同性愛者排除です。論考を読みながら、わたしは、こうした事件を〈ただの事件〉として回収し、あいかわらず同性愛者を理解し、語る言葉を創造しようとしない〈差別の日常〉こそ、しっかり解読する必要があると、改めて確認していたのです。

山田富秋さんは、数年前から精神障害者の地域での生活支援に取組んでいるある市民団体活動を調べています。精神障害者を管理、収容するのではなく、日常生活の場で隣人として「ほっこりと包み」ながら、地域も豊かに育っていく。彼は、活動を中心的に進める人がインタビューで語った「語り」を解読しています。そこで明らかになったことは、山田さんが漠然と、そして理論的に把握していた精神障害者の地域自立をめぐるモデル・ストーリーに呪縛されていた姿であり、調査を通して彼自身が囚われから解き放たれていく過程なのです。日常で出会うさまざまな語りを本質化せず、つねにそこにはらまれている「両義性」を再評価せよという解読の後に出てくる結論。これはあたりまえのように思えます。でも「差別の日常」を生きているわたしたちが現実に実践していくうえで、かなり「タフ」な身体、柔軟な感性を要求されるけっこう大変な、でも大切な主張なのです。

山本薫子さんは、日本での滞在が長期化しているニューカマーの外国人をめぐるアイデンティティの問題を、彼らの聞き取りをもとに論じています。帰国か定住かという硬直した二分する枠では、すでに彼らの暮らしや存在が捉えられない現実があるのです。『存在していないはずの存在』として隠れ続けることと、会社や近隣で確実に社会の一員として地歩を築いていくことの矛盾」。ある外国人男性のインタビューから山本さんは彼らが抱いているアンビバレントな、諦めにも似た感情を読み取っていくのです。自分たちの「居場所」はどこなのか、という滞日長期化にある外国人からたびたび聞かされる問い。この問いに対して調査研究する主体はどう応えられるのでしょうか。山本さんは、ある作業の必要性を主張しています。外国人が「滞日」するなかで体験する「わかりにくさ」の所在を見出し、それ自体として理解する努力が必要だと。「滞日」外国人の聞き取りをします。彼らが語る生活史は聞き取る側にとりわかりやすいものばかりではないのです。でも彼らが語る原語をできるだけ「わかりやすく」日本語に翻訳加工し、問題を読む側に訴えていくとすれば、それは本当に彼らの生活や存在、抱えている問題を精確に捉え伝えていることになるのでしょうか。「マジョリティにとって『わかりやすい』マイノリティ」像を作り出しているだけではないでしょうか。この主張が今後どう実現されていくか、楽しみです。

倉本智明さんは、障害者問題が政治化していく経緯をわかりやすくコンパクトに論じながら、そこに孕まれている根本的な問題を指摘しています。なぜ障害者差別が問題化することが困難であるのか。個人の身体を前提とした医療、福祉モデルから、障害者が置かれた状況こそが問題であり、差別、排除、抑圧という視点から問題を捉えなおす社会モデルへの転換。そこに大きく貢献した障害学の思想や実践など。確かに障害学は問題の政治化に貢献したものの、やはりそこには「身体」が棚上げされていると。倉本さんの論述は明快です。そしてその主張もよくわかります。「身体の切断を通じて障害者問題の政治化をめざした障害学は、螺旋階段を一回り上がり、いま再び身体と向き合うことになった」と。では、どのように「身体」と向き合い、「身体」から問題が新たに政治化されていくのでしょうか。倉本さんの今後の実践に期待したいと思います。

寺本晃久さんは、明治大正期の刑事政策・精神医学の言説を詳細に読み込むことから障害と犯罪がどのように関連し問題とされてきたのかを丁寧に論じています。まさに論考タイトルにあるように、障害・犯罪・社会の系譜学を創造せんと試みているのです。当時犯罪や病理の原因をどのような場所へ説明を求めていくのか、その経緯を論じていくくだりは、過去の姿を理解するうえで興味深いものがあります。ただ、寺本さんの関心は、やはり現在にあるのです。障害者への個人（病理）モデルから社会モデルへの転換が障害者に対する差別、排除を語る場所を作り出したことは確かです。しかし「個人」から「社会」へという問題の転換は差別を論じるうえで十分だったのでしょうか。「個人／社会という前提を一旦捨て去り」「そこで取り残される『個人（の身体）』を問い返すこと、個人の身体の立脚点を蒸し返すこと」。「今そこに現れている個々人の身体の有り様・経験」を受容しつつ個人と社会のモデルがせめぎあう瞬間やせめぎあう場所で何が起こっているのかを詳細に検討することから始めるべきだと寺本さんは言うのです。扱う対象や論じ方などがまったく異なるのですが、わたしは倉本さんの論考と〈共振しあう何か〉を感じてしまいます。「身体」を取り戻し「身体」から始めること、これがいま、障害者問題に必須だと。

東村岳史さんは、現代における「アイヌ文化」表象を批判的に検討しています。いわゆる「アイヌ新法」が制定され、「共生」の名のもとで「アイヌ文化」が積極的に評価され語られています。しかし「共生」の内容を特徴づける要素を検討するかぎり、評価をそのまま首肯することはできないのです。東村さんいわく、それは「『日本人』の対アイヌ認識・表象枠組みがラディカルに再編されたものというよりは、むしろ旧来の表象のバリエーション」だと。「新法」を見ても「アイヌ文化」振興の主体は国家が定める「指定法人」であり、あくまで「日本人」が管理するのであって、アイヌを「文化」運営の主体として認知していないことが明確だと。「『日本人』側がどれだけ自分の視線に自覚的であれるかどうかが問われることになる」。「マジョリティ側の

『文化』認識をさらに具体的にえぐりだすこと」。文化表象をめぐる支配を考えていくうえで東村さんの主張や課題は納得します。そしてこれは差別を考えるうえでの基本であり、まさにわたしが主張する「差別の日常」の解読とつながるものなのです。

そしてわたしは、ある人権啓発ドキュメントのビデオ映像を読み解き、映像が語る被差別当事者、差別と対抗して生きる存在と差別者、差別社会の端的な「非対称性」を例証し、その問題性を論じたのです。

調査する身体や構え、知のありよう、情緒の揺れなどを詳細に見直していく実践。語りや映像、メディア言説が何をどのように伝えようとしているのかを詳細に読み解こうとする実践。理論文献や過去の書物を渉猟し必要な問題構制を「いま - ここ」に向けて語り出そうとする実践等々。この論集には差別研究をめぐり多様な「実践」が詰まっています。わたしは最初、論集のタイトルに「差別」という言葉を入れていたのです。でも集まってきた論考を読み、その多様さに喜びながら、タイトルから「差別」という言葉をはずそうと決めていたのです。はじめから「差別」という言葉で論集に〈蓋〉をしたくない。その言葉に絡みついている偏った理解やイメージで、せっかくの豊かな論考の意味を限りたくないと。ひるがえって言えば、常識的な偏った理解やイメージを超えていく差別の論集を作りたかったのではないかと。

いろいろ考えたすえ、「実践のフィールドワーク」というタイトルが浮かんできました。知的学的営みとしてフィールドワークを洗練させようと考えている研究者が本書に収められた論考を読めば、「なにがフィールドワークやねん。技法も手法もバラバラやし、こんな次元でフィールドワークという表現を使っているから、いつまでも調査技法として確立せんのや」と怒るかもしれません。でもわたしはそれを十分承知のうえで、差別研究をめぐる「実践のフィールドワーク」の一端がここにあると考えています。なぜフィールドワークなのか。そう考える正当な理由もあるのですが、いま語りだしたら長くなるので別の機会にまわしたいと思います。

ところで、各論考には〈違い〉があります。扱われている主題に対する著者の思いや姿勢。それらをどのような理論的背景から語ろうとするのか。またどのような概念や言葉を使おうとするのか、逆に概念や言葉に使われているのか。語りくちの生硬さや柔軟さ、語りたい内容と硬直した論述スタイルに挟まれ戸惑っている姿など、論述の濃淡は明らかです。でもそれをなにか〈ある規格〉に合うよう修正を求めるということは極力避けたのです。各論考が多様なかたちで張り合っている〈違い〉を味わってほしいと思います。なぜこの主題について、このように焦点をあて、論じきろうとするのか、その〈こだわり〉を味わってほしいと思っています。

「みなおす」「よみとく」「ふりかえる」と三部に分けていますが、これはとりあえず論考をなんらかのリズムで並べたいと思い、各論考を読むなかで、わたしが直感的に配置しただけなのです。ですから当然のことながら、どの論考から読まれてもかまいません。関心のあるテーマから読み進んでいただければと思っています。

今回は差別をめぐる論集をつくる難しさと面白さをともに味わうことができました。各執筆者の優れた論考をじっくりと読む機会がもて、またまた勉強することができました。なんとか論集をつくりあげた今、また別のかたちで差別に切り込んでいきたいと思う自分がいます。この場を借りて、執筆していただいた皆さんにお礼を申し上げます。ありがとうございました。

I

「みなおす」

差別をめぐる語りと「わたし」の位置取り
——訴訟期ハンセン病療養所でのフィールドワークから

蘭　由岐子

1　ハンセン病訴訟原告勝訴

二〇〇一年五月十一日、快晴のこの日に熊本地裁で言い渡された「らい予防法」違憲国家賠償請求訴訟判決（第一次～第四次）は、我が国のハンセン病政策のあやまりを指摘し、医学的知見に照らし合わせて遅くとも一九六〇年までには行政による政策転換を、さらに一九六五年までには国会による法の改廃をすべきであったとして、国会の立法不作為をも問う画期的な原告勝訴判決であった。そしてそれを受けて、その後二週間のうちに被告国側が控訴するか否かが焦点となった。この間、幾度となく控訴断念を要求するハンセン病患者・元患者たちの姿がテレビにうつしだされ、新聞社各紙も判決の内容と患者・元患者たちの受けたそれまでの「人生被害」（判決）を詳解し、ハンセン病をめぐる話題は、にわかに日本国中を駆けめぐった。一九九八年夏に九州の二つの療養所に暮らすたった一三人の原告からはじまった国家賠償訴訟は、すでに東京（東日本訴訟）、岡山（瀬戸内訴訟）と地域をひろげていたが、この時期（五月二一日）には、全国で一七〇〇名の原告たちが立ち上がる大訴訟となっていた（全療協 2001: 142）。判決直前の提訴者がその約半数であったことを考えると、「控訴阻止」という共通の思いのもとに皆が結集したことがわかる。そして、五月二三日夕刻、沈痛な面もちの小泉首相が会見し、「きわめて異例な判断」で国は控訴を断念することが発表され、原告勝訴のこの判決は確定した。そして、再び「元患者」たちの心から喜ぶ姿が報道された。

この五月なかばのできごとは、ひとつの病いを得たというだけであまりにも過酷な「法による差別」（制度的差別）を受けてきたひとびとがわたしたちが生きてきたこの現代社会にいたことを、多くの人たちに気づかせたにちがいない。我が国のハンセン病者たちの経験してきた「強制収容」「終生隔離」「懲戒検束」[1]「断種・堕胎」[2]「強制労働」[3]「偏見・差別」等々は、原告たちの主張通りきわめて重大な人権侵害をともなった「人生被害」として裁判所に認められ、国家賠償の対象となったのである。政府は、原告たちには賠償金を支払い、他方、原告にならなかった療養所入所者と退所者には、判決を受けて補償法[4]を制定し、賠償金と同基準・同額の補償金を支払うことにした。その後も療養所入所者、退所者、さらには、補償法の対象にならなかった入所経験のないハンセン病者、および提訴までに死亡した病者の遺族たちからの提訴が続いていたが、国は熊本地裁から出されていた和解案を何回か拒絶した後ようやく受け入れることにし、二〇〇二年一月、ハンセン病者全体の金銭的賠償および補償が実現することとなった。[5]

2 訴訟期ハンセン病療養所

この画期的な訴訟は、原告勝訴とその後のハンセン病者の司法上の全員救済を勝ち取ったまことに喜ばしい結果をもたらした。しかし、その過程は、原告である者にとっても原告でない者にとっても、また、療養所に「隔離」されてきた者にとっても「軽快退所」をし一般社会で暮らしていた者にとっても、さらには、病者の家族たちにとっても、いろいろな「緊張」をはらんでいた。とりわけ、せまい地域で多くのひとが暮らしている療養所内部においてその意味は大きかった。[6]

いくつかの事象をあげてみると以下のようになる。まず、裁判は、プライバシーの保護を考慮し匿名で進められていたから、最初の原告一三人のうち、テレビに映ったり記者会見をしたりした人たち以外、同じ療養所に暮らす入所者にとってもだれが原告かわからなかった。そのうち、原告の数は少しずつ増えていったが、療養所内はだれが原告かをめぐって「疑心暗鬼の状態」になっていった。自分の親友が原告なのかどうか、判決がでるまで、否、出てからもわからなかったという入所者もいた。その人は、親友が国の支給する「補償金」の申請をしたと聞いて、ようやく自分とおなじく原告でないことを知り、「ほっとした」という。原告のなかでも、あとでみるように支援団体と交流会をもったり原告どうしの横のつながりがあるところをのぞいて、原告団の事務局もしくは弁護団以外だれが原告であるのか正確なところを知らなかったという。しかし、基本的に療養所というのは狭い地域に長年にわたって生活が展開されているところである。ある人が原告か、原告でないのかを見抜くための「手がかり」には事欠かなかったという。

また、損害賠償の請求金額をめぐって、原告たちは、「一億円が歩いとる」などと揶揄されることも多かった。請求金額は「一億一千五百万円」。設定の理由は、「冤罪事件における刑事補償や公害薬害事件における損害賠償の基準」に準じたところにあり（解放出版社 2001: 78）、原告や弁護団には自分たちの人生と衡量すれば「正当な」あるいは「低すぎる」請求金額であったが、ほかの入所者たちはその積算基礎を理解しようとしなかった。他方、原告たちの訴訟に対する「思い」が賠償金獲得にあるのではなく、自分たちの「名誉の回復」にあると解釈した者たちは、「百円」なら自分も訴訟に加わると「豪語」していた。

さらに、療養所によっては、弁護士などの訴訟関係者の面会人宿泊所利用を制限するなどの組織的な動きも起こっていた。このような事態をとらえて、ある種「特別な時期」として「訴訟期」を措定することができよう。

さて、わたし自身が「特別な時期」であることを意識しはじめたのは、訴訟がはじまってまもなくのことである。「先生は、裁判に賛成か、反対か」と問われたりもしたし、裁判に訴えること自体への非難を自治会関係者から聞かされ、「私の調査研究もすすめにくくなるときもくるかもしれない」と研究報告書に書いたこともあるほどだ（蘭 1999: 5）。しかし、それまでの研究から療養所入所者たちの人生の経験に深い傷と損失を与えた国の責任はわたしにとってあきらかで、原告たちが国を訴える論理と心情を理解するのに時間はかからなかった。しかし、ライフヒストリー・インタビューの実践を考えた場合、まず調査対象者（語り手）から調査者（聞き手）であるわたし自身を受容してもらうことが必要であり、調査者（聞き手）であるわたしが調査対象者（語り手）からわたし自身の訴訟に対する態度（賛成か反対か）によってあらかじめ「判定」されることは避けたかった。したがって、インタビューの場では、裁判への態度はすすんで提示しないようにしていた。

しかし、それは「杞憂」であった。それは、わたしがこの裁判が始まる以前から療養所でフィールドワークをしていたからであろう。この訴訟期にボランティアとしてある療養所の資料整理にかかわりはじめたある青年は、そもそものきっかけが原告による紹介であったためか、訴訟について「静観」してきた自治会の役員と勝訴確定後しばらくするまでなかなか口をきいてもらえなかったと述懐している。それからすると、わたしはさいわいなことに、相変わらず、原告と原告でない者の双方から話を聞くことができていたのである。

ところが、ある療養所で一日違いで双方の立場のひとからライフヒストリーの聞き取りをした、そのフィールドワークで、わたしは思わぬ事態に直面することになった。すなわち、フィールドワークの過程で、わたしはひどく「動揺」している自分を感じたのである。なにか悪いことをしているような気持ちにもなり、ひどく落ち込んだ。原告でないひとにインタビューをした翌日、原告たちの集会に出るということになったとき、わたしはひどく狼狽していた。他方、ライフヒストリー・インタビューの現場で、出会って話を聞いたそれぞれのひとたちの「生きざま」にふれ、わたしの「生」も充填される感覚に満たされ充実感もあったし、この点についてはそれまで以上にインタビューの相手と「出会えた」という感覚を実感した調査でもあった。しかし、これほど、自分自身の行動を「反省」し、インタビューの相手に「罪悪感」を感じた調査ははじめてであった。その結果、わたしは、このフィールドワークをまとめることに積極的にはなれず、本稿を書くまで、このときに録音したテープもトランスクリプトに起こすことをせず、引き出しの奥にしまいこんでいた。

なぜそのようなことになったのか。ひとことでいえば、訴訟期ハンセン病療養所という、訴訟をめぐって生じた原告・非原告というカテゴリー化の磁場にわたしが過剰に反応し、フィールドでの自分の位置取りにとまどっていたからであろう。少なくとも、今回このフィールドワークを見直すまで、自分ではそのように思いこんでしまっていた。

本稿では、このときのフィールドワークを時系列にそって再構成し、もう一度丹念に吟味することによって、わたし自身のフィールドでの位置取りのありようを振り返りたいと思う。そしてこのプロセスは、一方ではわたしが聞き取った、原告の立場にあるAさんたちや非原告の立場にあるBさんの語りをあきらかにしていくことであり、他方では、差別をめぐるふたつの語りを記述することでもある。そして、そこには、彼らの語りを聞き取ることによって、原告と非原告というカテゴリー化の磁場で揺れ動きながらも、その立場の違いを越えた差別についての語りのなかで深く共鳴しているわたしの姿がみてとれよう。なお、以下に「原告であるAさん」、「原告でないBさん」についての記述を重ねていくが、それぞれの「語り」に現れる諸特性が療養所内部での訴訟をめぐる立場性の違いをそのまま説明しているものではないことを断っておきたい。なぜなら、わたしは、Aさんに対してもBさんに対しても、「どうして原告になったんですか。」あるいは、「どうして原告にならなかったんですか」という質問は一度もしていないからだ。

3　あるフィールドワーク

〈概要〉

二〇〇〇年三月はじめ、わたしは九州のある療養所に学会出席もかねて調査にでかけた。あらかじめ面会の予約を入れたのは、原告の一員でもあった五〇代の男性Aさんと、別の療養所に暮らす妹さんから紹介してもらった六〇代の男性Bさんであった。Aさんとは、以前開かれたシンポジウムや講演会で面識があったし、彼に関するテレビドキュメンタリーでだいたいのライフヒストリーは把握していた。Bさんとはいまだ面識がなかったが、妹さんを通じて少しは話を聞き、本人が書いた小説集を読んでいた。そして妹さんから「兄は、今回の裁判に賛成はしとらんですから、あんまり兄のまえではその話はせんでください」とクギをさされていた。しかし、この時点で、同じ療養所で、原告、非原告の双方にわたし自身が会うことになんら疑問は抱かなかった。おおまかな調査日程は、到着日はAさんに案内されての療養所内見学とAさんへのインタビュー、二日目はBさんへのインタビューと学会行事の講演会参加、三日目は学会の諸報告を聞き、午後はAさんたち原告の集会に参加し、その後集会に出なかった原告の女性にインタビュー、そして夜はAさんに話をうかがうというものであった。ただし、当初からの予定は到着日とその翌日だけ組んで、あとはAさんにアレンジしてもらった。

この時期の裁判をめぐる状況は、原告の数が、西日本訴訟（熊本地裁）二八二人、東日本訴訟（東京地裁）七七人、瀬戸内訴訟（岡山地裁）一一人の計三七〇人で、熊本地裁では、弁論・証拠調べ、現地検証、ハンセン病政策に直接たずさわった元厚生省官僚や原告側証人として立ったふたりのハンセン病専門医の証人尋問が終わっており、原告側弁護士によれば、「国側は証人を申請できない状態が続」き、「ボクシングで言えば、原告が国側を滅多打ちにしている状況が続」いていたころである（古賀克重2001）。しかし、この療養所における原告の占める割合は一割にも満たず、きわめて少数のマイノリティであった。療養所内はひところのような緊張関係は下火になっていたようだが、マスコミや外部の訴訟関係者が療養所内にはいることは相変わらず「禁じられて」いた。

〈Aさんの語り――検証としての裁判〉

一日目の夕方、Aさんの案内ではじめて訪れた園内をまわり、望郷台、「御歌碑」[7]、赤煉瓦づみの旧火葬場、旧納骨堂、真新しい集骨堂、新しい火葬場、ショッピングセンター、福祉室、新しく建て替えられたコンクリート造りの不自由者棟などをみせてもらった。療養所内に火葬場や納骨堂があるという光景は想像しにくいだろうが、どこの療養所にも火葬場は存在したし、納骨堂はいまもある。ハンセン病者の遺骨が自分のところの墓に入ることを嫌って、否、むしろハンセン病者が一族郎党から出たことを隠蔽しているがゆえに、病者の死後遺族が遺骨を引き取ることをしなかったのである。そのため園内に納骨堂があるのだ。それほどまでに家族や親族とのつながりが切れてしまっており、入所者たちもそれを実感している。そして、新しい納骨堂のまえで日がかげるまでAさんの話をきいた。一九九六年春、らい予防法が、それまで予防法の名の下に国が行ってきたこと――強制収容、終生隔離、断種・堕胎など――をなにも検証することなしに「いい加減に廃止された」こと、だからこそ、その予防法の「検証」をおこなうために裁判を起こしたこと、その法のもとに療養所に入ったものはだれもがその家族をもふくめて被害者であること、だからこの裁判は自分たちだけの裁判ではないこと等々をそばの納骨堂で眠る「一八〇四」柱の魂にも聞かせるかのように、Aさんはわたしに語りかけた。それから夕食後も、Aさんの自宅でインタビューし、彼の来し方を聞いた。

Aさんは、五人きょうだいの末っ子で、病弱な母の「おっぱいを吸いながらチャンバラをしていた」ような子で、一一歳のときにその母をなくしていた。一九六二年、一三歳のとき療養所に連れてこられた。そして、入所してから患者たちの病状を見て、母親の病気がハンセン病であったことを知ったが父親にそのことを確認することは怖くてできなかったという。姉のひとりは彼の発病が原因で一人娘をもうけながら離婚していた。入所するときに偽名に変えるよう強制され、名字を変えた。また、中学三年のときに「解剖承諾書」を出したという。Aさんは「出しましたよ」と言っただけだったが、「死体解剖承諾書」の提出は、自分が療養所で死を迎えることが前提とされていることを知るとともにそのことを「承知する」ということだった。すなわち、療養所入所が「終生隔離」であることを知らされる瞬間でもあった。そのショックはいかばかりか。多くの入所者たちが入所と同時にその承諾書に署名させられていた。

Aさんにとって療養所生活は、「逆うらしま」だったという。それは浦島太郎が竜宮城に行って時を忘れるほど楽しくてしかたなかったのとは全く正反対で、療養所に来て楽しくて時を忘れることなどまったくなかったからである。Aさんは、帰りたくても自由に帰れないなか、期限付きで三日間だけ帰宅させてもらったことがあった。ところが、父親がムスッとした顔で「なんで帰ってきた」と言ったのである。「親父にゃ親父の生活権がある、わたしそう思ったですね。ほんとにそんときからもう親父と音信不通にしなくっちゃと『別れ』をしたわけですよ」。あとは、ふるさとの空を飛び自宅をたずねる夢を見ることですごしたという。

「ふるさとの夢をみることは自由なんですよ。外出許可証がいらんでしょ。世間体も気にせんですむ。親にも迷惑をかけん。だから夜になったら目を閉じて夢を見るんです。高台にある学校の正門のところからぽーんと飛んで、たんぼを越えて、お墓をすぎて農協を越えて、自宅まで、こうやって」

Aさんは、両手を左右に大きく伸ばして、目を細くして空を飛ぶかっこうをした。話を聞いているわたしも、しばし空を飛んでいた。

Aさんは、二〇歳のとき、「社会復帰さしてくれない」ので「逃亡した」という。九州の療養所を勝手に抜け出て東京に行ったのである。Aさんの入所時にはすでに内服薬のDDSが導入されておりそれによって治療もおこなわれていたようであるが、菌検査が陰性にならなかったので、軽快退所として社会復帰させてもらえなかったようだ。「再発」までの数年間、パチンコ屋や水商売でまじめに働いていた。「身障者だから、とくに仕事も一生懸命せんないかん。人の倍はたらかにゃ、認めてもらえない、ていうのがあったから人の倍した。無理するんですよ。」「玉《たま》場《ば》、ていう玉をみがくところで。ほんとに肉体労働ですよ。それをあえてわたしやったんですよ。それとトイレの掃除はおれがすると」。社会復帰したひと、すべてに共通する一所懸命な仕事ぶりである。その結果、完治していない身体に負担がかかり、病状が悪化した。そのとき、療養所で処方されていたDDSという飲み薬を求めにAさんは薬局に行ったという。それまでその薬局の前を通るたびに、「イライラに○○（薬の名）を」と書かれた看板を見て、その字が「ライライ」と見えるぐらいハンセン病であることを気にしていたAさんであったが、「らい病じゃないかと思うんだけど、DDSという薬があるらしいが、おいてないですか」と思い切ってたずねたのだ。ふつうは、ハンセン病者であることがバレるのを恐れて医療機関に足を向けないのだが思いあまってたずねたのであろう。ところが、薬局の主人は、「お客さん、心配せんでいい。いまどきらい病なんかかかる人おらん。それは取り越し苦労だ」と言ったそうである。たしかに主人のいうとおり、ハンセン病はめったにかかる病気ではない。しかも、治療薬は市販されていないし、医療機関でも療養所以外では手に入らない。この状態が、結果的にすべての患者を療養所に追いやることになるのだが。これが退所者に対するわが国のハンセン病政策の制度的拘束であった。すなわち、療養所にいる入所者だけがその拘束を受けていたわけではなかったのである。そして、病状が進んだAさんは、一緒に暮らしていた女性と別れることにした。まだ年若い相手にはやり直してほしかったという。この別れは予測されており、子どもをもたなかったという事実がそれを示していた。

「子ども、ほしかったですよ。だけど子どもつくらなかったですよ。それはなぜかっちゅうたら、やっぱりね、これ不思議なもんで、人間ていうのは育ってきた環境によって、マインドコントロールされとるんですよ、自分たちはもう子どもつくっちゃいかん。病気が再発する、ね。病気が完全に治ってないわけだから。（そうすると）当然療養所にまた舞い戻らんといかんときがあるかもしれん。だからそれをやっちゃったときに、この子がどんだけ泣くかちゅうことがわかってるから、子どもつくっちゃいかん」。

「療養所外で治療ができる体制をとってくれていたら、通院ができたはずなんですよ」。そうであれば、子どももつくって、一緒に暮らしていくことができたのだ。そして、いまだにAさんがゲームセンターのゲーム機などで「お人形さんを集める」のは、「水子供養」のつもりだという。療養所のなかでの強制的な堕胎だけでなく、このような療養所外での堕胎も、病者たちの受けた被害として当然含めて考えられるべきであるとAさんはいう。「優生保護法」の「母体保護法」への転換[8]についても議論はなにもなくて、「だれかが言わないと闇から闇へと葬りさられてしまう」。このような、法に関する見解の背景にはAさんの経験がしっかりと横たわっていたのである。この言葉を聞いて、わたしはハンセン病政策下における断種と堕胎についての理解に新しい側面が切り拓かれた思いがした。それまでわたし自身がおこなってきたライフヒストリー・インタビューで、男性の口からこの点についてこのように深く、射程の広い話を聞いたことがなかったからである。

この時期、全国で三七〇名の者が原告になったことをAさんは「この高齢化した社会のなかではすごい数だと思う」という。そして「みんな意識してでてきておる」。先頭切って原告になったAさんでさえも、つぎのようにいう。

「みーんな白眼視されながらでてきておる。療養所のなかっていうのは普通の一般世間とは違うんですよ。もーっともっと入り組んでますよ、人間関係が。若いわたしでさえ、自分のいままでつきあってきた人とぜーんぶ縁を切ってから出ましたからね。そのひとたちに迷惑をかけたくないから。わたしはほんとに、親きょうだいみたいにしてた○○さんというひとがいらっしゃるけど、そのひとともほーんとに、わたしが動き出して法廃止から四年目を迎えるけど、その四年間ちゅうもの、わたしはそのひとのところへ一回も足踏み入れんやったですよ。なぜかいうたら、それはおれが行くことによって、○○さんに対してね、迷惑をかけるといけないから」。「その人がこのあいだケガして入院したらしいて聞いたもんだから、見舞いに行ったですよ。ぼくの顔みてね、その兄さんがね、『あのーA、四年何ヶ月ぶりやな』って言ったですよ。『兄さん、ぼくが来ると迷惑でしょう』って言ったの。『おまえが来ても来んでも一緒じゃ、迷惑じゃ』って。『おれは、おまえのAは、ていわれとる』て」。「どこの療養所のなかでもそのなかではね、もうほんとに家族みたいなかたちで、兄さん、姉さん、お父さん代わりのような人、弟みたいな者、あるいは妹みたいな者、それぞれのいろいろなしがらみがあるわけですよ。それを断ち切って、あるいはそれをなんとかかんとかして出てくるわけですよ、原告として。それはね、HIVのね、原告のみなさんよりもたいへんです。わたしはそう思う。というのは、HIVのみなさんは家族に、家庭にいるわけでしょ。(だから)どっから出たかわからんじゃないですか。だけど各療養所のなかはね、だれが原告だってすぐわかりますよ。いくら原告じゃないっていってもね、あれもそうじゃろ、これもそうじゃろって」。

原告になることは、自分だけの問題ではなく、自分と深いつながりのあるひとたちをも「巻き添え」にしてしまうような出来事なのである。だから、そのつながりを断とうとする。Aさんも例にもれず、〇〇さんとの関係を断った。しかし、従前のつながりはせまい世界であるだけに周知の事実となっており、原告に立ったという「迷惑」は確実に〇〇さんのところにも届いていた。最初の原告のひとりで、訴訟の理由をらい予防法の「検証」であるとして理路整然と説明するAさんにも、悩み抜いて原告になったひと、あるいはなれなかったひとと変わらぬ経験があったのだ。

要するに原告になることは「排除」の対象となることであった。ある会合で一緒になった療養所入所者たちから、原告とは一緒の部屋に寝泊まりすることができないといって、ひとり個室に通されたという。しかし、彼は、そのような事態になったことを謝る主催者に、「ハンセン病になったときから偏見と差別のなかで、おれ、生きてきてるから、別にね、ここで差別されようがどうされようがそんなことなんとも思いません。おれがやっとることは、当たり前のことやっとると思うてるから、おてんとさまにね、足をむけとるようなやりかたやっとらんとおれはそう思ってるんで、おれは胸張ってここ(個室)に入れさせてもらっておく」と言ったという。原告としての自負はこのような「排除」にもめげなかった。この「強さ」とそのことを語るAさんの誇り高い顔つきが印象的であった。寝泊まりした部屋はちがったものの、飲み会などでその「反」原告の療養所入所者とじっくり話す機会もあったようで、Aさんは裁判の意義について話をしていたという。その後、Aさんを「排除」したその人たちも、原告に加わった。

Aさんの訴訟に対する心情と論理、彼をとりまく現状について、そしてAさんを取材したドキュメンタリー番組には出てこない経験を聞き、あらためてAさんに対する理解が深まったと感じたのであった。そしてこの思いは第三日目の会話とAさんとの交流でさらに深まるのである。

〈Bさんの語り――差別は裁判では解決しない〉

午前、学会の受付をすませ、しばらく報告を聞いてから、会場まで迎えにきてくれたBさんと彼の自室に行き、インタビューをおこなった。Bさんは、わたしがBさんの妹さんと懇意であることからインタビューをお願いしたのだが、わたしについてはほとんどなにも聞いていなかったようで、お茶の用意をしながら、わたしがなぜ妹さんのいる療養所に出入りしているのか、今回の滞在予定はどのようになっているか、などいくつかの質問をしてきた。

Bさんは、相当ひどい後遺症が残っているひとである。顔面、手指の変形が目立ち、最近は緑内障で視力がかなり落ちている。しかし、依然として独身の軽症舎でひとりぐらしをしている。春まだ浅いこのころ、石油ストーブのうえにやかんをおいて湯をわかし、そのやかんを不自由な手で器用にあつかってポットに湯を入れる。それを見ているわたしは気が気でない。ハンセン病の症状は神経障害を起こし、熱いとか冷たいとか痛いとかの感覚を麻痺させる。Bさんの手先は変形だけでなくまちがいなく知覚麻痺も起こしており、やかんの熱さをはかることはできない。その手でやかんをもつことは火傷を起こす危険性が高いのだ。しかし、Bさんは、手伝いをするというわたしの申し出をことわり手慣れた手つきでお茶を入れた。だが、一方で、数ヶ月前やかんの柄が焼けているのを知らずに手で持ってやけどをし、委託医療で診察にいく外部の眼科の看護婦さんたち皆から「痛そー!」と言われたこと、「痛ければやけどなんかせん。それが痛くないからするんだもんなー。」とハンセン病を病むことのつらさを訴えた。[9]

Bさんは、小学校五年生の二学期のとき、発病を知った。手に結節ができて、足のすねがテカテカ光っていることに気づき、しかも、体が非常にだるくて、診察に行ったが一般病院では診断がなされず、大学病院にまわされてはじめてこの病気であるという診断が下りた。[10] 同時に学校にも行かなくなった。そして一九四三年一二月二八日に療養所に入所するよう指示がきていた。しかし、兄が一度下見をしに行ったところ、その療養所には高い塀がめぐらしてあって、そこに弟をやることはできないと判断し「親戚のうちに隠してしまって、結局やらなかった」。この間七つ違いの妹さんも発病し親戚の家を借りてそこに妹と母親と三人で暮らしていた。結局その家で一〇年暮らしていたが、病気はどんどん悪くなる一方だった。学業は中断したままだった。何度か自分から療養所に行きたいと言ったが、父親が反対して行けなかった。

「病気になって五年くらいは遊びまわれたけど、それからだんだん病気が重くなって。神経痛もでたり、結節がやぶれて傷になって、熱がもう毎日毎日でて。ほんでもう最後には、おふくろに、おれ、このまま死にたくない、ちゅうた(と言った)ですタイ。それで、おふくろはわたしが(予防課に)療養所に入れてほしいと手紙を書いたのを投函してくれただけで」。「ちょうど二〇歳の年に、療養所に入ったっですよ。もう最後の三年ぐらいはほとんど家ん中で寝たきりみたいになっとったですもんね。もうだから療養所に来てからほとんど病気の状態が変わらんぐらい、もうむこうで病気悪くなってしまったんですよ」。「療養所には塀があったり、殺されるていうような偏見やら差別の問題やらそがんいろいろあったんでしょうけど、まあ強制収容とかなんだとかということとはちょっと違った状況だったですよねえ」。

裁判の争点のひとつである「強制収容」に言及して、自分の場合はそうではないというBさん。Bさんのような入所の仕方をしているひとがこの点で原告になることを踏みとどまることはこの時期まだ多かったと思われる。しかし、Bさんが入所した一九五二年ごろは、もうすでに抗ハンセン病薬のプロミンが導入され積極的化学療法が確立していたころである。たとえ、そのプロミンが静脈注射によらねばならないとしても、療養所外で治療ができるようなシステムがあれば、療養所に入らなくてもよかったわけである。このように考えれば先のAさんがいうように「だれもが被害者」なのである。しかし、Bさんは、たとえそのころプロミンが一般の医院で使用されていたとしても、ペニシリンのように高価な薬だったら自分のところのような「豊かでもなんでもない」家では治療は出来なかったと思う、予防法の存在があったからこそプロミン治療が出来た、と考えている。みずから望んで療養所に入所したBさんは、その後一〇年間現在妹さんが暮らす療養所にいて、三六年前にこちらの療養所に転園していた。

妹さんのいうとおり、Bさんの訴訟に対する態度は、消極的であった。原告たちを排除する自治会役員のひとりであるという事実にのっとるならば、「反」原告であったともいえようが、わたしとのインタビューではそのような先鋭的なところはうかがえなかった。しかし、訴訟については、原告の主張だけでなく被告の国の主張もよく知っていて、さまざまなところで「裁判」が参照され言及された。たとえば、ハンセン病が治るということについて、原告は、専門医の証言をもって、ハンセン病は自然治癒もあり、プロミンの導入以降は治るようになったと主張したが、それに対して国はプロミン、DDSによるスルフォン剤単剤治療時の再発率の高さをあげて、一九八一年から導入された多剤併用療法をもって治癒するようになったと反論していた。Bさんは、療養所における自分自身への治療方針――たとえばプロミンのあと出た内服薬のDDSを続けるか否かなど――が、医師によってコロコロと変わるという実状をあげてつぎのように言った。

「いまはぼくは、病気の治療、DDSをやめて五年ぐらいなってですかね。それ以前からもう何十年も使ってきているんだし、それがほんとに効いているのかどうか、ぼくなんか素人だからわからんのだが、もうそろそろやめてもいいんじゃないかなあ、て先生に言うても、いやあ、それはやっぱりやっとかないと再発でもしたら困るからやっといた方がいいんじゃ、ちゅうて止めてくれん先生がおって。それから一年か二年したら、今度はもう、医者の方から患者を呼びつけて、もうおまえは薬やめた方がいいというようなことを言い始めて。こないだまでやめちゃあいかん、言うたくせに、ってこっちは思ってしまう」。

治療方針の定まらない、このような療養所における治療（投薬）の問題点を指摘しながら、それと同じ文脈から、原告側の医師の証言を解釈し、それが信頼に値するのかどうかという疑義を示したのであった。そのことは、また、国側の意見にも一利あるという態度に直結した。また、差別の問題についても、原告の主張では「らい予防法」が差別の「根本原因」だという主張がなされているけれども、そうではないと次のように論を展開した。

「ハンセン病に対する差別の問題がマスコミで非常に取り上げられて、全患協[11]なんかも裁判に支援していく態勢を組むために、らい予防法がなくなって三年になるけどもまだ差別が解消されないみたいなことというですけども、差別ちゅうのはわたしの考えでは、そんな単純なものではないですタイ」。「ぼくらのなかにもあるですもん。後遺症のひどい人間を軽い人が差別するみたいな。こりゃ、歴然とある。患者同士のなかでは、もう病気の性質については知ってると。だけど依然として、肉体の障害と奇形に対する差別というかっこうででてくるわけだから。これは無知ばかりではないという問題がある」。「予防法だけがらいに対する差別の根源だと思うと、こりゃ間違いだわとわたしは思う。もっと差別というのは根深いものであって、要は世界的に言っても予防法のない国でもらいに対する差別はあってるんだと」。「ともすれば、運動としていく側はやっぱり自分たちの有利なことしか考えない。それをもう一歩深くつっこんでいくと運動はむずかしくなるですタイ。だけど、そこを見ないとほんとの差別を正していくことには、ぼくはならないだろうとみてて、だから、その安易なものの考え方ちゅうかね、それは正していかないといかん。やっぱり優生思想みたいなものがそこに介在するわけでしょ。どうしても（優生思想みたいなものが）ある。障害者は自分の障害の軽いことを障害の重いひとに誇らしげに思うだろうし」。

Bさんは予防法だけが差別の根源ではないし、病気に対する正しい知識があるからといって差別がなくなるわけではなく、優生思想などのもっと「根深い」要素がかかわっているという。このような差別に対するBさんの経験にもとづいた深い洞察に首肯しながらも、裁判は限定された争点について「勝つため」に戦略的に争うことになるから、「らい予防法」と差別との関係についての議論はどうしても限定的なレベルのものにならざるをえないのではないですか、とわたしは言った。

さらに、ハンセン病の問題は、「裁判ちゅうか、告発する、そういう問題だけでは、終わらない。やっぱり、最終的には人間の問題として、考えなきゃならんて（思う）」「ひとつの社会制度的なもんだけで終わらないことがある」と説明するBさんに、わたしは、「だけど、制度的なことを少しでもなおしていけるならば、それも（ひとつの）ステップかなーと思いますけど」と言い、予防法を検証する裁判の意義を表明していた。

また、Bさんは、訴訟を起こした原告たちと生活の場を共用しているがゆえに起こる「実質的な迷惑」についても言及した。

「弁護士たちが園内で飲んだり騒いだりして、そういうことがあって宿泊を規制せざるを得ないという状況になった」。「本来言えば、ちょっとやりすぎ、ていうところもあるけど、園内では弁護活動というのはあんまりできなくなっとっとです」。「最初からの問題のありようなどがあって、どうもみんなギクシャクとしてね、人間関係が非常におもしろくなくなってしまったっていうわけで」。「妙なかっこうで、園内ではお互いにものはいうですけど、いままでのようにもう親しくなくなっていくっていうような状況がもう出てしもうとるですよ」。

「やりすぎ」と思うけれども、自治会側として規制せざるをえないところがあったとBさんは言った。「弁護士たち」であるかどうかは別にして、療養所外のひとたちがたずねてきて「騒ぐ」ことに苦情をいう入所者たちは確かにいるであろう。なにせ集合生活の場である。そのことはわかる。裁判さえ起こらなければ、平穏な療養所であったのに、という声は別の療養所でも耳にしていた。「人間関係がギクシャク」としていたことには、だれが原告かわからずおたがいが探り合うという事態も関係していただろう。

Bさんの声は、このあたりの話をするとき、きわめて小さくなっていた。それは、原告たちに規制をかけている自分たちのあり方を反省しているようでもあり、ギクシャクとした人間関係を悲しんでいるようでもあった。

もうひとつ「裁判」と関連することで、Bさんが抱いた違和感は、マスコミによる「被害者」という「モデル・ストーリー」（桜井厚 2000）の強要であった。「マスコミなんか、えらい入り込んできて、故郷に帰れないとかなんだかいう問題について、どうしても悲劇的に取り扱おうというあれ（傾向）があった」。Bさんは「確かに故郷（に帰れない）という問題はあるけれども、病気だから故郷に帰れないという、そういう前提が非常に悲劇的っていうふうに描き出してしまうのは、あんまりおれは感心しない」という。病気でなくても「みんなが故郷で死ねるわけでもないのだし、帰れるわけでもないだろし。そういう面では女性のひとはとくにそうだね。」ともっとひろい文脈からとらえようとする。このようにいうBさんが、いつでも故郷に帰れるという状況にあったわけではまったくない。母親の葬儀にも出られず、五男三女のきょうだいのなかで出世頭だった兄のひとりは、そのプライドゆえに一生懸命隠そうとしていたし、療養所にいる妹以外のきょうだいからもいまだにほとんど連絡のない状態であった。しかしながら、マスコミによるハンセン病者の「悲劇的」なとらえ方には辟易していた。もちろん、マスコミだけでなく、外のひとたちが「同情的にみる」姿勢にも疑義を呈し、「お互い率直でないと、ほんとの理解には達しないと思いますよ。」という。それにはBさんの人生観ともいえる「人間の可能性を問う」姿勢が関係している。

「ぼくなんか、病気にならなかったら、本の一冊も出さなかったし、ごく平凡に生きとったろうなあて。その場その場における人間の生き方をどうするかの問題じゃないのかなあ」。「生きるっていうことは、その五体健全であれば幸せというものの考え方っていうのは、それはそうなんだろうけども、そうでなかった場合、かならずしもその人が不幸なのかどうかね。そのものの考え方をその人がどう受け止めていけるかの問題だと思うよねえ」。「『あんたその手でどうして字を書くの、どんなしたら字が書けるの』という質問の方がかえってありがたい。『いやー別にたいしたことない。親指一本あれば字が書けるよって。人間ちゅうのは五本、指があるけれども、あんたが毎日日常の生活のなかで五本指を使って生きてると思う?』と逆に質問してみる。そこで、お互いに手の指の五本の指のことを考えてみるか、ということになっていくわけだから、そういう率直なところでものを見ていくことが一番。あんまり被害者的な話はね」。「健常であろうと障害があろうと、人間としての生き方というなかでほんとに自分がもっているものを生かして生きているかどうかの問題がそれぞれにあるんじゃないかなあと思うんよ」。

障害が比較的重いBさん。鼻の形成手術にも何度か挑戦したBさん。「五体健全」という状態を追い求めた時期もあったと思う。しかし、病気の進行とその後遺症はそれを許さず障害は進んだ。障害をもった自分をどう引き受けるか、そのひとつの答えがBさんなりの「人間の可能性を問う」姿勢であろう。その姿勢は、Bさんが隔離生活のなかで長年文筆活動に精魂こめて取り組んだ結果であっただろう（Bさんはその文筆活動が自分にとっての「宗教」のようなものだとも言う）。そして、このときBさんがいうには、それは療養所外の「自分の可能性に前向きに挑戦している」障害者のひとたちと出会うことによって獲得されたものでもあった。

このようなBさんの「哲学」にふれ、わたしは素直に感動していた。ハンセン病や予防法の「枠」を越えて、「入所患者」や「被害者」ではない、「自分自身の生」を積極的に生きるひとがここにもいたことを確認し、そのようなひとと出会えたことに感謝していた。もちろんBさんは地域の文学賞を受賞するなど「ひとかどの」仕事を達成したひとである。が、わたしはそういう仕事をなしたかどうかで測ることの出来る偉さではない、ひととしての「深さ」に魅せられていた。訴訟に関しては、裁判というものが原告と被告との合意された争点に関してのみ議論されるという基本的前提をBさんが知らないのだと思った。そのような前提は、わたし自身もこの訴訟がはじまってからはっきりと知り得たことで、そのことは皆あまり知らないことではないだろうか。知らないからこそ、裁判の争点とされる、たとえば、「差別の問題」などをより多元的な視点からとらえてしまったのかもしれない。

Bさんとは、この日、学会主催の講演会をはさんで午前から夕方までのほぼ一日、じっくり話をうかがうことができた。初対面にしてはずいぶん長く話し込んだものである。そして「蘭さんは、こちらに来たことを書かんですか」と自治会機関誌にエッセイを書くようすすめられた。この、「先生」でも「あなた」でも「蘭先生」でもない「蘭さん」という呼びかけは、わたしにはとてもストレートに響き、「Bさんと向き合わせてもらえた」という感覚をもたらした。さらに、次の日もよかったら来るように言ってくれた。しかし、翌日は、わたしは原告のAさんと再度会う約束をしていた。「あしたは、先約があってだめなんです」のひとことが言えないまま、Bさん宅を辞した。このことは、その晩もずっと気にかかっていた。

〈動揺する「わたし」〉

学会の報告がはじまるまえに、昨日のお礼ときょうはうかがうことができない旨を知らせておこうと、Bさんの寮をたずねた。二、三分玄関口で立ち話をし、だれとは言わず別のひととの先約があることを知らせた。しかし、それが他ならぬ原告のAさんであるとは言えなかった(と思う)。

学会の報告を聞き、その後の行事の講演会も終わって、わたしはAさんと再会し昼食を一緒にとるべくうどん屋に入った。すると、Aさんは、ちょうど午後から訴訟の支援団体「共に歩む会」の集会があるので参加してくれるよう、わたしに言った。さらに、テレビ局も入ってカメラをまわすかもしれないとも言った。Aさん以外の複数の原告に会うだけでなく、報道もされるかもしれない——それを聞いたわたしは、なぜか突然、非常に「動揺」した。うつむきかげんにうどんのどんぶりに顔をふせ、急に味のしなくなった麺を口に運んでいたことをいまでも思い出す。わたしは、原告の集会に出ることで、Bさんを、前日あれだけ親密に話ができたBさんを、「裏切る」思いがしたのである。それが複数の原告、すなわち、療養所入所者の口を通じて、あるいはテレビ番組を通じてBさんの知るところとなることを恐れたのである。自分の口からこの日の予定をはっきり言っておけば、そして社会学研究者として今回の調査では、「原告と原告でないひとの双方から話を聞くことにしている」と言っておけば、こんなふうに動揺しなかったかもしれない。しかし、わたしが調査に来たのは「原告のAさん」、「非原告のBさん」に会うためではなく、たまたまこの療養所の入所者でインタビューの予約をとれたAさんとBさんに会ってライフヒストリーの聞き取りをするためであった。そもそもわたしの調査研究は、病者たちの訴訟に対する態度をあきらかにすることを主要な目的にはしていない。それゆえ、なおのこと調査者としての自分が「原告」と「非原告」のあいだに位置する中立的な立場にあることを表明する機会を逸していた（とこのときは思いこんでいた）。表明する必要があるとも思ってはいなかった。わたしの原告・非原告との位置関係は、相手が判断するものであった。Aさんは、色好い返事をしないわたしを内心いぶかったかもしれない。もちろん、わたしが「反」原告のBさんと会って話をしていることをAさんは知っていたから、わたしがBさんの手前、支援団体の集会に出ることをはばかっていると思ったかもしれない。その「はばかる」姿勢からわたしに対してなんらかの判断が下されたかもしれない。しかし、Aさんはそれらについてなにも言わず、ただ集会への参加を熱心にすすめるだけであった。

動揺しつつも、他方で覚悟を決めてひとりの原告の家[13]で開かれた集会に参加した。集会には、この療養所からAさんともども原告になっている男女一〇名足らずと弁護士ひとり、障害者団体、教職員組合関係の支援者、そしてテレビ局と新聞社の記者の計二〇名ほどのひとびとが参加していた。さいわい、テレビカメラは入っていなかった。そして、わたしの参加は歓迎された。

〈支援者の会合——女性たちのエンパワーメント〉

集会は、各自の自己紹介からはじまり、訴訟支援活動がもうひとつうまく進んでいないことが話された。「地方」ゆえの市民意識の低さ、弁護士の数の絶対的不足をなげいていた。そして、あいかわらず続いている自治会と療養所本部による面会人宿泊所の利用制限や療養所関連の新聞記事を読み上げることになっている園内放送で訴訟関係の記事が「読み上げられない」という意図的な情報操作などの問題が話し合われた。自治会や当局の行為は、法的根拠のないものであり、裁判を起こす権利の侵害であることが弁護士によって解説された。また原告ひとりひとりが療養所内において個別対面的にいろいろな「迫害」体験をもっていることも口々にあきらかにされ、この「共に歩む会」との交流によっていかに支えられているかが語られた。「迫害」されている分、自分たちの団結力は強いと言う。なかでも七〇、八〇歳を越える女性たちのこの裁判とこの集会に寄せる熱い思いがこの場にいるだけでひしひしと伝わってきた。これまでことばをもてなかった女性たちが、自分たちの経験を語ることばとその機会をいまこそ獲得しているといわんばかりの気迫であった。その獲得されたことばで語られたことの具体的な中身はその時点ではあきらかでなかったが、それまで自分でも抑圧し胸の奥底にしまってきたことがら——療養所生活で経験したさまざまなことがら——を自分のことばで紡ぎだしていることは、確信できた。

原告たちは、原告になるに際して陳述調書を裁判所に提出しなければならない。それは自分自身で書くか弁護士が話を聞きとって書くかのどちらかで作成される。多くの原告は弁護士に話を聞いてもらっていた。すなわち、原告になってはじめて自分自身の過去を系統的に語る機会を得たのである。原告の「証言」としてつぎつぎとあきらかになる、過酷な経験の数々、強制収容、断種の事実、とりわけ過酷な「作業」と呼ばれる労働、偽名への変更、堕胎の事実とそれへの思いは、これら原告の女性たちの胸の奥から涙とともに絞り出されたものであった。わたしはあとで知るようになるのだが、この集会に同席した女性のうちのひとりはまさにそのような経験をしていたのであった。彼女は、七ヶ月の胎児を堕胎され、膿盆の上でバタバタしていた女の子を窒息死させられていた（つむらあつこ 2001: 9）。その「心に封印した」出来事をつらい思いをしながらも表に出し、それを共有してくれる仲間を「発見」したその結果が彼女たちの面もち、態度に現れていた。勝訴判決後、Aさんから聞いた「ばあさんたちは裁判が終わってほしくないと言ってる。裁判は楽しかったから、それが終わってほしくなかったなんて言ってる」というこどばに思わずうれしくなって、「そのとおりかもしれないですね、その気持ちわかるわかる」と返事ができたのは、この集会に出ていたからこそであった。原告女性たちにとって訴訟は自分の「生」の解放とエンパワーメントの絶好の機会であったのだ。

わたしは、この集会に出ることにためらいを感じていたことを忘れて、このパワーに圧倒されていた。女性史やオーラルヒストリー論などであきらかにされてきた、とくに女性が自分のことばを獲得すること、気持ちや考え、意見を表明することが「自己の全体性」を回復することにつながる（上野千鶴子 1998: 171-2など）というきわめて大きな意義を、まさにここで確認していた。ここでもまた自分の「生」に真摯に向き合いあらたな局面を生きはじめた力強いひとびとと出会えていた。

〈Cさんの語り――一貫した論理〉

集会が終わって、Aさんは、ひとりの盲目の女性のところに連れていってくれた。Cさんである。Cさんも原告のひとりであった。Cさんは、七八歳になる小柄な女性であった。一九五〇年、二八歳のころ発病。その後自宅にいたが、病気をひとにうつす、「法律病」だと、「理屈ぜめされて」療養所入所をせまられ、それなら病気をひとにうつさないように山で一人暮らしをすればよかろうと、父親に頼んで山に掘っ建て小屋を建ててもらい、そこで三年ぐらい暮らしていた。ところが、「衛生課」の医師や看護婦、警察官までがその隠れ家をさがして執拗に入所をせまり、結局「強制収容」されたというのである。その語りは、地元のテレビ番組やその後の公判でもあきらかにされ、多くのひとびとに強烈な印象を残したようだ（和泉眞藏 2001など）。わたしもそのひとりであったが、もっと衝撃を受けたのは、その強制収容の場面の語りよりもむしろ、そうまでして患者収容を進めてきた国は、今度はその誤りを認め、「一軒一軒、草の根分けて」患者家族・親族の家をたずねて謝罪に来るべきだし、収容のときのことを考えると、きっとそのようにできるはずだというきわめて「論理的」なCさんの発想だった。彼女が山にこもったのも、感染を防ぐために隔離をするという「予防法」の「論理」に忠実にしたがったまでであったし、この女性の変わらぬ信念の前にただ頭を下げるしかなかった。

そして、収容時に二、三年で帰れると言われたにもかかわらず、「四七年間も」帰れず、しかもその間、軽症の間に重症者の看病をさせられ、そのため指を変形させてしまったこと、夫が断種されたこと、火鉢から舞い上がった「熱灰」で目をやけどしたときも医師の休暇中で一週間も診療してもらえず結局失明してしまったこと等々、小さな身体からとうとうと語り出される「被害者」の語りに圧倒された。

〈Aさんの語り――心情の吐露〉

そして、その夜は、またAさんの自宅にうかがい、夜中まで話し込むこととなった。彼のパートナーと出産間近の愛犬ともども、長い時間をすごした。このときも訴訟のことから彼自身のライフヒストリーまでいろいろと聞いたが、その場ではノートをとることもテープ録音することもできていなかった。話題はいろいろあったと思うが、印象に残ったのは、Aさんが現在抱えている持病（ハンセン病ではない）の苦しみやハンセン病を発病したころの心情を吐露したことであった。後者について述べよう。Aさんと話しているとき、わたしは訴訟に立たないひとの気持ちも知りたいし考察したいと表明していた。国のハンセン病政策のあやまりはもうある意味で「自明」のことで、そのような制度的拘束のもとにおいてハンセン病者たちがどのような心持ちで暮らしてきたのか、制度下の個人生活を明らかにしたいと思うと話していた。ちょうど数ヶ月まえに書いた拙稿（蘭 2000a）の基本的枠組み――政策史のなかでの個人の経験の多様性――にふれながら、療養所に入ったおかげで現在生きている、だから感謝しているというひとも多いということ、療養所入所時に「ほっとした」というひとも多々あったことが話題になった。そのときである。Aさんは、小学校時代、発病した頃の学校での一場面について語りだした。自分では鼻が詰まっていてわからないのだが、息が臭うためか傷口が臭うためか[14]、教室にいる友達が机を移動させて自分のそばから離れていったというのだ。「こうして、こうして」と机をかかえて後ろに下がる恰好をしてみせる。このときのうつむいたAさんのつらそうな寂しそうな横顔がいまも目にうかぶ。そのようなことを学校でされていたから、療養所に入ったときには自分でも正直「ほっとした」というのである。もちろん、療養所がそのような「安住の地」になること自体が問われるべきものであるとAさんは言葉を継ぐことを忘れなかった。が、しかし、「ほっとした」と語るとき、建前でない彼自身の感情がそこに表れていると思った。

さらに、この面談のとき、弁護団長が訴訟の経過について語る「一問一答」形式の録音テープを聴くこともできた。もちろん、その弁護士の横顔に関するAさんの「解説」も加わったせいもあるのだが、その語り口の正確さ、論理性、人間的なあたたかみは、彼がハンセン病者たちが信頼してついていくに値する人物であることを示していた。この具体的な実務をしている弁護士に間接的ではあれ出会えたことで、わたしの訴訟についてのとらえ方は新しい局面に入った。

4　フィールドワークを終えて

さて、帰宅したあとずっと、わたしには気にかかることがあった。それは、Bさんから頼まれていた自治会機関誌への投稿の件であった。前述のようにわたしは、Bさんと一日をすごしたあと、原告の集会に出ることで、Bさんにひどく悪いことをしているような気持ちになっていた。否、むしろ、わたしが翌日も来てよいというBさんの誘いを断ってまで原告の集会に出席したことをBさんに知られたくなかった。だから、今回の「療養所訪問記」を書くことは、むずかしいこととなってしまったのである。「訪問記」に書くべき内容は、わたし自身の経験にもとづいたものでなければならないし、それはBさんとの出会いだけを取り上げて書けるものではないというわたし自身の思いこみがあった。だから、むずかしいと感じたのである。しかし、このような状況に気づいてすぐに投稿できない旨をBさんに知らせたわけではなかった。わたしはできることならなにか書きたいと思っていた。それはほかならぬBさんの依頼だったからだ。しかし、なにを書くにしろ、Bさんと会った日の翌日以降のわたしの行動をはっきりとBさんに伝えておいた方がよいだろうと思い、「原告のひとたちに話を聞きに行った」ということを手紙で伝えた。このときの手紙は自筆にしたためかコピーが残っていない。手元にあるのは四月はじめの日付のBさんからの返事だけである。この手紙には、自治会機関誌を数冊同封していること、他園の機関誌に載ったわたしの文章を読んだことに触れ、わたしが原告たちに話を聞きに行ったことについて、次のように書いてあった。「裁判について、関心をもたれていることは、わかっていました。何人もの人を相手に話した経験からです。個人的にそれぞれが自分の道を歩くのは自由だし、支援するのも同じように考えます」。この手紙をもらって、わたしは正直なところほっとした。もっとも、さきにみたように、Bさんとのインタビューのときには、わたしは裁判の意義を何度も表明していたのであるから、わたし自身の「心配」こそがおかしなものだったのであるが、このときは、録音テープを聞き返すこともしておらず、そのことには気づきもしなかったのである。うどん屋で動揺したとき、たしかにわたしはBさんに「傾倒」していた。そのときの情緒的状態——身体的なショックとしても残っている——を思い出すたびに、わたしはBさんの意見——「反」原告、あるいは、裁判の意義を認めない——に同調した態度をとって、Bさんの側に立つ者だとBさんに思いこませていたにちがいない、と思っていた。そうであれば、原告たちの集会に出るのは「裏切り」行為に等しい。しかし、そうではなかったのである。こちらの件はこの手紙でいちおう落着した。

ところが、送ってもらった自治会機関誌には、自治会の訴訟に対する異議が自治会長の文章ではっきりと表明されていた。あきらかにこの冊子に投稿することは、原告たちの反対側に位置することになると思った。あとで知るのだが、訴訟以降、原告の投稿する文章は掲載を拒否されていたらしい（つむらあつこ 2001: 7）。当時でも自治会機関誌の位置づけについて、原告たちと自治会との関係から推測することは容易であった。このことを知って、わたしの「書く」意欲は大きく減退した。しかし、他方で、その後もBさんの役に立つためにも、なんとか文章をまとめられればとも思っていた。しかし、四月からの新学期のはじまりとともに日常の業務に追われて、結局、投稿はできずじまいにおわってしまったのである。まえもって聞いていた投稿期限が切れた時点でようやく心の中で一区切りついたと思った。

その後のわたしは、訴訟の行方に積極的に関心を払い、Aさんの自宅で聞いた弁護士による訴訟の解説の明解さと熱意を思い出しながら、原告たちの思いが通ることを願い、またそのことを確信していた。

5　差別をめぐる位置取り
——告発、啓発、忌避、そして向き合うこと

訴訟という事態は、ハンセン病者たちの差別と排除の経験を、国家がおこなった「人権侵害」として「定義」し、らい予防法にその根拠を求めることを可能にした。そして

多くの病者たちが「心に封印された物語」を「人権侵害」の証拠として表明する機会を得、国のハンセン病政策のあやまりを「告発」した。そして、勝訴確定という事態は、ハンセン病者たちの人生の経験を「人権問題」としてとらえることの必要性を社会に提示し、その結果、行政政策の一角にハンセン病問題が居場所を確保するようになった（現在、各地の「人権講座」が「ハンセン病問題」をテーマに開講されていることがそれを示していよう）。つまり、これまでハンセン病者が社会から隔離されてしまったがゆえに、彼らが抱える問題群は一般のひとびとにまったく閉ざされてしまっていたが、訴訟とその判決はそれを一挙にひとびとの眼前に提示したわけである。とりわけ国の政策のあやまりについて「見える」ようにした意義はとても大きい。そして、侵害された権利の補償として病者たちに賠償金や補償金が支払われるという救済策をもたらしたことの意義はいうまでもない。

このように、訴訟の意義は強調しても強調しすぎることはない。また、ハンセン病者が経験した差別と排除という問題を「告発」し「人権侵害の問題」として啓発していくことの意義はきわめて大きい。だが、誤解をおそれずにいえば、ハンセン病者の経験した差別や排除という問題を、訴訟に代表されるような告発や啓発や人権問題としてのみとらえることは、なにかを見落とすことにはならないか。なぜなら、訴訟は、勝つか負けるかのアリーナであって、そこで取り上げられることがらは勝ち負けの文脈で「戦略的に」選択され構築された「真実」であるからだ。研究としては、その訴訟という事象をも相対化するより多面的な取り組みが必要であることはいうまでもないからだ。

わたしは、あるとき、面識のないひとりの訴訟支援者から「市町村の教育委員会に人権教育のトピックとしてハンセン病を取り上げるようすぐにでも運動をすべきである」と電話で求められたことがあった。そのころは、訴訟もまだ結審前で、ハンセン病についての行政の取り組みもほとんど行われていなかったから、その状態を「告発」する意義は大いにあった。その根拠も「らい予防法廃止に関する法律」の付帯決議（第四項）[15]に求めることができた。しかし、一研究者であるわたしに向けられたその要求には、直接的な人権運動を強要するようなニュアンスがあり、違和感を禁じ得なかった。国がハンセン病者たちに対しておこなった「人権侵害の事実」をあきらかにし、そのことを批判・糾弾していくことがハンセン病問題にかかわるすべての者の「責務」であるという主張もよく了解できたし、わたしの研究が最終的に病者たちの「人間回復」に資することがあれば望外の喜びである。が、しかし、ハンセン病問題にかかわる者ならだれもが、一見、即効性のある人権運動という「告発」の方向に動いていくべきであるという主張は、ある種の権力作用以外のなにものでもないと思った。

「わたしたちの人権はなんびとによっても侵されてはならない権利である。したがって人権侵害は『してはならない』行為である」という前提に立って、ハンセン病者の経験した差別は即人権侵害であるという理解がなされるとき、差別はア・プリオリに否定されるべきことがらとして立ち現れてくる。しかしながら、ハンセン病者が経験した差別は訴訟で争われたような、国が行った「人権侵害としての差別」だけではない。日常の他者との相互作用のなかで、「嫌われ」「恐れられ」「避けられ」るという「いま‐ここで」の微細なかたちでの差別でもあった。もちろん、「いま‐ここで」の微細な差別は国がおこなった「人権侵害としての差別」によって補強されたものであったことは言うまでもない。だが、それを補強した「人権侵害としての差別」がなくなれば「いま‐ここで」の微細な差別がなくなるというものでもない。何気ない相互作用の状況において病者にむけられた他者の振る舞い、あるいはまなざしこそが病者を苦しめてきたのではなかったか。そのようなふるまいやまなざしは、わたしたちが日常生活のなかで茶飯事に行っていることであり、それらをすべて「人権侵害」として「してはいけない」ものとすることは不可能である。なぜなら「差別意識は、ことばをもち、世界をカテゴリー化することなしには生きられない人間という種に根源的な意識である」からだ（栗原 1996:26）。

「してはいけない」ということが声高に叫ばれれば叫ばれるほど（差別＝人権問題としてのみとらえられるとき）、わたしたちはそのような相互作用の場面に遭遇しないよう、巧妙に病者との出会いを「忌避」してしまうのである。すなわち、「差別が悪い」というタテマエが「人を差別の前で素通りさせる（遮断するまなざし！）」（栗原 1996:26）のである。たとえば、あるとき、わたしは知人を療養所に連れていこうとしたことがあった。その知人はわたしがハンセン病者研究をしていることを知っており、ハンセン病問題についての新聞記事もスクラップし、病気や病者の人生について的確に把握していた。しかし、結局「コワクて行けない」とわたしの誘いを固辞したのである。自分がハンセン病者たちと出会ったとき、病者たちが長年苦労を重ねた療養所という場所に出向いたとき、どう対応していいのかわからないし、どのような反応が自分に起こるかわからない。そのような自分と向き合うこと、そして自分が問われることが「コワイ」というのである。「動揺すること」は出会った他者と「普通に」接していないことを意味し、それが「してはいけないこと」と同義に解釈されているのだ。

また、「ハンセン病問題＝人権侵害としての差別＝悪」という見方に固執するとき、そのような差別をしてきた国と正面切って闘う原告は「善」、闘わない非原告は「悪」という図式でハンセン病者たちを二分する事態を招きかねない。その図式に固執すれば、Bさんのような非原告の語りに耳を傾けるチャンスは捨象されることになるであろうし、わたしたち自身を「善」である原告側に位置づけてしまいかねない。その結果、このような姿勢は、わたしたちのハンセン病理解にある「傾き」をもたらすことになる。「被害者」の側面からの「語り」だけでなく、Bさんのように「ぼくらのなかにもある」差別のありようが語られるとき、そして、その語りに耳を傾けるとき、わたしたちはハンセン病者と同じ地平に立ち、お互い「率直なところでものを見ていく」ことができるのではないか。「差別は人権侵害」、「差別は悪い」、「正しい知識をもて」、「偏見をもつな」という啓発のスローガンをまえに腰を引くことなくハンセン病者に出会うことがいまこそ必要なのではないだろうか。自分に生じる反応をじっと見つめ、問われた問いに答えを見いだそうとしていく過程で自分が変わり、病者と自分とに向き合うことが可能になる。動揺すること、差別することをはじめから「悪い」こととして否定するのではなく、そのような反応をする自分を見つめ、そのことの意味を立ち止まって吟味することが病者との新たな関係性を拓く。そして、原告になること、ならないことの意味を外側から確定していくのではなく、病者それぞれの人生の文脈のなかで解釈することこそが、訴訟期を経たハンセン病者の(差別についての)より深い理解につながっていくひとつの途ではないかとわたしはあらためて思うのである。

附記 本稿は、平成一二年度～一四年度日本学術振興会科学研究費補助金基盤研究(c)(2)「ハンセン病者の『病いの経験』に関する研究」(課題番号12610227)の研究成果の一部である。

注

1　療養所内の秩序維持のため所長に与えられた、譴責、謹慎、減食、監禁といった懲戒検束をおこなえる権利。一九一四年の細則から一九三一年には規定に昇格し、戦後の「らい予防法」でも戒告、謹慎をさだめていた。

2　国立療養所では、入所者の統制管理の一助として男女の結婚が許されていた。しかし、子どもが誕生すると困るので、結婚の条件として一九一五年から戦前は非合法で、戦後は優生保護法下で断種が行われていた。療養所によっては、女性の妊娠を確認してから堕胎と夫への断種をほどこしていた。もちろん、その根底に優生思想にもとづく患者撲滅の意図があることは確かである（蘭 1999）。

3　療養所内では「作業」と呼ばれる労働のこと。療養所運営を「経済的」におこなうべく、療養所当局は入所者を利用し、入所者の側は、その「作業」によっていく莫かの収入を得るために働いたのであった。割り当てられた作業は拒否できなかった。もっとも過酷だったのが、軽症者による重症者の看護と死者の火葬であった。

4　正式名称は「ハンセン病療養所入所者等に対する補償金の支給等に関する法律」。

5　ただし、これは日本国内のハンセン病者、および、在日韓国朝鮮人ハンセン病者のみの救済であるという指摘がある。植民地下朝鮮半島においておこなわれたハンセン病政策の被害者の救済は一切おこなわれていない。

6　残念ながらわたし自身は、療養所入所経験のない人たちとハンセン病者たちの家族の具体的状況についてはいまだ調べることができていない。社会復帰者の訴訟期における態度については（蘭 2002）を参照のこと。

7　一九三一年一一月一〇日、大宮御所の歌会において、貞明皇太后が「癩患者を慰めて」と題して詠んだ「つれづれの友となりてもなぐさめよ　ゆくことかたきわれにかはりて」という歌を彫った石碑のこと。これは、どこの療養所にもある。天皇制とハンセン病政策との密接な関係については（藤野 1993, 2001）を参照のこと。

8　一九九六年四月の「らい予防法」廃止とともに「優生保護法」におけるハンセン病関連の事項は「母体保護法」の成立（六月）以前にすでに削除されており、「母体保護法」と「らい予防法」とは直結しない。しかし、それまで国が行ってきた優生政策についてなんの総括もなく、優生思想とかかわる条項を削除しただけで「母体保護法」が成立してしまった事態は、優生手術を実際に受けさせられてきた当事者であるハンセン病者にとって納得のいかないものであった。

9　ハンセン病者にとって、感覚のない手足をやけどすることはたいへんつらく、悲しく、情けないことである。（蘭 1999: 41）を参照のこと。

10　届け出をともなうこの病気は、医師にとっても「めんどう」な病気で、届け出を厭って日赤病院や大学病院に回されることが多かったようである。

11　一九五一年結成された患者団体「全国ハンセン病患者協議会」のこと。一九九六年「らい予防法」廃止と共に、九七%が菌検査陰性である現状をとらえ、もはや「患者」ではないという意味を込め、「全国ハンセン病療養所入所者協議会」（全療協）と改称。

12　これは、被差別者のアイデンティティを肯定的にとらえ直し、あらたな自分を生きるということである（蘭 2000b: 98）。ただし、この語りも被差別経験者の「差別・被差別の文脈」におけるもうひとつのモデルストーリーであると言えるかもしれない（桜井厚 2000: 131）。

13　この入所者は、結婚するときに実家から寄付金を療養所に入れることによって、療養所の敷地内に夫婦で住む小さな一戸建て住宅を建てることを許されたらしい。それで、他の寮よりも少し広い自宅を集会のために提供できていたのであった。

14　この「におい」に関しては、差別の表象としての臭いかもしれない。

15　「一般市民に対して、また学校教育の中でハンセン病に関する正しい知識の普及啓発に努め、ハンセン病に対する差別や偏見の解消について、さらに一層の努力をすること」がうたわれている。

参考文献

蘭由岐子 1999『ハンセン病療養所に関する実証的研究』平成八～一〇年度文部省科学研究費補助金（基盤研究(c)(2)研究成果報告書。
蘭由岐子 2000a「ハンセン病政策史と病者の経験」『家族研究論叢』（奈良女子大学生活環境学部）第6号。
蘭由岐子 2000b「ハンセン病療養所入所者のライフヒストリー実践」好井裕明・桜井厚編『フィールドワークの経験』せりか書房。
蘭由岐子 2002「ハンセン病社会復帰者の『病いの経験』」『賢明女子学院短期大学研究紀要』第三七号。
和泉眞藏 2001「国賠訴訟で明かされた近代ハンセン病対策の真実」『看護教育』Vol.42,No.8医学書院、六〇一―六〇四頁。
上野千鶴子 1998『ナショナリズムとジェンダー』青土社。
解放出版社編 2001『ハンセン病国賠訴訟判決――熊本地裁第一次～第四次』解放出版社。
栗原彬 1996「差別とまなざし」栗原彬編『日本社会の差別構造』弘文堂。
古賀克重 2001「西日本弁護団ダイアリー」（国宗直子弁護士作成）に追加された感想・説明『弁護士古賀克重ホームページ』http://homepage1.nifty.com/lawyer-k-koga/newpage3-16diary.htm
桜井厚 2000「語りたいことと聞きたいことの間で」好井裕明・桜井厚編『フィールドワークの経験』せりか書房。
つむらあつこ 2001「ハンセン病国賠訴訟熊本勝訴――判決貫く人間として尊厳訴える声」『ヒューマンライツ』7月号。
藤野豊 1993『日本ファシズムと医療』岩波書店。
藤野豊 2001『いのちの近代史』かもがわ出版。

調査経験を通して生きられる〈差別の日常〉
——ある在日朝鮮人とのライフヒストリー・インタビューの再解釈

倉石一郎

1 はじめに
——相対化を経ても消えないリアリズムの〈声〉との対話へ

かつて、私が在日朝鮮人に関するフィールド調査を試みようとしていた頃、何人かのその道の先達から異口同音に言われたことがある。それはフィールドワーカーとしての心構えにかかわることで、対外的・社会的に朝鮮人として自分を主張し、また表明しているような人（典型的には学識経験者、インテリ、運動関係者）とばかり会ったり話を聞いていてはダメで、そのような自己主張や自己表明とは無縁に、社会の片隅に埋もれ、生活に追われているような人々の世界に分け入っていくことが大切だ、というのが要旨だった。そこに含意されているのは、後者のカテゴリーの調査こそ、在日朝鮮人の生活世界のもつリアリティに肉迫するための回路であり、こう言ってよければ「真実」に接近する手立てだということである。こうした調査に際して、在日朝鮮人のなかでどんな人々に特にアプローチすべきかをわかりやすく例示する表現として、「本名よりは通名で生活しているような」、という形容を聞かされたことも何度かあった。ともあれ、このアドバイザーの声（以下〈声〉と略記）を社会科学の用語に置き換えれば、留保付きではあれ「真」なるものという観念を内包しているがゆえに、一種のリアリズム（現実・現場主義）と呼べるだろう。

ところでこの〈声〉は、在日朝鮮人の自己呈示のあり方に関する、一つの直観に基づいている。つまり、かれらの多くは朝鮮人であることを示す呈示を極力避け、「不可視の存在」として日常生活を慎ましく送っている、あるいは送るのを余儀なくされている、という直観である。本名か通名かという名前使用の問題は、この文脈で必ずといってよいほど持ち出されることになる。たとえば福岡安則・金明秀は次のように述べている。

「…これだけの在日韓国・朝鮮人が日本社会に居住していながら、それにみあったかたちでは、彼ら／彼女らの存在は日本人には〈見えていない〉。姿・顔かたちを一見しただけでは日本人と見分けがつかないということも、もちろんあるだろう。しかし、それ以上に、在日韓国・朝鮮人の多くが、日常的に、本名の民族名ではなく、通名としての日本名を使用していることが、大きな要因となっていよう。」(福岡・金 1997:77)

こうした把握は、いまや直観レベルにとどまってばかりはいない。近年、福岡・金の上掲書に代表されるような大規模質問紙調査によって、こうした自己呈示の〈実態〉がデータによって裏づけられつつある。だから、在日朝鮮人に関する調査研究、とりわけ質的考察を志す者に、根気のいる本格的フィールドワークが要求されるのは、在日朝鮮人が置かれた社会的条件の帰結としての「見えなさ」の実態によって、調査対象に接近すること自体が厚い壁で阻まれているため、ということになる。この論には、抗いがたい説得力があるようにも思える。

だが、ここで少し立ち止まって考えてみる必要がある。上の引用文でリストされた、顔かたち、肌や髪の色、名前、そしてここでは触れていないがしゃべる言語やしゃべり方、などの項目はどれも、社会において人々が、互いが「何ジン」であるかを知り、了解しあうために日常的に互いに示しあう要素である。エスノメソドロジー風に言えば、理解可能性のための道具立てだ。とすれば、「在日＝不可視存在」論、あるいはそれに立脚した先達の私に対する〈声〉も、どこかで日常的に実践されている常識的なものの見方や思考を、無自覚に引きずっていることになる。それは、あくまで制度的達成物に過ぎない「在日の不可視性」を自然なものと見なすことで、正統なフィールドワークの「必要性」を根拠づけているからだ。こう考えると、リアリズムの言説も相対化を免れないことになるだろう。

このようにいま現在、私はくだんの〈声〉をある程度相対化する論理を手にしている。だがにもかかわらず、なおそれは私の調査や研究実践の総体に対して大きな疑問符を不断に突きつける契機であり続けている。理論・実証両面からの在日朝鮮人論の構築の根幹に触れるものとして、リアリズムの〈声〉との対話は、継続に値するものと考える。と言うのも差別論の文脈で考えたとき、リアリズム的言説やそれに基づくフィールドワークの成果が、差別の現実を生々しく描写してそのありさまを伝え、問題を告発するという社会的責任をこれまで果たしてきたことは疑えない事実だからだ。それに対し、仮にリアリズムを相対化する立場に立つとして、ではそこには、社会に対してアピールしインパクトを与えうるような、かつリアリズムにはないどんな「売り」があるか。リアリズムの効用が一口に「啓蒙」として要約されるとすれば（山田 2000）、非リアリズムの調査の実践性はどこに求められるのか。本稿ではこうした問いに、正面切って向き合ってみたい。

私に限っていえば、先達の貴重なアドバイスにもかかわらず、〈社会の片隅で生活に追われる人々の世界に分け入る〉ような正統的なフィールドワークを、自らのものとすることはできなかった。しかしともかく私は自分の仕事をし、目の前にはその「成果」が、未だ意味を確定されないまま解釈を待っている。いまはその全容を示すときではない。[1] 本稿では、私がかつて行ったある一件のライフヒストリー・インタビュー調査をとりあげ、その事例のインテンシブな再解釈を試みるなかで、くだんのアドバイスに象徴されるリアリズムの〈声〉との対話を試みたい。そこで意図するのは、リアリズムによる批判から私の調査研究の価値や意義を守り抜く防衛戦でも、また〈声〉に無条件に和して自虐的に自らの事例を貶める懺悔でもない。逆に、自らの在日朝鮮人研究の方法的立場や調査事例の意味を、さらに豊かなものに高める手がかりが、一見遠くにあるように思えるリアリズムの立場にも求められないか、あるいはまた「真」＝リアルなものの追求という営みの、多様でありうる可能性の一端を、自らの方法と事例を通して例証できないだろうか。これが〈対話〉の意図である。

2　リアリズム的主題への非リアリズム的アプローチ
――私の基本的立場

ここでは、本稿で俎上にのせるライフヒストリー・インタビュー事例の概要・性格を、対象者とのコンタクトの形成過程を軸に素描していきたい。その作業は同時にそのまま、これまで私が機会あるごとに表明してきた、差別・マイノリティ研究の文脈でのライフヒストリー分析・解釈への基本姿勢（倉石2001a,2001b）を改めて示すことにもなるはずだ。

　この事例でライフヒストリー・インタビューに応じてくれた林広さんは、韓国籍の男性で一九五〇年代後半生まれ、インタビュー当時は四〇に手がかかろうかという男盛りの年頃であった。お会いしてみた林さんは、いかにもスポーツで鍛えたがっしりした体格で、浅黒く焼けた顔にときおり見せる笑顔がまぶしかった。それとは対照的に聞き手の私はと言えば、青春真っ只中の二〇代半ばにもかかわらず鶏がらのように痩せこけ、青白い顔に暗い目ばかりを光らせ、その視線も自信なげに宙をさまよいがちだった。ところで林さんは、大学時代以来、一貫して民族運動、市民運動に深く関わってこられ、そのかたわら職業人としては、ある教育機関（非・民族系）に教員として勤めておられた。こうした略歴や現在の職種[2]から受ける第一印象は、まさに民族的「闘士」そのものだった。そしてこの印象が、インタビューに臨む私の態度をある程度決定してしまった。つまり、林さんのこうした印象は、リアリズムの〈声〉に照らして大雑把に言えば、あまり調査対象として「望ましくない」ような、〈対外的・社会的に朝鮮人として自分を主張し、また表明しているような人〉に近いものと私には思われた。〈声〉がいつも片隅に響いていた私は、だから、一方で調査対象者が見つかった喜びと、「未知の世界」を垣間見ることができる期待に胸高鳴らせながらも、他方、どこかで林さんがこれから語るであろう物語のリアリティに対して、醒めた気持ちがなかったといえば嘘になる。それほど深くリアリズム言説は私に深く浸透していたのだ。

　ところでいま、私は林さんから受けた（そして自分自身に関する）感覚印象について記したのであるが、実は、白紙の「私」の心に外部刺激によってさまざまな感覚印象が刻まれる、という常識的図式は、メルロ＝ポンティの現象学やエスノメソドロジーの洗練をくぐってきた者には看過できるものではない。「闘士」云々といった印象は「あるがまま」の刺激から受け取られたものではなく、社会的に構成されたものである。相互行為的構成は言うにおよばず、対面場面を超えて働くところの「構成する力」にも注意する必要がある。そもそも私と林さんの出会いが実現した発端は、私が在日朝鮮人の「アイデンティティ」をテーマとした論文を構想し、その「データ」を得るためにライフヒストリーの語り手をえる必要があったことだった。私は、ある在日朝鮮人の学識経験者A氏に必要を電話で話し、A氏のつなぎで大学時代以来の知己である林さんを紹介していただいた。その際、私は厚かましくも、対象者の紹介に際して「注文」をつけた。当時私は、在日朝鮮人について民族意識の濃から淡までの一つのスペクトラムを想定し、その各段階を代表するようなインフォーマントから聞き取りを行うことで大まかなアイデンティティの分布図を描く、ということを夢想していた。そして、誰か民族意識の度合いが「最強度レベル」の人を、という意味の依頼をA氏にした。A氏はおそらくこの「注文」に困惑したに違いないが、苦笑しつつも最大限の便宜をはかって下さった。私がその後、林さんに連絡すると、すでに内諾が得られていて、話はとんとん拍子に進み林さんとの出会いが実現した。つごう三回に及んだインタビューの間、林さんは終始協力的に快く応じてくれたのだった。こう経過を述べると明らかなように、対面時に初めて「発生」したかのように思えた感覚印象＝「見え方」の形成は、私と林さんとの実際のコンタクトにはるかに先立って、たとえば民族意識のスペクトラム、などという図式的思考が用いられた瞬間から始まっていたのだ。だから、調査対象者の属性判断（この人は「エリート」だとか「真の生活者」だとかいう）が調査者と対象者の関係、そしてその文脈を構成する多様な社会過程とは独立に、客観的に遂行しうると見なすリアリズムは、この点で大きな誤りを犯している。対象者の「属性」と思われがちなものは、実際には調査の相互交渉のなかで継続的に達成されていくのである。重要なのは、つい安易に調査対象者の「品定め」をしてしまいがちになる「わたし」の思考回路を絶えずチェックし、また対象者とのコンタクト場面の構成に与っている文脈を適正に把握する作業である。こうした自己言及が、差別・マイノリティ研究の文脈でのライフヒストリー分析において、最大限の注意と関心を払わなければならない作業であると私は考える。

また、先ほど私は何気なく、林さんがインタビューを「快諾」し「協力的」で「快く応じ」た、という叙述をした。こうした感覚印象を記していて苦々しく想起されるのが、「進んで向こうから話してくれるインフォーマントは要注意だ」という、これまたある時ふと耳にした「心構え」である。元々の含意は確かめるすべがないが、一見するとこの〈声〉は、調査者と対象者の関係のもち方に注意を促す点で、私のライフヒストリー分析の立場とも合致するように思える。しかしここで立ち止まってみる必要がある。おそらく、ここで言わんとするのは、念の入った正統的なフィールドワークで「弟子入り」のメタファで表現されるような、長く曲折に満ちかつ可視的な調査対象者との関係構築のプロセスが省略された短絡的なコンタクトの場合、その調査は極めて表面的で実り少ないものに終わるほかない、ということだ。しかし先に述べたとおり、調査過程を通して、相手に関する感覚印象、他者像、他者カテゴリーなどが継続的・不断に構成、維持、更新されることにおいて、どんな調査もいささかも変わりはない。これまで書き記してきた、林さんの属性、あるいは林さんと私の関わりにまつわる様々の感覚印象も決して所与のものではなく、絶え間なく、また継続して進行したネゴシエーションの達成物である。だから、たしかに林さんとのコンタクトは、正統なフィールドワークの場合に比べ時間的に極めて短絡的であり、一見すると時間の厚みや奥行きに乏しいように映ずるが、それが「快い」「即座の」応答として「見え」るその知覚的基盤を問わねばならないし、時間的継起の問題が軽んじられてよいわけでは全くない。むしろそこには、長期に及ぶ可視的な関係の蓄積に事実上相当する時間が、圧縮して折り畳まれ、見えにくいかたちで埋め込まれていると考えるべきではないか。この折り畳まれた時間の厚みを、インタビュー・データの呈示を通して「復原」する作業こそが、ライフヒストリー分析の最大の使命であると言っても過言ではない。

時間の問題に関連して、ライフヒストリー・インタビューという経験において生きられる時間の質の「落差」について述べておきたい。「同じ」インタビューの場を共有していても、聞き手と語り手とでは、生きられる時間の質に大きな違いがある。聞き手にとってその時間は第一義的に、それまで触れたことのない、またはなじみの薄い世界をかいま見ることに対する強い動機づけによって特徴づけられる。その意味で、インタビューの場におもむくこと自体が、日常とは少し異質な、非日常の時間に移動することを含意している。他方で語り手側はどうだろうか。たしかに語り手にとっても、数時間にもわたってインタビューを受け、自らのパーソナルな人生経験や生活の語りを話すのは、めったにある機会ではない。それが日常的な行為である、とは言いがたい。しかしながら、こと差別・マイノリティ研究の文脈の場合、マイノリティである語り手の調査（被インタビュー）経験は、聞き手のそれと比べたとき、明らかにその日常経験に近接し、その反復としての性質を帯びやすいのではないか、と私は考える。なぜならば、他者から「特異な目」でまなざされ、好奇心を伴った質問を浴びせられ、繰り返しその存在を「発見」され、社会的存在として表象される、という経験は、マイノリティにとって「馴染み深い」ものだからである。マイノリティをめぐる知の構成という意味での「探索」「調査」は、社会科学者による調査プロジェクトを待つまでもなく、日常生活を送る地域社会などの中で、既に実践されている。その意味でマイノリティは「インタビュー社会」の住人として「個人的経験のますますの剥奪」（Holstein & Gubrium1995:18）に日々晒されている。したがって、その後塵を拝することになる社会調査は、マイノリティの日常世界における憂鬱な「被調査」経験、つまりは〈差別の日常〉[3]を、多かれ少なかれ反復・再演してしまう運命にあるわけだ。たとえ「進んで向こうから」語り手が「協力」してくれるインタビューでも、その本質に何ら変わりはない。だから、以下に検討する事例においても、私がインタビュー過程を生きた時間と、林さんが生きた時間との質の落差、とりわけ後者にとっての〈差別の日常〉との近接性には、十分注意をはらっておく必要がある。

　これまで私は、事例の概略を説明するのと並行して、リアリズム的言説のディテールに疑問点を突きつけるかたちで分析へ臨む自分の基本的立場を明らかにしてきた。ライフヒストリー・インタビューは、対象者の「属性」がいかなるものであろうと、原理的に、かれらが「真」に生きているところのリアルな世界の直接的把握をもたらさない。しかし、調査過程を通して生きられている時間の質的検討、あるいはそうした時間を下支えする諸構造の把握を通して、〈差別の日常〉が間接的・迂回的に可視化される、というのが私の立場である。しかしよく考えるとこの立場は、必ずしもリアリズムと全面的に対立するわけではない。念の入った正統的なフィールドワークの場合、調査対象者への「弟子入り」の長期的なプロセスこそが、生きられた「真」なるものへの道を踏み固めるとすれば、本稿で扱うような事例の場合、その道程の等価物が、圧縮され、きわめて見えにくいかたちで相互作用場面に埋め込まれている。そう考えれば、これまで示してきた分析上の私の立場は、リアリズム的主題を非リアリズム的手法で追求するものだ、と言える。

3　インタビュー場面に生きられる〈差別の日常〉
――名前・名のりに焦点を当てて

以下では、インタビューのトランスクリプトを適宜参照しながら、折り畳まれ、見えにくい形で各所に埋め込まれた〈差別の日常〉という時間を復原する作業を進めていこう。

I

ここで特に焦点化するのは、インタビュアーである私が在日朝鮮人の対象者をどんな名前で呼ぶか（呼んだか）、というすぐれてクリティカルな問題である。このことを論じるには、第一回目の聞き取りの日、朝からのことをぜひとも書き記しておく必要がある。日取りだけは事前に決めておいたが、細かい時間・場所は当日朝に相談しましょう、ということになっていたので、朝、私は林さんの自宅に電話を入れた。ところが、寝坊の私が考える「朝」の観念は少しずれているようで、林さんはすでに職場に行かれて不在であった。代わりに電話に出た奥さんが、職場の電話番号を教えてくれたので、改めてそちらに電話を入れ、細かい約束をした。一回目の聞き取りの場所は、駅近くのとても騒々しい喫茶店だった。

【場面1】は、第一回の聞き取りの一場面である。この日が林さんとの初顔合わせであったので、名刺交換を行った。この名刺には、名前のほかに現在の職場の学校名・住所と肩書が印刷されていた。初対面時というのは話の接ぎ穂に困るもので、何かの助けになれば、と私は、この名刺をかたわらに置きながらインタビューを進めていた。そして、話が途切れたときを見はからって、名刺を話題にした。

【場面1】（I：インタビュアー（倉石）、R：林さん、hhh：笑い、／：沈黙の間）

I：読み方は、ハヤシ・ヒロシさんっていうのと、イム・グァンさんっていう、読み方の使い分けとか、あるんですか。①

R：あのね、学校ではハヤシです。ハヤシでおしてる。で、ハヤシっていうのは、学校に入って、初めて名のったんです。というのは、それまで私の日本の名前はミヤモト、だから両親はミヤモトと名のってる。…ハヤシって名のったんは、ぼくがこの学校に職業で入ったときが、初めてですね。

Ｉ：それまでは、ミヤモトで。

Ｒ：いやーあのー、イムなんですよ。高校時代まではミヤモト。でこの職場に来たときに、ハヤシに。まあこれは、あくまで便宜上ですけども。まあ、林広というこの名刺だけ渡して、韓国人だと思う人、まずいませんからね。②

Ｉ：そうですね。

傍線①のインタビュアーの発話は、名刺の文字を見ながらの質問である。この「読み方の使い分けはあるのか?」という質問の背後には、在日朝鮮人の（不）可視性をめぐる常識的思考の行使がある。つまり、林という姓を表す漢字が訓読みされればハヤシになり、それは「日本人の名前」として通用するのではないか、という判断である。[4] いや、名前だけでなく、対面してから数十分の間の、容貌や言語・話し方等々、ありとあらゆる感覚印象が総合され、「日本人」として通用するという判断の形成に至ったのである。だから穿った見方をすれば、インタビュアーは傍線①の部分でこう言っていたのだ――あなたは通名を用いずとも「青天白日」のもと、日本人として通用する切符を手にしているのではないか、と。まるでそうしたインタビュアーの胸の内を見透かすように、林さんは「この名刺だけ見て韓国人だと思う人はまずいない」と答える（傍線②）。インタビュアーは、自分の思考が相手に承認されたと感じてか、「そうですね」と応じる。

こうしたやり取りによって、在日朝鮮人の不可視性という〈常識〉が相互行為的に達成されていることに注意すべきである。そしてさらに重要なことは、この無難というか儀礼的なやり取りもまた、在日朝鮮人が生きている〈差別の日常〉と地続きの関係にある、ということだ。状況に埋め込まれ、時間的に圧縮された〈日常〉ということで私が言わんとしているのは、例えばこうしたものである。しかし、トランスクリプトを熟読し検討すればそれが自ずと姿を現すのかと言えば、私に限って言えばそうではなかった。インタビューの冒頭付近でのこの短いやり取りの意味を照らし出し、さらにその前に遡る林さんとのコンタクトの場面にまで想いをめぐらす契機となったのは、インタビューがずっと先に進んでからぶつかったあるシーンによってだった。このシーンは、それまでずっとインタビュー場面が引きずってきた日常性の残滓を断ち切り、裂け目を入れる性格をもった。その「断裂」シーンに向けて、次第に「マグマの蓄積」が行われていったという見方ができるかもしれない。インタビューのなかから、この「蓄積」の過程をいま少し見ておきたい。

Ⅱ

インタビューのなかで私は、ライフヒストリーと絡めて林さんの名前・名のりのエピソードを何度か話題とした。そこに一貫していた姿勢は、名前や名のりに関するさまざまな屈託が、林さんに限っては完全に過去のものとなり、いまや「克服」されているのだから、ここで「安心」して話題にできる、というものである。先に述べた「闘士」「民族意識が最高度」云々といった印象や事前了解、さらにそれと裏表の関係にある語りのリアリティへの醒めた態度が、そうした姿勢の形成に与っていた。たとえば次の【場面2】は第二回目の聞き取り時におけるものである。冒頭でインタビュアーは、高校までの「宮本」という通名を名のっていた時期から、「林広（イム・グァン）」を名のった時期への移行、変化をめぐる語りをうながす質問を行っている（傍線①）。その発話のなかで、「本名宣言」という教育界用語が使われている。インタビュアーが面と向かって、はるか年上の相手を子ども扱いした、というわけではない。しかし、こうした用語が口をついて出てしまう背景には、「民族にまつわる様々な屈託を克服した主体」という事前了解がある。そこには、「成長する在日」を見守る牧人・司祭型権力者（M・フーコー）の眼差しがあるのだ。

【場面2】

I：であとそれから、こないだも仰っていましたけども、高校までは、えっと宮本さんっていう名前でいってて、で大学に入、る、ときから本名宣言を、されたっていうことでしたねー。でー、そのー、はじめた頃っていうのはどんな感じだったんで？　気分的に。①

R：うーん、たぶんねー、あのーそれはねー、僕にとってはやっぱりまだねー、その暗いものがあったんでしょうね。だから本名名のれなかった。名のったね、ぼくは最終的な、最終的なものはね、卒業証明書と成績証明書の名前がちがってくるって言われたんですよ、学生課から。だから林で一本にしたほうがいいと。というのはね、はっきりとこのへんはクリアーにならないけども、小学校の時から、通名名のってるけども、卒業証書はぜんぶね、本名なんです。

（中略）

いえいえ、あの、林広という名前ですけどね。それはねー、小学校の卒業するとき、先生が訊くの。親に訊いてるのか、本人に訊いてるのかわかんないけども、でもね、ぜんぶそうなんだ、本名で。でまあ、修得しちゃったわけ、小学校中学校高校と。だから大学の卒業証書も林でありたいと無意識にそう思ってんだろうね。で違ってくるのは困るから、だったら林で行けと。軽いノリでもないけどね、それによって起きることはね。珍しい名前だ、からは、始まってね。いろいろあるんやろうけども。そこは大学なんだし、そういうのあったし。X大学は非常に反動的な大学だから、通名に変えろと言われたこともある。もうその時にはー、なに言うてんねん、いう感じがもうあったしね。だから、大学の時に、一年の時に、その露骨にねー、そのーぼくを避けるというか敬遠するような友だちいなかったしねー。おい、イムとかって言われてねーなかなか馴染めないんですよ。②今、宮本って呼ばれてね、けっこう馴染めないけどhhhも、大学の時は林と言われてもね、初めなかなか馴染めなかったんですよ。でもね、嬉しかったよ。これでやっぱりつき合える友だちがね、嬉しかったよね。ただね、その反動としてね、地元に帰ったとき困るの。地元の友だちがね、宮本って呼ぶわけですよhhh。でオレは、実は宮本やめたんだとか、言ってね、いちいち説明しなきゃならないでしょhhh。それがつらかった、むしろ。でそうやっているうちに、運動入ったでしょ。だから運動入ればもう、それこそアイデンティティの確立は名前からですから、ね。そういう意味ではもう、シャキッとしてたよ。だから運動に入るまでやね。

I：その間はちょっと逡巡があったと。

R：あったと思う。でね、具体的なこと覚えてないんですよ、ほんとに。あったような気がする③

I：アルバイトの時とかは？

R：アルバイトー、やりましたけどね。

I：そういう時に、

R：もうたくさんアルバイトやったからね、なに、何をしてたのかよく、時代感覚がずれちゃって、わかんない。④

I：アルバイトの時、名前をたとえば、

R：あ、日本名を使ったことある。

I：ゴチャゴチャ言われる。

R：あるある。いや、林で、いかなくって、もうバイトの、カネのためなら、ということで割り切って、宮本で行ったこともある。たしかにね、自分に卑怯だなという意味で、呵責の念もあったけども、まあいいやと、その辺は合理的にhhhh。無責任に考えたなあ。

（ミ）ま、半年位じゃないですか。

「本名宣言」にあたって在日朝鮮人青年が経験する逡巡や恐怖や感動、というストーリーは、その聞き手がひそかに欲望するマスターナラティヴである。しかし、こうした物語への期待に基づいてなされた質問のほとんどがはぐらかされ、次第にそこには一問一答の尋問調のやり取りが出現する。本名を名のり始めた大学時代のエピソードについての問いに対して、「そこは大学なんだし」「ぼくを避ける友だちもいなかったし」「初めは馴染めなかった」と軽くいなすばかりである（傍線②）。それでもインタビュアーは、運動以外の私生活場面などでのエピソードを話題にし、あくまでマスターナラティヴを聞き出そうと食い下がる。それに対して林さんは、「具体的なことは覚えていない」「時代感覚がずれてわかんない」と応じている（傍線③④）。そこでインタビュアーが行っているのは、すでに自我の弱さの「克服」に向かっていた時期に、私生活（アルバイト場面）でそれと矛盾するような言動（日本名の使用）は果たしてなかったか、その「懺悔・告白」を迫る司祭的な振る舞いである。

次に呈示する場面も、前に引き続き、牧人・司祭型権力の眼差しに見据えられながら自らのライフストーリーを林さんが語る（語らされる）状況が続いている。【場面3】では、在日朝鮮人が大学という「庇護膜」から外へ出て、日本社会の「厳しい現実」と本格的に邂逅すると一般に言われる、就職活動の物語に水が向けられる。

【場面3】

R：……で就職はね、最後はね、雑誌で見た職場にね、出来たんですよ。年、明ける前、××年の十二月に、採用通知、より先に、電話が来たんじゃないかなあ。で一月五日か六日の初出のときに、来てくださいと。当時僕はものすごく風邪を引いてて、でもこれは行かなきゃならない、日本社会の掟だと思って、行ったら、新入社員、僕を含めて四人おったんですけど、あと三人来てないんですよ。僕だけ行って、あのときあの、風邪をおして、寒風の中、その会社に行く時の、あのしんどさってのは、覚えてるな。うーん、社会人になるんやなっていう感じで。でもその職場をね、研修活動終わってすぐやめたんですよ。

Ｉ：なんの会社だったんですか。

Ｒ：××のメーカー、外資系のね。だから、そこの人事部の部長さんが面白い人で、でーいまでも覚えてるけど、いろいろ試験するでしょ、面接するでしょ、そしたらね、なんでかな、これ多分、通名で行ったんだと思うわ。いや、あの就職活動、本名でもやったし、通名でもやったんですよ、多分。本名でもやったし、通名でもやったと思う。

Ｉ：そのことを、面接で言われたこともあった？①

Ｒ：そういうのあった、あったあった。でもぼくは林でしょ、だからーそういうふうに見えないのよね。②というこどもあった。いろいろ感じたけどね。ぼくー、何で落とされたか分からないんですよ。

苦労の末に、ぎりぎりになってようやく就職を決めることができたエピソードが語られているが、林さんのほうからふと、「就職活動、本名でも通名でもやった」という言葉がもれた。するとそれを捉えてインタビュアーがすかさず、「そのこと（本名を使うこと）で面接で嫌がらせや差別を受けたことはなかったか」と問う（傍線①）。この問いもまた、「屈託を克服済みの主体」というインタビュアー側の了解の上に、「安心」して発せられている。そしてその問いを契機に、「でも僕は林（イム）でしょ。だから朝鮮人に見えない」という発話が引き出される。ここでもまた、【場面1】と同様、在日朝鮮人の不可視性という〈常識〉が相互行為的に達成されている。在日朝鮮人に生きられている〈差別の日常〉がこのような形で、インタビュー場面にも隅々にまで食い込んでいることが改めてよく分かる。

インタビュアーによって、私生活にまで張りめぐらされた牧人・司祭型権力者のまなざしは、本当に徹底していた。もう一つだけ、思春期における恋愛経験（とそれに付随する差別事象）の話へと水を向けた場面を呈示しておきたい。実はこのときはインタビューも第三回目に達し、そろそろ質問も出尽くしインタビュアーに焦りが見えてきた頃だった。しかし林さんの側から言えば、インタビューの名のもと、隠微なかたちで〈差別の日常〉が反復されていくのが三回目（合計時間にして八時間ほど）を迎えたわけであり、そろそろ「臨界」に達しつつあったのかもしれない。

【場面4】

I：あのー、立ち入った質問になりますが、まあ恋愛結婚を結局されたわけですけども、それに至るまでの、例えば、中学、高校、大学、まあ社会人の間でも、日本人の、まあ異性と、好きになってしまって、すごく葛藤に悩んだとか、そういうのはなかったんですか。今まで何人か聞き取りした中で、そういう人がいらっしゃったんですけど。①

R：んー。恋愛自体で葛藤ってのはねー。あのね、笑い話ですけどね、小学校の頃とかね、中学校の頃ってのはねー、女の子とつきあい出すとねー、この子と将来結婚するんだとかなんとか、一瞬でも一日でも、一週間でも思う時ってあるでしょ。ねえ。あれ思うときにはね、おれやっぱりこの子とは結婚せえへんなとかねー hhh。そういうのはあったですよ、やっぱりね。うーん。…まあねえ。まあそれでも、日本人の子だから、自分が朝鮮人だからといって、その相手の国籍を調べて hh好きになるわけにはいかないですからね hhhh。まあそういう意味では自然にやってましたよね。…まあそのー、その恋愛においてー、まあ結婚を意識しない限りー、国籍っていうのはあんまり関係ないんじゃないでしょうかねー。

…あとだから、今日はじめに話しあったように、そのー恋愛するときに自分が朝鮮人だということをはじめに言ったとか言ってないっていうことは、みんな経験してることなんですけどねー、ぼくはあるかどうか分からないですねー、記憶がない。自分が朝鮮人だと名のってから恋愛する人間もちょっとおかしいような気がするけどね hhhh。②

もはや説明は蛇足だろうが、インタビュアーは「結局、恋愛結婚なさったわけですが、それに至るまでに」とわざわざ付け加えることで、これから触れるのはあくまで現在から切り離された「過去」についてだ、と相手に念押しした上で、恋愛経験云々の質問を開始する（傍線①）。対する林さんの応答には、その苦笑ぶりというか困惑ぶりがにじみ出ていよう。最後に、笑い混じりで「朝鮮人だと名のってから恋愛する人間もちょっとおかしいと思うけどね」と語っている（傍線②）が、この言葉はそのまま、在日問題を啓発する教材や消費財の「恋愛」の描き方への痛烈な皮肉になっている。[5]

これまで、トランスクリプトを引きながら延々と、林さんとのインタビューのなかで〈差別の日常〉が部分的に反復・再演されているさまを例証してきた。その場面を特徴づけるのが、「屈託を克服し、『解放』された存在」として語り手を主体化し、「過去」のものとなった被差別その他の経験を「安心」して問いただすインタビュアーの、牧人・司祭型権力者の眼差しと態度であることも明らかになった。この例証から言えるのは、私と林さんの出会いが、「お膳立て」されて実現した「不自然なもの」であるからと言って、両者の相互行為が日常的な権力関係を免れているわけではない、ということである。むしろ、表面上は全てがスムースに進行したことがそうした権力性を内奥へとしまい込ませ、見えにくいものにしてしまった。そして、先述したように、私がこうした問題群のささやかな「発見」へと導かれたのは、同じインタビューで発生したある場面によってである。それを【場面5】の検討をとおして見ていきたい。

【場面5】は、聞き取りも回を重ねて三回目、語りの基本線はすべて出つくした感があった。そんな中でインタビュアーは、前の聞き取り時に林さんが語った、在日朝鮮人の選挙権（参政権）獲得運動に自分はあまり賛成でないという話題を蒸し返し、その真意をただすという作業に熱中していた（あるいは、熱中するところに追い込まれていた）。相互行為的に見れば、前の参政権問題に関する林さんの語りに対するリペア（修復）、つまり会話遂行場面において逸脱と見なされた発話に対する正当化・説得の語りを求めていたわけである。これは、語り手の個人的な人生経験が話題でなければならない規範的ライフストーリー・インタビューから明らかにはみ出ており、その点で前掲の諸場面とも趣きが違っている。だが他方で、少なくともいま話題にしていることが、〈いま - ここ〉に対座する私と林さんという二人の関係性を直接に問題化したりすることはないという「安心」感に覆われていた点で、上の諸場面と類似するものであった。ところが、そのリペアの語りのなかで、林さんが「昼の生活」と表現する、現在の職場での名のりのテーマが突然、話題として浮上する（傍線①）。

【場面5】

R：だからー、自分ーが属してる社会を、どういうふうにまあ運営して行くのか、がまあ政治だとすれば、まあそれに対する、自分のまあ意志の反映だと、いうことですよね。で自らがその社会から疎外されてるのに、ね、その権利を求めても仕方がない、と、簡単に言えばこうなるわけですけどね。自分を認めてる国の社会がないのに、その社会にどうやって貢献するのかね。あの時も言ったと思うけども、じゃああの選挙人登録を、日本名使ってやるのかと。…日本人が、本名を、名のらせないような体制をとってる限り、選挙権なんか絶対こない。間違ってもこない。…ことさらに、通名を要求するような社会ですよ、これは。かく言うわたしだってそうですよ。昼間は通名で生きているわけですから。①

I：職場でね。

R：本名で生きてる人、どれだけいると思います？一％いないでしょ。一％も本名で生きていけないのに、選挙権がなぜ行使されねばならないのか、全然理解に苦しむね。

I：昼間は、通名で行ってるわけですか？

R：そうですよ。これはね、あのーはっきり言ってしまうと、②教育関係だからですよ。私が日本の公立の学校に通ってたら、本名で生きていけると思うんですよ。でもね、私立の学校で、それも、ある程度、特殊な環境にある学校、まあこういうふうにしか言えませんけどね、③その中でね教員の何分の一かが朝鮮人だとしたら、日本人の社会には、そこに子どもを送るだろうかと、送らないと思う。…朝鮮人にね、私の子どもを教えてもらうなんていうのは感覚は、それこそ今の日本社会にあるとは思えないね。そのためですよ。日本人には見えないかもしれんけど、我々にははっきり見えますよ、その壁は。結婚するときに、朝鮮人の子と結婚すんなーっていう壁よりももっときつい壁ですよ。似たような色をしてるね。

I：それは、なんかいま勤めてる学校側から、要請があって？

R：ま、要請でもあるし、でー、そうですね、要請に答えてるってだけかもしれないね。

I：ま、名前は。

R：んー

I：日本名で。

R：そうそう。日本人の振りしてね、教育してるわけですよ。

I：実際先生は、何人かに一人は。

R：そうですよ。
I：韓国、朝鮮人で。
R：そうです、そうです。（中略）こりゃーあのーそれこそ、ぼくがどこに文章書こうとも、書けないことです。④

リペアを求めている間、インタビュアーからは、「人格の歴史」としてのライフヒストリーを聞き出そうとする構えは、全く消えていた。しかし逆説的なことに、こうした文脈の中で突然、傍線①「かく言うわたしだってそうですよ、昼間は通名で生きているわけですから」以下の部分で、これまで、十年近く前から現在にまで及ぶ、いまの職場での職業人としての生活にまつわる語りが始まった。しかもその語りは、これまでのライフストーリーの語り、つまり現在から切り離された「過去」にまつわる話題であると（少なくともインタビュアー側が）了解して進められていた語りとは、空気がまったく違っている。それは、「朝鮮人を見えなくさせること」に腐心する日本政府・社会の力に抗い続ける、という物語が、林さんによって、〈いま - ここ〉の聞き取り場面の瞬間にもまさに鈍痛をともなって「生きられている」ことを示している。鈍痛で、と書いたのは、なお抵抗の実践が思い半ばであり、「教育関係だから」という個別的な理由で、言うところの「きつい壁」によって「イム・グァン」と職場で名のることを阻まれており、まさにその痛みの感覚においてこの物語が今なお、リアルなものとして「生きられている」からである。[6]

そのことからして、この場面は他とは異質な緊張感に溢れている。例えば、語りに「はっきり言ってしまうと」「～というふうにしか言えないが」「それこそ、どこにも書けないこと」といった、インタビュアーに対して情報の「機密性」に注意を促す発話が付随している（傍線②～④）。インタビュアーはすでに、「かく言うわたしだって～」という言葉を耳にしたとき、緊張が高まりに向かう端緒に気づきつつも、その流れに引きずられるかのように、「昼間は通名で行ってるんですか？」「それは要請があったんですか？」といった質問をくり出した。しかしその瞬間にはもう、一度顔を出した「生きられている物語」は撤退を始めている。それはリアルなものであるが故に、明晰、あるいは雄弁に語られることはないのかもしれない。【場面5】の後半部には、息苦しい尋問調の一問一答があるのみだ。しかし、実はこうした重苦しさや息苦しさ以上に深刻な問題がある。【場面1】に目を戻してもらいたいが、すでにそこで林さんは、「ハヤシって名のったんはこの学校に職業で入ったときが初めてですね」「これはあくまで便宜上ですけども」と、すでに【場面5】に再浮上するテーマを話している。問題は、このやり取りが「にこやかな」「無難な」ものとして達成されてしまったことである。こういうところに〈差別の日常〉の強固な岩盤が見て取れる。

　ところで実は、私がこの【場面5】のもつ意味らしきものに気付いたのは、インタビューから何年もの時間が流れたある時、必要があって録音テープを全部聞きなおし、トランスクリプトを読み直していた時のことだった。そしてその瞬間、はっと思い出したことがある。それは、最初の聞き取りの日の朝、私がアポを取ろうと林さんの自宅に電話したときのことだ。林さんはすでに出勤されて不在で、私は奥さんから職場に電話するよう言われた。そこまでは先ほど書いた。そしてそのとき、確かに奥さんは私におっしゃった、電話するときは、ハヤシ先生と言って呼び出してください、と。そして私は言われた番号に電話し、「ハヤシ先生」に連絡をとり、詳細を取り決めたのだった…。つまりはインタビュアーのこの私自身が、まぎれもなく、【場面5】に話題として登場する登場人物だったのだ。こう考えてみると、いろいろな出来事がひとつの円環を描いてつながってくるように思える。それは〈差別の日常〉という名の円環だ。何のことはない。私は、〈差別の日常〉に深く埋め込まれ制度化された装置（とりわけ本論の文脈で重要なのは、在日朝鮮人の不可視性という〈常識〉）を知らぬ間に利用することによって、初めて林さんと会いまみえることができた。それに立脚して行われたインタビューも、とうてい〈日常〉から免れたり、それを相対化しうる筈はなかった。そして聞き取りも大詰めに近づいた最後の最後になって、私がいままで話してきたのは、要するにあんたのことなんだ、と突きつけられたわけだ。最初の出会いの日の朝から、それはもう決定済みの、半ば運命的な成り行きだったのだ。

　しかし、こうした林さんからの「呼びかけ」が私に届くまでは、本当に長い時間がかかるものだった。最初の出会いから【場面5】が出現する三回目の聞き取りまでに、約一ヵ月ほどの時間が流れている。しかしそんなものは、まだ序の口だった。萎える気持ちを鼓舞し、自分に鞭打って全てのテープの文字起こし（トランスクリプト化）を終えたのが、最後の聞き取りの二ヵ月後。そしてその後、テープとトランスクリプトは五年近くもの間たな晒しにされた。その間、私はエスノメソドロジーを勉強し、フーコーの権力論を知り、会話分析を少しだけ読み、物語研究の息吹に触れたりした。さらにそれと並行して、さらなる「フィールドワーク」もどきの悪戦苦闘の日々を送りもした。そうしたこと全部のあとで、再びたな晒しされたテープとトランスクリプトと取り組み、ようやく「呼びかけ」らしき声が私の耳元にリアルに響いたわけだ。これだけの迂回や隘路に満ちた道のりに比べたら、正統的なフィールドワークの調査対象への「弟子入り」プロセスや「ラポール形成」の方が、ずっと「楽」で「手っ取り早い」のではないか、と私は大真面目に考えている。私が辿ったような歩き方は非効率性の最たるもので、とても他人に推奨できる代物でない。しかしともかくそれによって、「リアル」なものに至るさまざまな道のり、つまりは「一つではない、いくつものリアリズム」の形が示せたのではないかと考えている。

4 「迂回・隘路」の副産物から
――「外登証」に哄笑する場面によせて

前節で示したように、林さんのライフヒストリー・インタビューを媒介とした〈差別の日常〉への道のりは、さまざまな迂回路・隘路に満ち満ちたものだった。その間に膨大な時間と労力が空費されもした。であるから、それと引き換えに、いかほどかのポジティブな副産物があっても良いであろう。ここで呈示する【場面6】の「発見」は、私にとってはやはり迂回によってこそ得られた一つの成果であると考える。それを説明しよう。

【場面6】は、第三回の聞き取りの最中のことである。この場面の構造は、先ほどの【場面5】に類似している。つまり初めのうち、およそライフヒストリー・インタビューには似つかわしくないような、「運動談義」とも言うべき話題が場を占めていた。ここでは、在日朝鮮人社会の中で起こった、日本における「市民的諸権利」獲得運動が俎上にのせられていた。その運動は八〇年代～九〇年代に精力的に展開され、世論のある程度の支持も取りつけるに至ったと目されるものだが、林さんは聞き取りの中で、自身はそれらに距離をおくという立場を繰り返す。正直言って、インタビュアーである私はややこの話題に食傷気味であったと思う。[7] ただ、いま話題にしていることが、〈いま‐ここ〉に対座する私と林さんとの関係性を問題化することはない、という「安心」感はあった。そんな時、不意に「呼びかけ」が起こった。こうした経緯も、先とよく似た構造である。しかし【場面5】とちがってここでの

「呼びかけ」は、言語よりは身体動作を媒介にしたものだった。そしてもう一点、重苦しく沈うつな【場面5】と違い、ここには笑いがみなぎっていた。何よりもそのことが重要だと思われる。

以下が【場面6】のトランスクリプトだが、このやり取りの最中に、林さんが自身の外国人登録証を袂から取り出し、インタビュアーに対して見せるという動作が発生する。そうした動作は、活字メディアでは再現不可能なものである。しかし【場面6】の理解に欠かせない部分なので、以下ではその動作が進行しているだいたいの時間をゴシック表示によって示し、少しでも現場の空気を復元できるよう努めたい。

【場面6】

R：まあこんなことを予測したりするのはほんとは良くないんですけども、例えば指紋押捺拒否運動どうなったでしょう。ね。一九八〇年代の中盤から後半にかけて、あれだけ盛り上がって、民団もね、ものすごい頑張りましたよ。……パスポート貰うためにはそれを押さなきゃならない。でしょ。それで何人の人間が涙のみましたか。でしょ。政府はそういう方針ですよ。指紋を押さない限りはダメだと、おまえたちはここに住ませないと。一所懸命やった人間どうなったと思います、ほとんどいま選挙権運動、やろうとしてますよ、多分。もう指紋の問題、いいじゃないかと。ぼくの外人登録証見せましょうか。もう笑いますよ。① これはもう、ぼくの、いちいち逆らうのがいやだからねー、あまり窓口でもごちゃごちゃ言わないけども。……ぼく、ぼくたちが持ってるねー、この、外国人登録証ね、何が変わったのか。カードになったこと。それと、指紋のところにhh菊の紋章hhhhのシールが貼って見えなくなっただけです。

I：ほーん。

R：ここに指紋があるんです。

I：はーん。

R：で、これをこういう、袋つきでくれるようになったんですhhhhhh。これで、緩和してると思ってる。／／

R：からねー、戦後補償のね、問題と一緒ですよ。民間でね、どうのこうの繕うって発想と一緒でね、シールをペタって貼ってたら、ちょっとは何とかなるんじゃないかと。

I：はーん。ほーん。
R：これで溜飲下げた人、いますか？・hhhhh ②
I：押捺拒否のほうは？　ご自身は ③
R：いや、あのーぜんぜん、全然興味がなかったと言えばウソですけども、自分がやろうとは思いませんでしたねー。下手な弾圧を食らうだけだし。だから、やってる人にはもう、支援を惜しみませんでしたよ。……正しいことですから、ぼく、選挙権、かく、獲得ー運動よりも、比較にならないぐらい、指紋押捺拒否運動は正しいと思ってる。全然、次元が違いますからね。指紋押捺拒否運動ってのは、非常に正しい運動である、で結果どうなったのか、民団中央が、韓国政府と日本政府の外交があるんでしょうけども、ね、もう穏やかにっていうふうに言うた瞬間、ダーッー、で日本の国がなんか、ちょこちょこちょこっと法改正をしたら、それでもう、もう知らないんじゃないですか。いまの大学生hhhh。
I：いちおう、やらないでいいということに、なったというか ④
R：もうとっくに、警視庁のコンピュータに入ってるでしょhhhh。⑤はなからそんなん、疑ってますよ、ぼくは。

登録証を不意に取り出すまでの「運動談義」はインタビュアーにとって、林さんの個人誌でなく「一般論」と受け止められていた。もともと、参政権運動に対する批判というか留保が語られていたわけだが、林さんから「現在の参政権運動と、かつての指紋押捺拒否運動の担い手との重なり」が指摘され、そこから話しが押捺拒否運動へとずれていく。トピックを早く林さんの個人誌に変える機会をうかがっていたインタビュアーにとっても、同じ運動論でも個人的な態度選択が大きなウェイトを占める押捺拒否問題のほうが、この場に「適切」な話題だとの判断から、徐々に食指を動かし始める。そこに不意に林さんが「ぼくの外人登録証見せましょうか」（傍線①）と呼びかけ、自身の登録証と指紋画像を隠すために支給されたサックをインタビュアーに示し、こと細かに説明し始めた。たしかに登録証はクレジットカード大にコンパクト化され、ビニール製のカードサックに入れると、ちょうど指紋画像の真上に、印刷された「菊の紋章」がくるようになっていた。[8]ほとんどブラック・ジョークの世界に、インタビュアーも腹を抱えて笑うほかなかった。その上で「これで溜飲下げた人いますか？・」と林さんは畳み掛ける（傍線②）。インタビュアーは努めてそれを無視し、「ご自身は、押捺拒否の方は?」(傍線③)と話題を個人誌の方へ変えようとし、あくまで「一般論・運動談義」と個人誌の境目を保とうとあがく。しかし、一枚のカードに個人情報や履歴が凝集され、それが国家の管理のもとにある「登録証」こそは、在日朝鮮人にとっては日常が個人誌的調査の被調査経験そのものである証であり、それはどんな「善意」の社会科学調査をも、圧倒的な力で陰鬱な日常経験の反復に変えてしまう。一枚の登録カードが、インタビュアーの日常と背中合わせにある、林さんの日常世界の深淵の入り口を示した。そして、〈いま‐ここ〉にいるインタビュアーに向かってこう呼びかけた——私の「個人誌」なら、もうとっくに調べがついてこの一枚の磁気カードに全部記録されているんだ、であんたはこの上、何をしてくれるのかね、と。この、逃げ場のない「リアルな」状況に少しでも「希望」の色彩を加えようと、インタビュアーは弱々しく運動の「成果」に水を向ける(傍線④)。しかし、「もうとっくに[指紋は]警視庁のコンピュータに入ってますよ」という林さんの言葉は「希望」の虚しさをつく(傍線⑤)。なお蛇足ながら付け加えれば、運動の力等による日本社会の「改善」をうたう「希望の物語」への欲望は、必ずしも、在日朝鮮人の側から発せられるのではない。むしろ、かれらの物語を消費し、安穏とした日常をそのままの姿で維持しようとはかる多数派サイドこそが、「希望」を強く欲望するのである。このやり取りはその部分に照明を当てた。

ところで、インタビュアーに向けて自分の外登証を見せる、そこで二人ともども爆笑する、という一連の振る舞いの解釈をもう少し掘り下げたい。そこで笑い・からかいの対象となったのは一体なんだったのか。押捺拒否運動が勝ち取った成果の「小ささ」が笑いを生んだのか、紋章付きサックが即物的に可笑しかったのか、サックを発案した役人根性が笑えたのか。私はいずれでもないと考える。これまで、在日外国人の人権問題を整理した議論で、外国人登録証にまつわる問題(たとえば常時携帯義務など)は、入管体制に始まる日本政府の外国人管理策の問題性を象徴するものとして、厳しい批判の対象とされてきた。私はそうした議論の成果を否定するつもりは全くない。しかし、この【場面6】でおきた出来事は単に、そうした制度的抑圧の強固さを示すのだとする解釈は、表層的に過ぎるように思える。むしろ、登録証というまことにシンボリックなモノを介したやり取りによって、ほんの束の間だが、登録証に象徴される支配秩序に裂け目が生じたのではないか、そしてそれは不可避に笑いを伴うような仕方で実行に移された、というのが私の解釈である。そもそも、登録証を「持たせる」側にとってこの制度が最大の効果を発揮するのは、登録証を「持たされる」側に管理のまなざしが内面化され、呪縛となって内側からかれらを拘束している時である。つまり、それが社会的に不可視のままにとどめられ、「持たされる側だけが知っている」制度である限りにおいて、最大限の管理の「威力」が発揮される。ところが【場面6】における出来事は、そうした「威力」発揮のための条件を瞬時のうちに無効にするものだった。普段は水面下に伏在し、「かれらだけが知っている」ところの、在日朝鮮人の日常世界を律する機構が、【場面6】では「持たされていない側もが知っている」こととしてあらわにされた。在日朝鮮人が「日本人」に登録証を提示した──そこで起きた出来事を素っ気なく叙述すればこうなるが、実はこうした出来事は、実態化する一歩手前の、可能態でとどめられる限りにおいて、管理・抑圧の最も効率よき手段なのである。しかし林さんは、この「一歩前」での踏みとどまりを破って、私に対するアクションを起こした。そのとき、管理・抑圧の手段としての「登録証」や「携帯義務」は瞬時に、安っぽい三文芝居へと作り変えられ、いわばパロディ化されて上演された。そして、芝居につき合わされる「持たされていない側」、つまりインタビュアーの私には、明らかに当惑の感情が沸き起こった。この当惑こそ、〈差別の日常〉にあっては抑止され、厳重に管理されている感情である。当惑の感情のそもそもの起源は、〈差別の日常〉にある。しかし、当惑の感情が噴出してしまった時、すでに〈差別の日常〉は以前と同じ姿ではありえない。支配秩序に生じた裂け目、と私が言い表すのはこうした部分である。だから笑いは、何かが「可笑しくて」生じたものではない。笑いは、林さんの側から言えば「パロディ化する力としての笑い」であり、インタビュアーの側にとっては「当惑の笑い」であった。

何度も強調してきたように、差別研究の文脈で行われるどんな「善意の」社会調査も、ある部分で日常世界の反復、再生産であることを免れない。私がリアリズム的調査論にどこか反発を感じ、アドバイスを振り切って「迂回・隘路」のいばら道を選んだのも、その直観に支えられてのことだった。そこではいきおい、日常世界の反復・再演化そのものに一体どのような可能性があるか、に議論が焦点化せざるをえない。本節の笑いをめぐる考察はいまだ萌芽的で未完成なものだが、最も言いたかったのは、反復・再演化のありさまの検討が、単に「リアルな」日常世界の把握へといたるための認識手段であるにとどまらず、日常世界に介入し攪乱していく手段ともなりうる、ということである。そうした意味において、差別研究におけるライフヒストリー調査は極めて「実践的」な行為でもありうること、それを示したかったのである。

5 おわりに
――「しろうと」の効用

かつてドロシー・スミスが、学部学生に授業の中でやらせたインタビュー・データをもとに人々がいかに他者を「精神病者」として構築していくかを分析した論文を読んだとき、そこに「しろうと」の効用とも言うべき論点が呈示されていて、ショックを受けた覚えがある（Smith1978=1987）。そこでは、インタビュアーはまだ訓練を受けておらず未熟で、録音さえしっかりと行っていなかった。むろん、トランスクリプトなどあるはずはない。インタビューに基づいて授業で口頭で行われた報告も、「プロ」からすれば到底見れたものではなかった。しかしスミスは言う、「私がこの分析に関心を寄せる理由の一つはまさに、これが通常の社会学的インタビューとしては不完全だからなのである」、と（前掲：87）。プロの仕事としては不完全だから、つまり「しろうと」仕事だからこそ、それは人々の常識世界や思考回路を巧まずして鮮やかに映し出せた、というわけである。これは実に説得力のある議論だが、社会学者にとっては実に悩ましい指摘でもある。

さて、そこで私自身の話に戻るのだが、本稿において呈示し、再解釈を試みてきたインタビューは、大してキャリアも実績もない私の社会学人生の中でも、その本当の駆け出しの時期、出発点のときのものだった。確かに私は、形式面だけは「プロ」の猿真似をした。万全の録音ができるよう配慮し（ただしインタビューは単身で行ったが）、トランスクライバーも借り受け、先達が「通過儀礼」と呼ぶ、一字一句にまで及ぶ膨大な文字起こし作業もこなした。こうした煩雑な作業を介在させた上での他者理解の経験は、むろんスミスの言う「不完全なインタビュー」、つまり日常的にありふれた素朴な他者経験のかたちから、無限に遠い距離にある、と言えそうである。しかし、果たしてそうか。私にはそうは思えない。形式的には「プロ」を装っていても、そこには在日朝鮮人をめぐる数々の、ほんとうに数々の日常的、常識的、またそれゆえに「差別的」思考や判断をくりだす、まがうことなき「しろうと」としての私の姿があった。「闘士」云々の事前了解、在日朝鮮人の不可視性の自明視、牧人・司祭型権力者、「希望」の物語への欲望…、これらことごとくが、「しろうと」性を指向している。そしてその部分こそが、本稿で展開してきた考察を可能にさせた。だから私は声を大にして言いたい、「私がこの分析に関心を寄せる理由の一つはまさに、これが通常の社会学的インタビューとしては不完全だからなのである」。

しかし、何度も言うが「しろうと」性の効用という論点は悩ましい。なぜなら、こと自分が問題となる場合、「しろうと」性が自覚された瞬間にもう、私自身は「しろうと」であることはできないからだ。だから、厳密に言えば私にはこういうインタビューはもう二度とできないし、こうした分析も二度と書けない、つまり全てが一回きりなのである。だがこの一回性は、必ずしも悲観するべきことではない、と私は考えている。ゲイ・スタディーズには、「カミングアウトはビカミング・アウト（becoming out）」という考え方がある（ヴィンセント・風間・河口 1997）。自己を語ることで、もはや自己自身も新たな存在へと転生を遂げる、というのだ。この考えを流用すれば、自己言及的な分析が一回性のものであることは、ほとんど自明の理である。それによって、私自身はもはや論文を書く以前の私ではない。別の存在に生まれ変わっているのだから。まして、差別研究の世界ではこれまで、研究する主体こそが変容を遂げねばならないことが、繰り返し強調されてきた。私はこれまで、こうした声に過度な精神主義・倫理主義を感じ取り、その声に和することができなかった。だが変容を本稿のように、一回的な動きの集積として、つまりいかなる定まった方向性も措定しないで捉えるとしたら、「研究主体は変容すべき」と言うことにやぶさかではない。

こうしたわけで、私はこのインタビューに、今でも無限の愛着をおぼえるのである。

注

1　倉石（2000）において、一応のまとめを図った。ただし同論文は未だ公刊されていない。

2　一般的なイメージとして、教育職、いわゆる「センセイ」稼業は、他の職業への従事者なら免れないような厳しい「荒波」から防波堤で守られ、相当「自由」に我を押し通してふるまえる仕事だと思われているふしがある。ある側面においてそれは真実であるかもしれないが、他方で教育職従事者に固有の「窮屈さ」も見落としてはならない。昨今の情勢からも、世間一般の教師に対するまなざしは険しくなる一方であることがうかがえる。本事例もまた、「窮屈さ」の一端を図らずも明らかにしている。

3　ここで私が〈差別の日常〉として想定しているのは、「差別をみえなくさせてしまう知が充満」している一方で、「〈差別する、差別してしまう瞬間〉を捉え解読し、日常のつくりかえを構想できる」ような知が十分に浸透していない、そのような状況である。（好井 2000:149）

4　こうした常識的思考は、あなどれない力を持って、世間に流通しているように思える。たとえば在日朝鮮人当事者からもこうした考えの表明がなされていることからも、それがうかがえる。自伝的著書のなかで柳美里は次のように書いている。「韓国籍のまま日本名のように通用する柳美里という名前をつけられたことが、在日韓国人としての困難な問題にさらされるのをふせいだといえなくもない。もし私が金○○というようなあきらかに韓国人だとわかる名前だったら、私の意識の流れはいまと大きくちがうものになっていただろう。」（柳 1999:15）

5　たとえば、最近話題になった映画『GO』の、クライマックスに近いシーンにもこの啓発的な描き方が見られる。主役の在日朝鮮人の若者がその恋人と結ばれる直前に「朝鮮人宣言」を行い、恋人のほうはそれにおののき、相手を拒否するというシーンである。もっとも、このシーンは原作に忠実に作られているので問題の本質は原作にあるし、この映画全体が啓発的だとは全く思わなかった。

6　なお全く蛇足ながら念のため付言しておくと、職場におけるこうした措置が、在日朝鮮人の不可視性というあの〈常識〉に立脚していることは明白である。

7　いま現在でもなお、私は林さんの運動論それ自体には違和感を感じる。しかし半面で、「祖国指向か在日指向か」とか、「民族主義か市民派・生活改善主義か」等の類別は、在日朝鮮人社会では、そして〈差別の日常〉の解読・撹乱をめざす上でも、それほど大きな意味はないのではないか、とも考えている。

8　実際にカードサックに印刷してあったのは「菊の紋章」ではなく、「桐の紋章」であった。なおこれらは聞き取り調査時のことである。

参考・引用文献

Bakhtin,Mikhail.1965=川端香男里訳 1973『フランソワ・ラブレーの作品と中世・ルネッサンスの民衆文化』せりか書房。

福岡安則・金明秀 1997『在日韓国青年の生活と意識』東京大学出版会。

Holstein,J. & Gubrium, J. 1995 *The Active Interview*. Sage.

倉石一郎 2000「語り（直し）の実践としての人間形成――日本社会の朝鮮人マイノリティにおける『自己』の構成をめぐって」博士学位論文。

倉石一郎 2001a「アイデンティティ構築過程への〈加担〉と〈介入〉――ライフストーリー　調査、『解放教育』的実践、そして『在日小説』の経験」日本解放社会学会大会（京都　精華大学）シンポジウム「アイデンティティ・ポリティックス」発表稿。

倉石一郎 2001b「〈差別〉研究における自己言及の要請――ライフヒストリー調査における『複合的非対称性』に焦点を当てて」日本社会学会第74回大会（一橋大学）発表稿。
Smith,D.1978 “K is mentally ill: The Anatomy of a Factual Account” *Sociology*, 12, pp.23-53, =1987「Kは精神病だ――事実報告のアナトミー」山田富秋・好井裕明・山崎敬一編訳『エスノメソドロジー』せりか書房、八一―一五三頁。
杉田敦 2000『権力』岩波書店。
キース・ヴィンセント・風間孝・河口和也 1997『ゲイ・スタディーズ』青土社。
山田富秋 2000「フィールドワークのポリティックス」好井裕明・桜井厚編『フィールドワークの経験』せりか書房。
柳美里 1999『水辺のゆりかご』角川文庫。
好井裕明 2000「『啓発する言説構築』から『例証するフィールドワーク』へ」好井裕明・桜井厚編『フィールドワークの経験』せりか書房。

付記：本稿に登場する「林広さん」は仮名である。「林広」よりもずっと素敵な、実のお名前をここに書けないことはまことに残念至極だ。名を呼ぶという行為をクリティカルな問題として再提起する視座は、こうした本稿における名前の呈示方法それ自体をも刺し貫くものである。ここにもまた、林広さんによって、そして私によって生きられている日常が顔を見せている。そうした苦い感謝の念とともに、本稿を林広さんに捧げます。

「レズビアン」という自己
——語られる差異とポリティクスをめぐって

杉浦郁子

1　関心

1・1　「レズビアン」という自己表象をめぐって

「同性愛者」は、「異性愛者」との差異において成立しているカテゴリーであると、一般的には考えられているだろう。両者の違いは、「性的欲望」を同性に向けるのか、異性に向けるのかという点にあるとされている。そして、同性に向かう「性的欲望」は、「異常」「不自然」などとされ、理不尽にも差別されることが今もってある。

一九六九年にアメリカで起こった「ストーンウォール事件」[1]以降、盛んになったといわれる「ゲイ・リベレーション」は、「同性愛者」への差別の不当性を訴える運動だった。どのように「不当性」を訴えるのか、その手法はさまざまだ（った）し、それぞれの手法に対して賛否両論があるが、その成果は決して小さくない。「同性愛」を「治療の対象」としてきた医療のあり方を問題にしたり、大学にレズビアン／ゲイ・スタディーズの講座が開設されたり、同性同士のカップルに相続や税金、社会保険の支払いなどで結婚に準じた権利を与える国家が登場したりした。

こうした成果の背景には、「同性愛者」というカテゴリーに付与された否定的なイメージの転換が図られたことがある（Kitsuse 1980）。それによって、人びとは「同性愛者」というカテゴリーで自己を表象するようになった。「ホモセクシュアル」というカテゴリーが一八世紀西欧の性科学の言説や実践において登場して以来長らく、病理化されてきた「性的欲望」の保有者を特定し名ざしてきたのは「異性愛者」であった。いわば「他者」のものであった「同性愛者」カテゴリーが、自分自身を表現するために用いられるようになったのも、運動の大きな成果である。そうして、「同性愛者」というアイデンティティをもつ者が、そのアイデンティティにもとづいて形成されるコミュニティ、ポリティクスへと参入し、権利獲得運動の一部を担っていったのだった。

海外で展開されたこのような動きは、日本にも徐々に拡がった。私は、自らを「レズビアン」だと定義する人びとのライフヒストリーを聞き取っているが、私がインタビューをすることができるのも、こうした大きな動きのなかの出来事である。「レズビアン」というカテゴリーで自らを積極的に定義する人がいなければ、私の研究活動は成り立たないのだから。

私がライフヒストリーのインタビューを始めたのは一九九五年の夏である。これまでに私が出会った人は、自らの性愛をめぐる経験を何らかの方法でプラスに転化している人がほとんどだった。そうでなければ、そもそも出会うことさえかなわないということなのかもしれない。とはいえ、日本のコミュニティはそれまでに、プラスに転化するための物語を十分に蓄積していたといえるだろう。[2]

しかし、私がインタビューを始めた当時からすでに、自分の性愛経験を肯定的に受けとめている人のなかで、「レズビアン」というカテゴリーを用いて自らを形容するかどうかについては、いろいろな意見があった。今でもそうである。そして、そのような声は、当時よりもっと聞こえるようになっていると思う。

一方で、「レズビアン」だと自らすすんで名のり、そのことを他者に伝える行為を、「存在が見えていない」というかたちの差別に対抗する行為としてとらえ、社会的な意義を見いだしている人がいる。広く社会に訴えなくとも、身近な知人に「レズビアンがここにいる」と具体的に「顔を見せて」伝えていくことは、一般に流布する否定的な「レズビアン」イメージを壊したり、「異性愛があたりまえ」だとする常識を疑わせたりするきっかけになる。このような地道な実践は、「同性愛」への偏見に満ちたこの社会を変えていく効果があるだろう。こう語る人びとがいる。

他方で、「レズビアン」というカテゴリーで自らを表現することに、違和や抵抗を感じるという人がいる。それは、「レズビアン」というカテゴリーに付与されている通俗的なイメージ——ポルノグラフィに描かれる「レズビアン」や「おとこおんな」というイメージ——に対する抵抗感ではない。スティグマが転換され政治的に再構築された「レズビアン」カテゴリーへ同一化することに対する違和が語られるのである。

性愛をめぐる経験において共通する部分はあるかもしれないが、それでも「私」はまわりにいるどんな「レズビアン」からもどこかずれているという語り。これは、「レズビアン」というカテゴリーに属するとしても、その内部は多様なのだという差異への感受性である。あるいは、「同性への性的欲望」という一点において「私」を十全に表現することはできない、その一点に「私」を還元できないという語り。これは、「同性への性的欲望」にもとづいてアイデンティティを形成できない、したくないという感受性である（草柳 2001: 55-58、性意識調査グループ 1998）。

1・2 アイデンティティ・ポリティクスのジレンマ

このような観察から、カテゴリー内部の多様性を強調し、いかに「同性愛者」という統一された現象などないかを示して、「同性愛者」の存在の自明性、絶対性を相対化したり、「性愛」を指標にして自己や他者を認識するという現象の偶有性を指摘したりすることもできる。その指摘は、「同性愛者」と「異性愛者」の間にあるとされる差異が絶対的でないことや、差異の認識それ自体が歴史的・社会的なものであることをもって、「異性愛者」の存在自体も相対化していく。つまり、それは、マジョリティのマジョリティ性を奪っていくベクトルをもつ、ひとつのポリティクスへとつながっていく。

しかし、このような傾向を心配する声も聞かれる。この傾向は、ときとして、「性愛」をめぐる活動においてアイデンティティを形成すること自体を否定するようなかたちで現象して──「アイデンティティなんてダサイという雰囲気」（小倉ほか 1999:92）──、今現在、実際に「自分は同性愛者だ」と確信している人びとに反発や葛藤をもたらす（砂川 1999: 143）。

また、このような傾向は、「反差別」の活動を引き受けている人びとからの危惧をよぶ。日本ではいまだ「同性愛者への差別の現実」があり──日常的なレベルから国策のレベルにいたるまで根強い──、「差別」を告発してもしきれない現状があるのに、この傾向は、告発の基礎となる主体の成立を阻むのではないか、という危惧である（キース・ヴィンセントほか 1997、小倉ほか 1999）。

「同性への性的欲望」という経験が個々人によって異なる意味で受けとめられていることを強調すると、「差別」

の告発の根拠が奪われる可能性がある。なぜなら、「差別」の告発は、理不尽な「見下し」や「排除」が個人的なそれではなく、集合的なそれであることを担保になされるからであり、そのとき、カテゴリーでくくられる集団が共通にもつ「被差別の経験」を想定せざるをえないからである（佐藤 1994: 98）[3]。また、性的な経験に依拠して「自分とは誰か」を語ることに対する忌避は、「差別」を告発する当の人びとを消し去ってしまうというジレンマを抱えこむ。

けれども、「同一の被差別体験」を想像して集合的な「同性愛アイデンティティ」をつくろうとすることには、すぐさま次のような応酬がなされるのだ。そのような行き方は、「同性愛者」と「異性愛者」の差異、つまり「異性愛者」のマジョリティ性を踏みかためる効果がある。また、実際には「被差別体験」は均質ではありえないのに、想像された均質性にもとづいてなされるポリティクスは、どれくらい有効なのか。

以上は、「同性愛者」にかぎらず、被差別アイデンティティの承認をめぐってなされるさまざまな活動——アイデンティティ・ポリティクス——が抱えこむアポリアとして、近年議論されつづけていることがらである（鄭暎惠 1996、上野 2000）。

1・3 「語る」ことの「政治」性

しかし、一見するところ平行線をたどる両者の議論も、次のような点が似通っている。すなわち、「被差別体験」の均質性において集合的なアイデンティティをこしらえようとすることも、「同性愛者／異性愛者」の差異の自明性を相対化しようとすることも、「同性愛者」というカテゴリーでくくられうる人びと全体を一気に解放しようとする志向において、同じようにみえるのである。

前者は、集合的なアイデンティティからの差異を感受する人びとに、後者は、「性愛」にもとづくアイデンティティをすでに形成している人びとに葛藤をもたらすことを先に述べたが、ここで、「同性愛者」全体のためになされたことが、必ずしも個々人のためにならないかもしれないという「あたりまえ」の議論に立ち戻っていいのではないかと思う。個々人は多様であり、自己がさまざまに語られることは不可避的であるならば、そして、そのような事態が実際に進行しているのならば、そこに立脚しながらものごとを考えていきたい。具体的な自己についての語りを丹念に見ていくことから議論を立ち上げて、「同性愛」をめぐるポリティクスにとって何が重要なのかを検討していきたい。これが、この論考の関心である。

その足がかりとして、個々人が「自己についてさまざまに語ること」それ自体がどのような実践なのかを、きちんと記述してみたい。それは、具体的にどのような実践なのか。「語ること」において、人びとはどのようなことをしているのか。これは、「語る」という実践に踏みとどまって、その水準にある種の「政治」性を見いだそうとする作業となる――ひとつのカテゴリーに囲い込まれることに対する違和やカテゴリーからの差異の感受を「語ること」を、「アイデンティティを解体する」というポリティクスに飛躍させたり、「同性愛者への差別を告発する」というかたちのポリティクスを「脱政治化」するものとして一蹴したりする前に。そして、その作業を通して、「語る」という実践には、今ある社会や「差別の現実」をそのように維持、再生産する力がある一方で、それを変える力も備わっている、という当然のことがらをあらためて支持したい。

このような関心のもと、以下では、私が参加したライフヒストリー調査である人物(Yさん)が語った自己物語を取りあげ、「語る」実践を詳細に記していく。また、その実践のなかに、社会を維持するように働く力と変えるように働く力の拮抗を見いだしていきたい。次の二章では、そのために用いる方法を示す。繰り返せば、ここでの関心は、自己についてさまざまに語る――「差異」を語る――という人びとの日常的ないとなみのなかにある、劇的ではないが確かな変容の契機をすくいあげ、多様な「差異」を語ることの「政治」性を位置づけることにある。二章から五章までをその作業にあてる。

最後の六章では、Yさんの語りにおいて呈示された「レズビアン」という自己から示唆をうけて、上述したジレンマを念頭におきつつどのようなポリティクスをつむいでいけるのか、その可能性について考えてみたい。

2 方法

2・1 「同性愛者の社会的構築」研究

この論考は、この世界の対象が「社会的に構築される」という視点を採っている。そして、ライフヒストリーの語り手の自己が、「語る」という実践において、どのようにして構築されるのかを記述しながら――スローガン的ない方をすれば「同性愛者の社会的構築」過程を示しながら――、「語る」実践のなかに社会の変容の萌芽を見いだそうとしている。

「同性愛者の社会的構築」というスローガンのもとでなされうる議論は、さまざまにありうる（Burr 1995）し、実際にさまざまな議論がなされている。が、まず確認したいのは、ここで「同性愛は後天的、獲得的な属性である」ということを主張したいわけではない、ということである。つまり、「同性愛」の「生物学的決定論（生得説）」と「社会的文化的決定論（獲得説）」の対立において、後者の議論を展開しようとするものではない。

また、「同性愛」をめぐる歴史記述が探究してきたように、「同性愛者」という主体が、ある時間空間の（相対的に）全体的な状況のなかでどのように出現してきたのかを議論するものでもない。たとえば、「同性愛者」というカテゴリーを用いた自己による表象を可能にした社会的条件やプロセスを議論するような歴史記述（Plumer 1981, D'Emilio 1983=1997, Bravmann 1996）と、ここでやろうとしていることとは異なる。

「社会的構築」という用語で注目したいのは、「ひとつの可能な偶発的な意味づけ実践（one possible and contingent signifying practice）」（Butler 1990: 144=1999: 253-254）の水準である。「同性愛者」という自己は、歴史のある時点で意味を与えられれば、それ以降、固定的な実体として存在していくものではなく、日常的な言語的実践において繰り返し意味づけられることで、遂行的に産出される対象である、という含意がここにはある。

このような考え方には、言語とそれが指し示す対象との関係についての、次のような見方が貫かれている。私たちが言語を用いておこなう実践は、対象を正確に描写しているわけではない。対象は、言語によって意味づけられる以前から存在し、対象に固有な特質を保有しながら名ざされるのを待っているようなものではない。対象は、私たちが言語を用いてそれを記述したり定義したり形容したりするたびに、そのつど局所的に、そのような「現実」として産出される。言語を用いて「意味づける実践」において、出来事や経験、自己や他者といった対象が構築される、というのがここでの視点である。したがって、以下で取りあげるライフヒストリーの語り手の経験や自己は、ライフヒストリーを語るという言語的実践――「ひとつの可能な偶発的な意味づけ実践」――において、そのようなものとして構築されたひとつの「現実」として把握される。

2・2　理解可能性としての「構築」

しかし、言語を用いて意味づけたり定義したりする実践は、私たちの意志にもとづいてまったく自由に操作できる過程だとは想定されない。「現実が構築される」とは、言説が有意味なものとして「理解される」ことと同義である。言語的実践は、すでに何らかの意味を獲得したもの、理解できるものとして組織されている——すなわち何らかの「現実」を構築している。それは、他者に理解されることを志向して組織されるという点で拘束的な側面をもつ。くわしく説明しよう。

ある人がだれかに向かって「なかなか妊娠しないのよ」と言う場面を想像してみよう。もしこの発話が、「女性」によるものとして聞こえる（理解できる）のならば、その理解は、「女性は妊娠する性だ」という常識的な知識を参照することによって可能になっている。あるいは、この発話が「既婚女性による困惑」だと聞こえるならば、その理解は、「結婚した人はこどもを望む」という常識知に支えられている（それなのに「なかなか妊娠しなくて困っている」というように）。

このように、ある現実が構築される過程には、何らかの知識が動員（＝引用）される実践がともなう。私たちは、だれでも知っているような常識知を資源にしながら、自分や他者の言動を有意味なものとして「理解すること」（＝「現実」を構築すること）を日々おこなっている。そして、言語的実践は、それがたとえ具体的な他者に向けられない場合でも、つねに先取り的に第三者を想定し、その他者が理解できる範囲において組織されるのである（Butler 1990: 17=1999: 46, 1993:2)。

2・3　常識知を使用する実践

常識知は、それが日常的に引用されるとき、期待（妊娠してほしい）や権利（妊娠してもいい）、義務（妊娠するべきだ）などといった規範の形式をとる。先の「なかなか妊娠しないのよ」という例では、「（既婚）女性だったら妊娠すべきなのに」というかたちで、常識が規範化されて引用されている。このように、常識知は、規範の原型として利用されるようなものである。常識知には、いわゆる「真理」や「事実」と矛盾することが多々あるが、それにもかかわらず、それが「だれでも知っていてしかるべきあたりまえのこと」として流通していくのは、「真理」や「事実」としてではなく、規範として用いられているためである。むしろ、常識知は、「真理」や「事実」と矛盾することが多いからこそ、「理解する」実践において、規範の母胎として繰り返し使用され、そこにおいて確認され、更新されていく必要があるのである（Butler 1993: 15)。また、常識知は、「理解する」実践において使用されることを通して、「人びとに共有されている」「すでにそこにある」と感受されるような超個人的なものとして立ち現れ、局所的な言語的実践を超越するような力をもつものと映じる（上谷 1998)。

とはいえ、常識知はそれ自体、強固なものでもある。実際、「妊娠しない女性」や「今妊娠していない女性」はいくらでもいるが、この事実は、「女性は妊娠する」という常識知を揺るがすものではない。「妊娠しない女性」が「普通でない」「例外」「逸脱」などととらえられることを通して、「女性は妊娠する」という常識は維持されていく。日常的に言語を使用する実践、そして、その実践を通して形成される私たちの経験や自己は、規範として引用される常識知によって制限されている。常識知は、人びとの経験のあり方を強く規制するのである。

このように、私たちの言語的実践が常識知という一定の制限のもとで組織されるとはいえ、それが決定論的に組織されていない点は重要である。常識知は、「女性」という概念と「妊娠する」という概念との適切な連関としてあるものだが（Sacks 1972: 335-8)、第一に、「女性は妊娠する」という常識知があるというとき、「女性」はつねに「妊娠する」という特性と結びつけられなければならないと主張しているわけではない。「女性」と「妊娠する」という概念同士を関連づけて引用する実践は、当該場面を超えてつねに妥当するわけではない。つまり、どのような常識知が参照され、規範化して用いられるかは、文脈に依存する。

第二に、「女性」は、「妊娠する」という特性としか結びつかないと主張しているわけでもない。ある概念に適切に結びつく概念はたくさんある。もちろん、概念同士の連関のあり方が無限にあるわけではないが、妥当だと見なされる連関には一定の幅がある（Coulter 1979: 2=1998: 12)。その範囲内で、多様な言語的実践がなされる余地が、つまり、多様な「現実」が構築される余地が残されている。

このような点において、常識知は、私たちの言語的実践を決定的に規定するものではない。それは、言語的実践を演繹的に導くような何かではない。むしろ、「次の瞬間に、どのような常識知が引用され、どんな言語的実践がなされるのか」はわからないといういみにおいて、局所的になされる言語的実践は、蓋然性が高いものである。これが、意味づけ実践が「偶発的」であるという含意である。

私たちは、ある常識を都合の悪いものとして棚上げしたり、別の常識を利用可能なものとして参照しそれを規範化して用いたりしながら、多様な意味づけをおこなっている。他方で、そのように偶発的な言語的実践は、第三者の理解可能性を先取りするというかたちで、「すでに存在している社会的なもの」（であるかのように感受される知識）によって規制を受けており、事後的には、言語的実践がそのように組織されることは必然のように見える。

ここでは、常識知の、言語的実践を今あるように定めたり制限したりする側面とともに、対象の多様な構築を可能にする資源でもあるという側面を照らしたい。局所的な言語的実践は、そのつど多様な意味づけがなされる場であるからこそ、実践の場は、「永遠に意味の競合のために開かれている」（Butler 1990: 15=1999: 42-42）。そこは、対象がさまざまに意味づけられ、それまで理解不可能だったことがらが理解可能なものとして書き足され、新たな知識が再編されていくところである。そうして、規範の原型となる知識は、少しずつではあるが変わっていく。言語的実践は、「社会的なるもの」を維持する場であると同時に、それを変容していく場でもある。以下では、その過程を具体的に示していきたい。

次の三章では、Yさんのライフヒストリーというひとつの言語的実践を取りあげる。四、五章では、以上で説明した方法を用いて、実践で呈示された自己の構築過程を記述することを試みる。それは、言語的実践を「理解する」実践と不可分の「常識を引用する」実践を記述する試みであり、また、実践が常識に制限されつつも常識を再編する可能性を有しているありようを記述する試みである。

3　Yさんの語り

Yさんのライフヒストリーの一部を紹介する。[4] Yさんは、調査時（一九九七年七月八日）一九歳の学生であった。以下の抜粋は、Yさんが「女の子を好きになった」という出来事をどのように受容していったのかに着目して編集したものである（中央大学文学部社会学科矢島ゼミナール同性愛調査研究会 1998: 123-139）。

3・1　中学時代

中学三年生のとき、同学年の女の子を好きになった。それが初恋だった。当時「レズビアン」というのは女同士でベタベタしている人たちだと思っていた。同性愛とかもあまり分からなかった。自分がそうだとは思わなかった。他人の生き方を手本にしようという気はなかったので。女の人が好きだということは、それはそれでどうしようもないことだし、ほかの人を好きになれないからこのまま変わらず彼女を好きなんだろうな、くらいにしか自分のことは思わなかった。

それで悩むことはなかった。かえって女の子を好きになって目の前がひらけた。しょせん女なんてこどもを産んで主婦になって一生終わるか、こどもを産まないで一生ひとりで生きるかのどちらかしかないと思っていたから。女と女同士で対等に恋愛しながら渡り合って生きていけるという別の可能性を知ることができて良かったと思ったし、将来が楽しみになった。女同士ではこどもができないし、家に帰ってひとりで家事をやる必要もないし、お互いにどちらかを養えるほど稼ぎはないし。そういう関係で十分だと思った。

3・2 高校時代

彼（Yさんは中学三年から高校二年の夏まで、中学の同級生の男の子とつき合っていた）と別れてからも、初恋の女の子に対する思いを抱えていた。「自分はレズビアンだ」と思ったりしたが、「レズビアン」がどういうものなのかが正しく分からなかった。「レズビアン＝おなべ」というようなイメージだったくらいだから。だから、「自分は女が好きなんだ」ということしか、はっきり自覚できなかった。将来的には、女の子と一緒に暮らしていきたいと思っていたけれど、普通の女同士でつき合えるという状況が想像できなかった。「タチ」「ネコ」という関係性が潜在的に頭のなかにあって、普通の女と女ではいけないような気がしていた。「女同士」という形態が自分のなかになかったので、自分はいつか男にならなくてはいけないんだと思っていた。だけど高校三年生の初めごろ、『女を愛する女たちの物語』を読んでから、「レズビアン」とは決まった型があるのではなく、自分を女だと思っている者同士が愛し合うこと、女を好きな女のこと、つまり自分を無理に男らしくしたりしなくても、自然体でいいんだということを知った。「こういうつき合い方があるんだ、そういうもんなんだ」とすごく新鮮だった。あと、将来がひらけたことがいちばんうれしかった。想像できる限りの未来が楽しみになった。

4 「レズビアン」という自己の構築過程

以上の言語的実践を私たちはどのように理解しているのだろうか。実践に理解可能性を与える常識知に注目しながら記述する。が、その前に、いくつかの留保にふれておきたい。

まず、この言語的実践を「（自己）物語」として「理解する」さいに用いられる知識については言及しない。それは、ガーゲン（Gergen, Kenneth J.）が指摘しているような、言語的実践を「物語」という形態として理解させるようなもろもろの資源であり（Gergen 1994: 185-209）、前章で示した実践の理解を基底で支えている知識である（そもそも、ライフヒストリーの編集も、そこから抜粋して三章のような物語を編集しなおすことも、そういった知識に頼ることで可能になっている）。

実際、三章の言語的実践は、Yさんが曖昧な「レズビアン」イメージを明確にしていく「物語」、マイナスの経験をプラスに転化していく自己解放「物語」、何らかのトラブルが提示されて解決されていく「物語」などとして読む（理解する）ことができるものである。しかし、そのような理解を可能にする常識についてはここではふれない。

以下では、呈示された自己のあり方を理解するさいに動員される知識にしぼって記述していく。

また、この論考では、自己を、語りがなされる局所場面においてそのつど構築されるものだととらえている。このことを再度確認しておきたい。つまり、自己を、いったん獲得されればその後もずっと一貫性や統合性をもって保持されつづけるようなものとしてとらえていないということである。自己とは、文脈に依存しながらなされる言語的実践を通して、再構成されつづけるものである。

にもかかわらず、以下の記述は、前章の言語的実践がなされた文脈や、実践と文脈との関係についての目配りを怠っているので、次のことに注意をうながしておきたい。「レズビアン」というカテゴリーを用いて自分を語るという三章の実践は、「同性愛者のライフヒストリー調査」という、決して「日常的」とはいえない場面でなされた。「自分はレズビアンだ」と説明することが適切な場面は、普段ほとんどないだろう。「調査」という場面でこそ「レズビアン」という自己を語ることが適切になり、そのような自己を語ることでその場面が「調査」として成立する。こういった状況においてYさんの語りはなされ、経験をプラスに転化するという目的（結末）に収斂していくような

「物語」が構成されたのである。

三章の物語が編集されるまでのこういった複雑な過程を埒外に置くが、このことは、以下でなされる記述の妥当性を大きく損ねるものではない。というのは、とりあえずここでは、三章の物語において「ひとつの可能な自己」が構築される（＝理解される）過程を記述すること、そして、そのような自己のあり方を理解するさいに引用される知識を可視化することに、照準しているからである。

4・1　中学時代

まず、「女の子を好きになった」が、そのことと「レズビアン」というカテゴリーがすぐには結びつかなかったことが語られる。ここは、「レズビアンとは女性を好きになる女性である」という常識が逆照射される箇所である。私たちは、この箇所を「女の子を好きになった」にもかかわらず「自分がレズビアンだとは思わなかった」と理解できる。この理解は、「女性を好きになる女性はレズビアンだ」という常識によって与えられるのである。この語りを理解する人は皆、「レズビアン」という概念が一般的に「同性を欲望する」という概念と結びつくことを知っており、その常識を参照している。

「女の子を好きになった」という出来事から、「こどもを産んで主婦になって一生終わるか、こどもを産まないで一生ひとりで生きるかのどちらかしかない」ような〈女〉とは違う、別の【女】として生きていける可能性に希望を見いだしたことが語られていく。「こどもを産んで一生主婦で終わる」〈女〉は、出産を経由する「女」についての常識知を参照することで理解される。それは、「女性はこどもの育児に専念すべき」であり、そのような女性は「男性とペアを組み」「家事労働を引き受けるべきだ」といった、男女に異なる期待や義務を課すような規範化された知識である。「こどもを産まないのであればひとりで生きるしかない」のは、女性同士の対（同性愛のセクシュアリティ）の可能性が閉ざされているからである。つまり、ここで引用されるのは、禁忌されるものとしての「同性愛」を内包している「異性愛主義」という規範、「性愛実践は男女の対関係においてなされるべきだ」という規範である。

Yさんは、このような〈女〉を否定して、別の【女】を呈示し、それを肯定する。肯定されるのは、「こどもができない」「ひとりで家事をする必要がない」「対等に恋愛をしながら渡り合える」ような【女】である。これらの特徴は、あらかじめ呈示されている〈女〉の特徴を反転させたものである。

4・2　高校時代

それまでつき合っていた男性と別れてからも、初恋の女の子に対する思いを抱えていたため、Yさんは自分が「レズビアン」ではないかと思い、続いて当時の〈レズビアン〉イメージが語られていく。その〈レズビアン〉は、「おなべ」「タチ」「普通の女ではなく」「いつか男にならなければならない」といった特徴において語られるものである。〈レズビアン〉は、典型的な「男」役割を模倣する「女」として示されている。

「自分は女が好きなんだ」という事態から、「いつか男にならなければならない」身体としての〈レズビアン〉理解が導かれるのは、その事態を「性愛実践は男女の対関係においてなされる」という常識を引用して理解しようとするからである。ここで、いつか「性別」が変わるかもしれない身体、「自分のことを男だと思っている女」の身体の可能性がクローズアップされるが、そのような〈レズビアン〉は、「普通の女」「普通の性別」から逸脱する身体として意味づけられている。

けれども、Yさんは、このような〈レズビアン〉ではない別の【レズビアン】を呈示し、それを肯定する。それは、「決まった型があるのではなく」「自分を女だと思っている」「女を好きな女」「無理に男らしくしなくても」「自然体でいい」ような【レズビアン】である。Yさんにとってそのような「普通の女」であることこそ、【レズビアン】の「正しい」あり方なのである。

5　変容の兆し

「女の子を好きになった」という出来事を語るYさんの言語的実践では、「普通の性別」観と「異性愛主義」という規範が拮抗している。「女の子が好きだ」という事態を前にして、「性愛実践は男女の対においてなされる」という常識を規範として維持しようとすると、「普通の性別」において隠蔽されている身体（「いつか男にならなければならない」身体）の可能性が浮上する。けれども、Yさんは結局、「普通の性別」観に引っ張られ、異性愛主義を退ける（「女を好きな女」を肯定する）のである。「いつか男にならなければならない」身体は、「自然体」ではないものとして位置づけられ、そのことを通して「普通の性別」が常識として維持されていく。

しかし、Yさんの実践に「普通の性別」を変容させる兆しを見てとれないだろうか。「女である」と同時に「女の子が好きだ」という（一般的には）首尾一貫しない事態にあって、「いつか男になる」あるいは「自分のことを男だと思っている女」の身体の可能性が呈示された（Butler 1990: 145=1999: 255-6）。「性別」をめぐる常識は、それが排除している別の身体の可能性が完全に秘匿されていることによってその安定性を獲得しているから、それが可視化されること自体、常識のひとつの攪乱である。そこから、「いつか男になる」「自分のことを男だと思っている」身体を、「普通でない」ものではなく「自然体」として理解する実践が、どこかで「偶発的に」なされないともかぎらない。

また、理解不可能とされてきたことが理解可能なものにされていくとき、規範の原型となる常識は何らかの変容を遂げる。「普通の女同士でつき合えるという状況が想像できない」（理解できない）地点から、「こういうつき合い方がある」ことを理解していくとき、「性愛実践は男女の対関係においてなされる」という常識は、意味づけ実践を規制する規範としての力を失いつつあるのである。

Yさんの語りを理解する実践のありようを記述することを通して示したかったのは、人びとの言語的実践のなかにある新しい理解可能性の一端であり、常識の微細な亀裂である。微細ではあっても、偶発的な変容の蓄積は、次いで、オルタナティヴな理解可能性を開いていく。そのなかから、既存の体制を覆すような真に破壊的な知識が生まれてくるかもしれない。

このように、個々人が自らの経験をさまざまに語っていくことは、ただ単に情報を伝達する以上に多くのことがなされる「政治」的ないとなみである。言語的実践は、それを「理解する」実践を介しながら、「あたりまえ」とされている知識につねに働きかけている。「同性愛者」というカテゴリーに付与された否定的な意味の転換も、多くの偶発的な言語的実践の蓄積のすえに達成され、そしてこれからも達成されていくのであろう。今ある社会を、今ある「差別の現実」を維持する力も変える力も、私たちが言語的実践を「理解する」ということのなかに宿っている。

むろん、このような記述ののちに、検討されるべきことがらがいくつも残っている。たとえば、Yさんの自己が表象される過程で産出された知識が別の文脈で引用されたとき、それはどのような効果をもちうるのか、これが考えられなければならないだろう。それは、別の場面で引用されて、別の「現実」を構築するかもしれず、とくに、新しい理解可能性を開くために用いられた知識が、別のだれかを排除するような力として作用する可能性について、配慮を欠いてはならないと思う。

たとえば、Yさんによって肯定された【レズビアン】を理解する過程は、「普通の性別」をも同時に常識として産出し、維持する過程であった。それは、性的な特徴においてくくられるまた別の人びとに、より深刻な問題を投げかける――「自分のことを男だと思っている女」の身体を「普通でない」とする知識は、「トランスセクシュアル」の人びとを抑圧するものである。だから、言語的実践の聞き手や読み手、さらには語りながら聞いている語り手自身も、語られたことに応答し、応答しつづけることで、語りのなかで「理解されなかった」こと、理解不可能な領域として取り残されたことを聞き取ろうとする、そんな応答が求められているのだろう。

また、「性愛」をめぐる経験を語るとき、「性別」をめぐる知識(「普通の性別」についての常識)や「性差」をめぐる知識(男女に異なる期待や義務を課す一連の規範化された知識)が引用されてしまうような――語り手が意図しないところで別の性的マイノリティを形成し排除してしまうような、そしてYさんの呈示した自己がある種の【女】であることと結びついてしまうような、あるいは別の自己が構築される可能性を閉ざしてしまうような――、知識の連関のあり方も問題にされなければならない。それは、「性愛」という領域から照射して、「性愛」の領域を巻き込んで成立しているさまざまな知識の相互の連関を丹念に描いていく作業につながっていくはずである。個々の多様な意味づけ実践について検討を重ねていくことで、そこで産出されている知識の広がりと結びつきを具体的に示していく。それは、人びとが経験する生きづらさを複合的に組織するような知識の癒着を断ち切ろうとする、ひとつの方法であろう。

6 おわりに――差異からの出発

ここまでは、「自己」というひとつの「現実」が構築されるさいに作動する機制を明らかにすることに徹してきて、構築された「現実」についての議論を棚上げしてきた。最後に、語ることで構築された「現実」――つまりYさんが呈示した自己――を検討し、これまでの議論も織りまぜて、冒頭で言及した「アイデンティティ・ポリティクスのジレンマ」について若干のコメントをしたい。これが、この論考のそもそもの問いかけであった。

　Yさんは、最後に次のように語る。

> セクシュアリティはレズビアン。男性を好きになったり、つき合ったりしてもレズビアンと自覚していた。バイセクシュアルにはならない。たとえば、ヘテロの女性が女の人を好きになっても、セックスしても、自分のことをレズビアンでもバイセクシュアルでもなく、ヘテロだと思うのと同じことである。男性とつき合ったときは、たまたまその人を好きになってしまっただけで、ほかの男性へと恋愛対象が広がることはなかった。この先も男性とつき合うことがあるかもしれないが、その際もやはりレズビアンであることに変わりはないと思う。

　Yさんが、「女性を好きになった」ことを起点にして「レズビアン」というカテゴリーまで到達したことは確かだろう。けれども、Yさんが示した【レズビアン】は、「欲望する対象」という特徴によってくくられる「同性愛者」とは異なるものである。

　Yさんにとって、「女の子を好きになった」ことはその当初から、ある種の〈女〉から区別された別の【女】として生きていける希望へとつながるものだった。高校時代についての語りでは、「女の子を好き」なら「いつか男にならなければならない」のかという逡巡が示されたが、「無理に男らしくしなくてもいい」【レズビアン】のあり方を知ると、「将来がひらけたことがうれしかった」「想像できる限りの未来が楽しみになった」という。そこには、Yさんが肯定する【女】として生きられる可能性を再度見いだした喜びが見てとれる。「普通の女」である【レズビアン】として生きることは、【女】として生きることと背反しない。Yさんにとって「レズビアンであること」は、ある種の「女であること」に深く刻印されたものであり、「レズビアン」というカテゴリーで自己を表現することは、〈女〉とは区別される【女】であることの表明なのである。

　また、Yさんは、「男性を好きになったり、つき合ったりしてもバイセクシュアルにはならない」、それは「ヘテロの女性が女の人を好きになっても、セックスしても、自分のことをヘテロだと思うのと同じこと」だという。Yさんにとって、「レズビアン／バイセクシュアル／ヘテロであること」は、「つき合ったり」「好きになったり」「セックスをしたりする」といった性愛をめぐる活動によって、十全に語れることではない。

また、「男性とつき合ったときは、たまたまその人を好きになってしまっただけだ」ともいう。「男性」ではなく「その人」だという表現は、「男女」という関係の片方に自分が位置づけられるのを厭うことと重なるようにみえる。「男女」の関係性に位置づけられると、自分が否定する〈女〉にならなくてはいけないかもしれない。自分が対峙するのは「男」ではない「その人」であり、そのとき自分は少なくとも〈女〉ではない。Yさんは、「男女」の関係性とは別の関係性のなかに自らが拠って立つ場所を見ているようだ。

「レズビアン」としてのYさんの自己は、その出発点こそ「女の子を好きになった」という性愛活動であったものの、むしろ、性愛活動とは無関係なところで編成されているようにみえる。それは、単に「同性への性的欲望」にもとづいて形成されるものではない。Yさんは、「レズビアン」というカテゴリーを用いて自己を語りつつ、「女性を好きになる女性」という平板な定義に回収しきれない自己を呈示している。

Yさんは「レズビアン」としての自己を語った。けれども、それは、「性愛」をめぐる経験にもとづいて形成されるものではない。このようなYさんの自己呈示は、「レズビアン」というカテゴリーでひとまとめにされうる人びとは多様なのだという、しごく「あたりまえ」のことを私たちに知らしめる。また、「レズビアンであること」は、必ずしも「性的欲望」の対象にもとづいて形成される自己ではないこと、「同性」を好きになったからといって、その経験にもとづいて自己を形成する必然性がないことなどを明らかにする。

けれども、Yさんの語りは、「今ここ」という歴史空間で、実際に「レズビアン」という自己が産まれているという既知の事実を再確認させて、「アイデンティティの解体」という議論が必ずしも個人の「解放」につながらないことを了解させる。それと同時に、Yさんの語りはカテゴリー内部の多様性を明るみに出して、「同性愛者」あるいは「レズビアン」を集合的アイデンティティとしてとらえようとすることで押さえ込んでしまう差異があることをも露呈する。このような地点を認めて、次に何がいえるのか。

ここまでの議論からいえるのは、やはり語られる個別の差異を軽んじることはできないということだ。

ひとつには、人びとが自己を手探りで指し示そうとする実践そのものの事実性を、真摯に受けとめたいということがある。Yさんは、「女性」と「男性」とほぼ交互に交際しているライフヒストリーを語った。この先も、「男性とつき合うことがあるかもしれない」という。一般的には「バイセクシュアル」とカテゴリー化される身体を、Yさんがあえて「レズビアン」として表象したことの重み。（女）性差別と（同）性愛差別を重層的に背負った身体が、既存の言語体系に頼らざるをえないという拘束性と格闘した跡をしっかりと受けとめたい。そして、そうした格闘のすえに呈示された差異を軽視してなされる議論は、見当をはずすのではないかと思う。

ふたつには、差異を語る日常的な言語的実践において、偶発的に開かれる自己についての新しい理解可能性のなかに、「常識的」「支配的」とされる知識を変える可能性が胚胎しているということがある。これがこの論考の強調点であった。語られる個別の差異に逆らわないという方針は、この社会の支配的な知識に劇的なインパクトを与えないかもしれない。「同性愛者」への厳しい「差別の現実」を鑑みれば、楽観にすぎるのかもしれない。自らの実践が別の弱者を作りだしていることに対する鈍感さを招いてしまうかもしれない。また、こう語ればこのように自己も他者も社会も変えることができる、といった具体的な指針も示さない。だから、「語る」実践をいたずらに評価してはいけない。けれども、それが、理解可能性という水準において、すでに自己と他者を巻き込んだ実践であることや、つねに社会的な知識に働きかけていることは評価してもよいだろう。一見するところ「個人的な」差異を語る実践にも、他者や社会を変えうる力が確実に備わっている。

みっつには、Yさんの「語る」実践が示しているように、人びとは、他者との関係において心地よい自己を構築しつづけるという試行錯誤の過程に、つねに投げ込まれているということがある。私たちは、具体的で異質な他者と局所でつくられる関係と対峙しながら、そのつど自己を調整し差異を語りつづけている。自分のあり方を問いつめていくこうした過程において、「自分のため」になることが同時に「親密なだれかのため」「同性愛者のため」……ひいては「社会のため」になるような地点を探していくという道筋があってもいい。ひとつの可能な（自己）理解を作りだすことは、別の（自己）理解の可能性を閉ざすことでもある。また、理解可能な領域を作りだすことは、同時に理解不可能な領域を作りだし、知らず知らずのうちに「他者」を排除する危険な実践になることもある。しかし、そのような事態があるからこそ、人はさらに語らなければならない何かを見つけて語ろうとするのだろう。そして、その次に私たちができるのは、語る実践に応答していくことである。この論考もそうした応答のひとつにすぎない。

注

1 「ニューヨークのクリストファー・ストリートに面したバー〈ストーンウォール・イン〉は、ゲイのたまり場であったため、たびたび警察の嫌がらせ的な手入れ捜査を受けていたが、一九六九年六月二九日、そうした警察の態度に対して客が反抗を試み、結果的に四日間にわたってゲイ、レズビアン二〇〇〇人以上VS警察隊四〇〇人!という大規模な闘争に発展した」（VIVIDセクシュアリティを考える会 1999: 43）。

2 一九九〇年代初期に、伏見憲明が『プライベート・ゲイ・ライフ』（1991）を、掛札悠子が『「レズビアン」である、ということ』（1992）を世に送りだし、メディアを通してカミングアウトをした。それをきっかけにしたように、「同性愛」関連の図書があいついで出版された。一九九四年には、東京で、「第一回レズビアン・アンド・ゲイ・パレード」が開催され、一〇〇〇人以上が参加したといわれる。

3 ただし、佐藤裕の立論（1994）は、「差別の現実」に依拠する告発の形式が抱えてしまう、このような困難を乗り越えようとするものである。

4 このライフヒストリーは、中央大学文学部社会学科矢島ゼミナール同性愛調査研究会が一九九一年度から一九九七年度までおこなった「同性愛者のライフヒストリー調査」において聞き取られたものである。この調査で聞き取ったライフヒストリーは報告書にまとめられている。紹介するケースは、その報告書からの抜粋（1998）であり、ケースのインタヴュアは私である。なお、この報告書は、『男性同性愛者のライフヒストリー』（矢島 1997）、『女性同性愛者のライフヒストリー』（矢島 1999）として刊行されている。調査の方法などについては、そちらを参照されたい。

文献

Bravmann, Scott (1996) "Postmodernism and Queer Identities," Seidman, Steven (eds.) *Queer Theory/Sociology*, Blackwell, pp.333-361.

Burr, Vivien (1995) *An Introduction to Social Constructionism*, London: Routledge.＝（1997）田中一彦訳『社会的構築主義への招待』川島書店。

Butler, Judith (1990) *Gender Trouble: Feminism and the Subversion of Identity*, New York: Routledge.＝（1999）竹村和子訳『ジェンダー・トラブル――フェミニズムとアイデンティティの攪乱』青土社。

―― (1993) *Bodies That Matter: On the Discursive Limits of "sex"*, New York: Routledge.

中央大学文学部社会学科矢島ゼミナール同性愛調査研究会編（1998）『同性愛者のライフヒストリーV』（報告書）。

Coulter, Jeff (1979) *The Social Construction of Mind: Studies in Ethnomethodology and Linguistic Philosophy*, London: Macmillan.

＝（1998）西阪仰訳『心の社会的構成――ヴィトゲンシュタイン派エスノメソドロジーの視点』新曜社。
鄭暎恵（1996）「アイデンティティを超えて」井上俊ほか編『差別と共生の社会学』（岩波講座現代社会学第15巻）、1-33.
D'Emilio, John (1983) "Capitalism and Gay Identity," Ann Snitow, Christine Stansell, and Sharon Thompson (eds.) *Powers of desire : the politics of sexuality*, New York : Monthly Review Press.＝（1997）風間孝訳「資本主義とゲイ・アイデンティティ」『現代思想』臨時増刊、25(6): 145-158.
伏見憲明（1991）『プライベート・ゲイ・ライフ――ポスト恋愛論』学陽書房。
Gergen, Kenneth J. (1994) *Realities and Relationships: Sounding in Social Construction*, Cambridge, Mass.: Harvard University Press.
掛札悠子（1992）『「レズビアン」である、ということ』河出書房新社。
キース・ヴィンセント／風間孝／川口和也（1997）『ゲイ・スタディーズ』青土社。
Kitsuse, I. John (1980) "Coming Out All Over: Deviants and the Politics of Social Problems," *Social Problems*, 28(1): 1-13.
草柳千早（2001）「現代社会における『生きづらさ』と『アイデンティティ』――生き方の多様性と社会」『三田社会学』6: 51-65.
小倉東／志木令子／関根信一／溝口彰子（1999）「私たちの90年代――『ヘンタイ』は時代を創る（対談）」『クィア・ジャパン』1: 71-100.
Plumer, Kenneth (ed.) (1981) *The Making of the Modern Homosexual*, London: Hutchinson.
Sacks, Harvey (1972) "On the Analyzability of Stories by Children," John J. Gumperz, John J. and Dell Hymes (eds.), *Directions in Sociolinguistics*, New York: Holt, Rinehart and Winston, 325-345.
佐藤裕（1994）「『差別する側』の視点からの差別論」『ソシオロゴス』18: 94-105.
性意識調査グループ編（1998）『３１０人の性意識――異性愛者ではない女たちのアンケート調査』七つ森書館。
砂川秀樹（1999）「日本のゲイ／レズビアン・スタディーズ」『クィア・ジャパン』1: 135-153.
上野千鶴子（2000）『構築主義とは何か』勁草書房。
上谷香陽（1998）「『知識／言語』をめぐるフェミニズム社会学の試み――D・スミスの議論を中心として」『ソシオロジ』43(2): 35-50.
VIVIDセクシュアリティを考える会編（1999）『VIVIDASセクシュアリティを考えるための用語集』（自費出版）。
矢島正見（1997）『男性同性愛者のライフヒストリー』学文社。
――（1999）『女性同性愛者のライフヒストリー』学文社。

Ⅱ 「よみとく」

〈男性〉同性愛者を抹消する暴力
——ゲイ・バッシングと同性愛寛容論

風間 孝

0 はじめに

ちょっとしたからかいや揶揄はあるにしても、同性間の性行為を罰する法を持たず、死に至らしめるような暴力は存在していないとして、日本は同性愛に寛容な社会だと言われることがある。本稿では、二〇〇〇年一月から二月にかけて同性愛者を狙って犯行に及んだ強盗事件および強盗殺人事件の分析を通じて、日本における同性愛嫌悪と寛容論の関係について考察することを目的としたい。

まず、本稿で取り上げるゲイ・バッシング[1]の概要を説明しよう。

事件は二〇〇〇年二月一〇日深夜、東京都江東区の新木場駅近くにある都立夢の島緑道公園で発生した。公園内を歩いていた三〇代の男性A[2]に対し、加害者の二人の少年は顔面および腹部を複数回足蹴にして気絶させ現金約九〇〇〇円を奪い、さらに気絶していた被害者に対し丸太棒で頭部、顔面、腹部を多数回殴打し、死亡させたのである（なお、この犯行には、成人男性が見張り役として参加していた）。遺体発見から六日後、中学三年生B（一四歳）と高校一年生C（一五歳）が、さらに三日後成人男性D（二五歳）が逮捕された。二人の少年は、二週間ほど前に別の男性を「お前、オカマだろう」と侮蔑し襲おうとして任意同行を求められ警察署に出頭しており、そのことが今回の事件での逮捕のきっかけとなった。逮捕された被疑者らはその後の取り調べで、被害者に対する暴力を認めたうえ、計七人でメンバーを換えながら、公園周辺に集まる同性愛者を狙って十数件の暴行・強盗事件を起こしていたことを自供し、後日、E、F、G、H（いずれも一六歳）の四名が逮捕された。

二月一〇日の事件で逮捕された二人の少年は強盗殺人罪で東京家庭裁判所の審判に付され、少年院に送致された。成人男性は強盗致死罪で起訴され、二〇〇〇年一一月に東京地裁で下された懲役一二年の判決が確定している。[3]ちなみに、この刑事裁判では、加害者らが自供した事件のうち、一月一五日深夜に七名の加害者によって同公園において、二〇代の男性の顔面および腹部を殴り、足蹴にするなどの暴行を加え、現金七〇〇〇円を強取した事件も起訴されている。なお、本稿では、夢の島緑道公園で発生したこの二件のゲイ・バッシングを新木場事件と呼ぶことにしたい。

以下では、この事件において加害者、メディアおよび法律家の同性愛認識に注目しながら、ゲイ・バッシングの発生から判決が下されるまでの過程を三つの観点から考察する。まず第一節では、ゲイ・バッシングがどのような同性愛認識および動機にもとづき行われたのかを明らかにする。つぎに第二節では、同性愛者を狙った強盗殺人事件であることに触れた報道について考察する。最後に、第三節では、メディアおよび法廷において行われたゲイ・バッシングの隠蔽の構造について分析を行う。

1 「狩られる」同性愛者

ケンダール・トーマスは、テロリズムとの類似点を踏まえて、ゲイ・バッシングの特徴を、無差別性、非人格性、過剰な残虐性という三つの観点から整理している（Thomas 1995: 287-8）。一点目の無差別性とは、ゲイ・バッシングが予告なしに行われることを意味する。新木場事件で言えば、夢の島緑道公園に集まる同性愛者が標的とされ、突然襲撃の対象とされることは、この事件の無差別性を示すものといえるだろう。二点目の非人格性とは、加害者と被害者の間に個人的つながりがなく、同性愛者というそれだけの理由でバッシングが行われることを意味する。新木場事件においても、加害者と被害者の間の個人的怨恨が暴力を惹起したのではなく、同性愛者に違いないという動機にもとづいて襲撃が行われたのである。だが、同性愛者に対する攻撃が無差別かつ非人格的なものだとしても、それが何らかのメッセージを有していないと言うことはできない。同性愛嫌悪の暴力の特徴の三点目は、その過剰な残虐性であり、ゲイ・バッシングが被害者に重大な傷害を与え、しばしば死につながることを意味する。「顔、頭部、背中は丸太ん棒でメッタ打ち。特に顔面はボコボコの状態で、原形をとどめないほど」(『週刊文春』二〇〇〇年三月二日号)の暴力は、過剰な残虐さ自体が同性愛嫌悪の強烈さを示しているといえるだろう。

加害者らは、夢の島緑道公園に集まる同性愛者を狙った一連の暴力行使および強盗行為を、「ホモ狩り」と呼んでいた。加害者にとって「ホモ狩り」は、「夢の島緑道公園に行って、この公園に集まるホモ、つまり男性の同性愛者を襲って、殴ったり、蹴ったりして、相手が抵抗できないようにした上で、相手の持っている金などを奪う」(D供述調書、二〇〇〇年三月八日)[4]ことを意味していた。一方で、Dのように「金などを奪う」ことの手段として「殴ったり蹴ったり」していたと供述した者もいるが、必ずしも他の者が「ホモ狩り」をこのように位置づけていたわけではない。「ホモから金を取る、という目的については、全く無かった、とまでは言いませんが、私の場合、ホモ狩りに行く目的のメインは、殴ったり蹴ったりする事にありました」(E供述調書、二〇〇〇年三月一七日)とあるように、男性同性愛者に対する暴力の行使を目的としている者もいたのである。少なくとも、以上の供述からは、一連の襲撃が強盗行為に還元され得ない同性愛者に対する暴力行使を目的としていたといえるだろう。

また加害者らがゲイ・バッシングを行った理由のひとつは、同性愛者であることが公言しにくく、被害を届けにくい社会状況を逆手にとったものであった。「今まで僕達が続けていたホモ狩りも、相手はホモの連中で、ボコボコにして襲い、金を巻き上げても相手はホモなので、警察に届さないからやりやすい、というので、今まで何回か夢の島公園でホモ狩りを続けていたのです」(D供述調書、二〇〇〇年二月二九日)という供述は、この点を考えるうえで示唆に富む。暴力を振るい、強盗をしても警察によって逮捕されない状態が継続したことを加害者らは、「ホモがばれる弱みがあるので、警察に被害届を出さない」と解釈しているのである。男性同性愛者たちは被害を届けられない、と加害者たちが考えたのはどうしてだろうか。「ホモは、人に隠れて男同士で愛し合う男達で僕達が襲っても、自分達がやっていることが恥ずかしいので、襲って金を奪ってもすぐに警察に届を出さない」(D供述調書、二〇〇〇年三月一日)、すなわち、暴行され、強盗されても被害を届けられないことは、「人に隠れて男同士で愛し合う」という「恥ずかしい」ことをしていることの結果として解釈されているのである。[5] 加害者らが一月上旬から二月一〇日の強盗殺人事件に至るおよそ一カ月間に十数回のゲイ・バッシングを繰り返していたことは、すでに述べたとおりである。その過程において、襲撃を続けても逮捕されなかったことが、犯行をいっそうエスカレートさせていくことになった。ゲイ・バッシングが繰り返されるなか、「金だけが目的ではなく、ホモ狩りを何回かやっていくうちに相手をボコボコにやっつけることにスリルを感じる様になり、「ボコボコに相手をやっつけているときは、何か自分がすごく強い人間に思え、気分もすっきりする快感様《ママ》なものも感じる様になってきました」（C供述調書、二〇〇〇年二月二九日）と次第に暴力の行使を自己目的化していくようになっていったのである。

　また加害者のひとりは、男性同性愛者に対し次のような言葉を口にしている。「このときも財布は既に奪ったものですから、そのままそこから逃げてもよいのですが、俺はここに来るホモ連中は人間のクズで変態野郎達ですごくムカつく奴らと思ってましたし、ボコボコに相手をやっつけること自体にスリルやおもしろみも感じてましたので、この男をもっと徹底的にやっつけてやろうと思った」（C供述調書、二〇〇〇年二月二九日）、「ホモ連中は人間のクズでウザイ連中だ。そんな連中はどうなってもかまわない」（C供述調書、二〇〇〇年三月一日）。ここには、「人間のクズ」「変態野郎達」の殺人につながる動機が示されている。また、Cは逮捕後、殺人を犯したことに対して、「二月一〇日の夜、私とBとDの三人で夢の島に行き、ホモ一人をやっつけました」（C供述調書、二〇〇〇年三月六日）と語っている。この「やっつけ」るは、「ホモ狩り」を、「人間のクズで、変態野郎達」を制裁する正義の行為として見なしていたことを意味する。暴力を行使し、金などを奪いつつも、そうした行為を正義として解釈することが可能であったことは、加害者をして「ホモ狩り」を「はっきり言って……警察に捕まるまで止められな」（D供述調書、二〇〇〇年三月一八日）い魅力的なものにしたのである。

　新木場事件に見られる過剰な暴力は、犯行を繰り返しても逮捕されないという反復の中で強化されていったが、一連の行為を基礎付けていたのは、加害者の一人が語るつぎのような認識である。「私は相手がホモなのでムカついていました。ムカつくというのは、頭に来ると言う意味ですが、男と男で変な事をしているホモに対して、ムカついていました。男は女とセックスするものだ、と思っていたのに、男が男と変なことをすること自体、ムカついていたのでした。」（C供述調書、二〇〇〇年三月六日）。同性愛者から金品を強取し、身体に傷を負わせ、死に至らしめたのは、このような「男は女とセックスするものだ」という異性愛を自然な、前提とされる性的指向とみなす認識である。加害者らは、男性同性愛者を「男が男と変なこと」をする性的存在へと切り縮めているのである。ジュディス・バトラーは、性的主体に対して振るわれる暴力を次のように説明している。

> …ウィティッグの理論は、性的主体（少し名前を挙げるだけでも、女、レズビアン、ゲイ男性）に対して振るわれる暴力を説明して、それは暴力的に構築されたカテゴリーを暴力的に強化するものとみなしている。換言すれば、これらの身体に対して行われる性的犯罪は、その身体を「セックス」に矮小化し、それによってそのカテゴリーの矮小化を再確認し、強化するのである。言説は書き言葉や話し言葉に限定されるものではなく、社会行動――暴力的な社会行動――でもあるので、レイプや性的暴力や「クイア・バッシング」を、セックスのカテゴリーが行動に移しかえられたものとして理解する必要がある。（Butler 1990=1999: 278）

ここでバトラーがモニク・ウィティッグを参照しながら述べているのは、強制異性愛という政治的・文化的な操作は、男を普遍的な人間とし、女、レズビアン、ゲイ男性を「セックス」、すなわち性的存在にしていくということである。これらの身体に対するゲイ・バッシングを含む性的犯罪は、恣意的につくりだされた性的身体という言説を根拠としているにもかかわらず、女、レズビアン、ゲイ男性が性的存在であるという理由によって遂行され、さらにその行為自体が性的身体であるという認識を強化していくのである。この事件で言えば、ゲイ・バッシングはゲイ男性の身体を「セックス」に矮小化する中で行われているが、加害者たちはバッシングを反復することにより、ゲイ男性を性的存在として再確認し、その認識を強化させていったと考えられる。このような暴力を反復することによる、自らを普遍的な人間とみなし、男性同性愛者を性的な存在、特殊な存在とする認識の強化が、男性同性愛者に対する暴力の行使をエスカレートさせていったのである。「ホモ」を恥ずべき行為をしている人間としてカテゴライズすること、すなわち異常なものとすることは、自らを正常な性的指向を持つ（異性愛）者として自己を構築していくことでもあったのである。

ところで、ここでのバトラーの言う「セックス」とは、加害者たちが行った男性同性愛者の性的存在への縮減のみを意味しているわけではない。加害者たちが男性同性愛を性行為に切り縮め、その倒錯性を指摘することが可能となるのは、性別としてのセックスを基盤にしているからである。ここでの性別は、単なる性器のレベルにとどまらない。性別としてのセックスの中には性行為の相手も同時に含み込まれているのである。つまり、男という性別を付与されている男が男と性行為をすることを「変なこと」として見なさせるのは、セックス（性別）の中にセックス（性行為）の相手が含意されているからなのである。だが、このようなセックス（性別）自体がバトラーの述べるように、暴力的に構築されているものであるならば、その押しつけをあたかも個々人にとっての自然な客観的与件とするために、ゲイ男性等に対するバッシングが生み出されているのである。

なお、以下では、こうした同性愛認識や動機にもとづき遂行されたゲイ・バッシングがいかなる事件としてメディアおよび法廷で取り扱われたのかを見ていくことにしたい。

2 ゲイ・バッシングであることに触れた報道

逮捕された少年たちが「同性愛者を装い、男性に近づいた」と自供したこともあり、いくつかのメディアは、この事件を同性愛者を狙った強盗殺人事件として報道していくことになった。本節では、取材者が加害者に同一化していった報道と、加害者の残忍さを弾劾しつつ犯行現場となった公園に焦点を当て被害者への非難を示唆した報道をとりあげる。

(1) 同一化の対象としての加害者

「週刊朝日」（二〇〇〇年三月三日号）の記事は、「現場は男性の同性愛者の集う公園で、少年たちが同性愛者を『ホモ狩り』と称して襲う事件が頻発していたことも明らかになった」というリードに続き、本文はつぎのように始まる。

「あっ、ホモだ！」

「ホモは俺たちの姿を見ると、逃げるんすよ。」

ここから「週刊朝日」の記者は、「ホモ狩り」をしていた少年たちといっしょに夢の島緑道公園へ取材に訪れていることが明らかになる。そして記事は、「二人とも、根はシャイでいいやつ。カツアゲしてたのは知ってたけど、殺人なんてとてもできるタイプじゃない。カネさえ取れればよかったはずなのに…」という逮捕された少年たちをよく知る中学生のことばで終わっている。

「ホモ狩り」をしていた少年たちに同行し、その少年たちのことばで終わらせていることに示されるのは、この記事が加害者の視点から描かれているということだ。たとえ引用句としての括弧がホモ狩りにつけられていたとしても、いっしょに取材をした少年たちの視線を通して「ホモ」をまなざす限りにおいて、また『人間狩り』の酷薄非情」という見出しをつけたにもかかわらず、「カネさえ取れればよかったはずなのに…」と強盗を問題にすることなく、殺人のみを問題にするかたちで記事を終えていることは、この記者が「ホモ狩り」をする少年たちの心象に自己を投影していることを示すものである。ここには記者による（殺人に至らない限りでの）「ホモ狩り」の受容と、加害者への同一化がなされているのである。また、逮捕はされなかったものの、「ホモ狩り」をしていた少年たちと一緒に取材するということは、記者による「ホモ狩り」をしていた少年たちの受容が行われているとも考えられるだろう。襲撃を問題にする立場から取材を始めたにもかかわらず、いつのまにか襲撃者の立場へと近づき、さらには同一化してしまうことは、「ホモ狩り」の実行犯になるか否かは別として、「ホモ狩り」を受容する基盤が広範に存在していることを意味している。

この記者が加害者らに同一化していったことが示すのは、ゲイ・バッシングを生み出した同性愛嫌悪を加害者たちの問題として片づけることはできないということである。換言すれば、日々生産され、再確認され、強化されている同性愛嫌悪がゲイ・バッシングを生み出し、支え、後押ししたとともに、記者による受容を可能にしたといえるだろう。

(2) 無法者としての加害者

「夕刊フジ」と「週刊文春」、「フライデー」の記事は、「週刊朝日」の記事が加害者に同一化していったのとは対照的に、加害者の残忍さを弾劾するものである。被害者を「撲殺」（夕刊フジ　二〇〇〇年二月一九日号、週刊文春　二〇〇〇年三月二日号）、「なぶり殺し」（フライデー　二〇〇

○年三月一日号）にした犯人は、「〈ホモ狩り〉殺人犯『3人組』の狂気」（フライデー）と形容されるようになる。残忍な犯罪をしたにもかかわらず、「反省していない」「札付きの不良」（週刊文春）、「停めてある他人の自転車から部品」を盗む（フライデー）という不良少年としての像が強調されていく。そのきわめつけが「フライデー」における社会的制裁としての顔写真の掲載である。

　一方で、これらの記事は、犯行現場となった夢の島緑道公園がどのような場だったのかにかなりの分量を割いている。

　東京・夢の島緑道公園で起きた青年の撲殺事件は、金欲しさの少年二人の犯行とわかり、事件はひとまず解決した。だが、現場からの報告で、夢の島のもうひとつの〈顔〉が浮かんできた。いまや、都内有数の「ゲイ（同性愛者）のメッカ」になっているのだ。春ともなると、公園の茂みは男たちの愛の交歓場になるという。少年は「襲っても警察に届けないから…」と供述、以前にも別の男性を襲ったことも認めており、事件は〈ホモ狩り〉だった可能性が強い。（傍点引用者、以下同様。夕刊フジ）

「週刊文春」は、「〈ゲイの楽園〉だった「夢の島」撲殺現場――週末は大にぎわい――」という見出しのもと、同公園についてつぎのように記している。

　夕闇迫る夢の島緑道公園に潜入してみると、男たちが点々と佇んでいた。（中略）

　恐る恐る声をかけてみた。

　――失礼ですが……、同性愛の方ですか。

　「（明るく）そうだよお。」

　――よく来るんですか。

　「来るわよお。昼間っから茂みの中でモゾモゾしてる人もいるわね。あんな物騒な事件があったから、今は閑散としているけど、週末の夜なんか、二十〜三十人は来るわね。ここは夜になると、まったく人気がなくなるでしょ。それに夏でもヤブ蚊が少ないの。もう十年以上前から、アタシたちにとっては〈夢の島〉なのよ。」

　何とここは、同性愛者の間で有名な〈ハッテン場〉（出会った相手と関係を発展させる場所）だったのである。しかし、撲殺されたAさんは〈その種の趣味〉を持っていたのかどうか。（週刊文春）

Aさんが殺害された夢の島緑道公園は、男性同性愛者たちが出会いを求めて集まる、都内有数の「ハッテン場」として知られていた。「人当たりは柔らかく、家賃も三日前には必ず払う几帳面な青年」（アパートの大家）と思われていた彼も、そうした性的嗜好の持ち主だったらしい。
（フライデー）

これらの記事は、公園を「愛の交歓場」とし、そこを訪れた同性愛者の性的側面に焦点を当てることで、同性愛を「その種の趣味」という「性的嗜好」にしていく。結局のところ、このような強調によって示唆されているのは、被害者は「その種の趣味」「そうした性的嗜好の持ち主」であり、そこを「愛の交歓場」としていたがために被害を警察に届けられず、「ホモ狩り」を招き寄せたということである。ここで注目したいのは、公園に集まる同性愛者は、警察に被害を届けられないことをしていると認識されている点で、加害者と共通した基盤を有しているということである。そして、これらの報道が被害を届けられない理由としているのは、被害者が「その種の趣味」や「そうした性的嗜好の持ち主」という点である。つまり、前節と同様にこれらの報道においても、セックスへの矮小化が行われているのである。同性愛者の様々な側面のうち性的側面のみを取り出し、同性愛を性的趣味・嗜好として定義することは、セックスへの矮小化であり、加害少年たちが男性同性愛者を「男と変なこと」をする人間とみなしたのと共通する側面を有しているといえる。

だが、これらの記事におけるセックスへの矮小化とそれに対する非難は、同性愛それ自体に対するものだけではない。公園という公共空間を性的な出会いの場に利用していると認識されることによって非難が増幅されているからだ。こうしたハッテン場と関連付けたセックスへの矮小化は、同性愛者と異性愛者との間の非対称性にもとづき、またそれを隠蔽するものである。

公共空間におけるどのような行為が性的振るまいと見なされるかに関しては、ジェンダー／セクシュアリティによる非対称的な関係が存在する。たとえば、公園における性的な振るまいは、異性間の場合と（男性）同性間の場合とでは、異なる基準が存在するのである。[6] その一例として、一九八八年に名古屋市内の公園の駐車場に車を停めていた男女のアベックが、五人の少年少女によって木刀で窓ガラス、ライトなどを破壊されたうえ、現金を奪われ、殺害された事件の報道のされ方をとりあげたい。この「アベック殺人事件」を取り上げるのは、事件の発端が新木場事件と同じ公共空間たる公園であり、ともにメディアの報道が被害者に「性的なもの」を読み込んだという共通点があるためである。すでに述べたように新木場事件の報道では、公園を出会いの場としていたことに対する揶揄や非難があったが、「アベック殺人事件」では、次のように記されている。「深夜広大な公園内にある駐車場。闇の中に停められた車は、ドアさえロックすれば、外界とは完全に隔離された空間となる。車の中の恋人たちは、静寂の中で二人だけの世界に漂っている」（フライデー　一九八八年三月一八日号）。ここで注目したいのは、公園という公共空間であっても「ドアさえロックすれば、外界とは完全に隔離された空間となる」、すなわちプライベートな空間を確保したと見なされ、公共空間における性的な振るまいと考えられていない点である。しかしながら、新木場事件に対する写真週刊誌や夕刊紙の報道に見られる自業自得論は、公共空間においてプライベートを確保しているとは認識されておらず、パブリックな空間において性的振るまいをしていたから被害にあったのだと見なされていることを示す。パット・カリフィアは、アメリカにおいてゲイ男性による公園やトイレなど公共の場でのセックス（パブリック・セックス）が警察の取締りの対象になっていることに反対し、つぎのように述べている。「パブリック・セックスを行う者と外界との間は、ほとんどいつだって実際的な目隠しが――茂みや、トイレのドアや、車といったもの――存在しているのだ。……ドアを閉めたトイレの向こうには、プライバシーがあると考えるのが当然だろう。……もし誰かが夜遅くに人気のない場所で車を停めていたら、同じように考えるに違いない」（Califia 1994=1998: 114-5）。カリフィアは、茂みやトイレのドアや車をプライバシーの空間をつくりだすものとみなすことによって、パブリック・セックスが公共の秩序を乱すという警察の取締り理由に反論しているのだ。

以上から言えるのは、公共空間におけるいかなる行為が性的振るまいとされるかに関して、同性間と異性間で異なる基準が存在しているということである。同性愛者は夜の公園を歩く行為が加害者やメディアによって性的ふるまいとみなされるのに対し、男女間では二人で車の中にいることがプライベートの確保された状態とみなされるのである。換言すれば、ある空間がプライベートなのか、パブリックなのかは、恣意的に構築され、それゆえにそのこと自体が政治的争点となるのである（ヴィンセント他　1997: 93-5）。また「アベック殺人事件」の場合は、もとからアベックであったのに対し、新木場事件は公園で相手を見つけようとしている点で差異があるという指摘がなされるかもしれない。だが公園で相手を見つけるにせよ、当事者間で同意が成立しているのであれば、アベックとの差異を強調することも政治性を有しているといえよう。

　ここでいくつかのメディアが同性愛を性的趣味・性的嗜好として語ったことがどのような含意を有しているかについて考えてみたい。新木場事件が起こった二〇〇〇年二月は、東京都庁内において東京都人権指針の制定をめぐり同性愛者の人権をめぐる議論が活発に交わされていた時期であった。東京都は一九九九年一二月に都知事の諮問機関である「人権施策推進のあり方専門懇談会」がまとめた提言において、同性愛者や性同一性障害などをまとめて「性的マイノリティ」と呼び都の施策に取り込むことを提案した。だが、諮問機関からの答申を受けてまとめられた「人権施策推進のための指針骨子」（二〇〇〇年六月）では、性的マイノリティのうち同性愛者のみが施策の対象から削除された。新聞報道によれば、その理由として庁内で「好みや趣味で同性愛を選ぶ人もいる。人種や性別など『生まれ』による差別とは違うのでは」「人権概念として未成熟。都民に理解されない」という意見のあったことが記されている[7]（朝日新聞　二〇〇〇年七月一七日）。

　東京都人権指針制定の議論において、「好みや趣味」という言葉が用いられた意味を考えるなら、それは同性愛が人権問題ではないことを主張する文脈で用いられたといえる。同性愛者は「人種や性別など『生まれ』による差別と異なり」「好みや趣味で選ぶ」ことのできるものなのだから、「人権概念として未成熟」であると、東京都は主張したのである。ここで本稿の冒頭で述べた同性愛寛容論と関連付けるならば、日本は同性愛を欧米のように（犯罪や病気ではなく性的趣味・嗜好とみなしているがゆえに同性愛に寛容なのだという主張が存在する。だが、同性愛を性的趣味・嗜好とすることは、異性愛それ自体を趣味・嗜好とみなす言説が存在していない点で、同性愛と異性愛の非対称性を前提にした議論である。また、ナンシー・ダンカンは、セクシュアリティと公／私の関係について次のように述べている。「通常、セクシュアリティはプライベートな空間にとどまっている（とどまるべきだ）、と仮定されている」（Duncan 1996: 137）。ここでセクシュアリティを性的なことと見なせば、性的な事柄はプライベートにとどまるべきであり、反対にパブリックは無性な領域であることが含意されていると考えられる。このようなパブリックは無性でなければならないという規範が存在している中で、同性愛を性的趣味・嗜好とみなし、セックスと同一視していくことは、同性愛を公的な問題ではなく私秘的な問題としてみなしていくことになる。つまり、同性愛を性的趣味や嗜好とすることは、ゲイ・バッシングを同性愛者に対する人権侵害という公的な枠組みで理解する可能性を奪うことになる。その結果として、新木場事件を強盗殺人として報道しつつ、同性愛者への人権侵害として認識しないという矛盾した立場が可能になるのである。

ところで、新木場事件におけるこれらの報道において、加害者に対する弾劾と同時に、被害者への非難が行われたことをどのように考えるべきだろうか。まず、加害者に対する弾劾は、法を破った者を社会の秩序を乱した者として処罰しなければならないとする法治国家による原理のあらわれと考えられる。他方で、被害者に対する非難は、公共空間は無性でなければならないとする規範および異性愛規範からの逸脱者としての同性愛者という観点に基づいている。つまり、少年たちを無法者とする一方で、被害者に対する非難が両立するのは、法による秩序の維持と異性愛規範という二つの原理の中でもたらされたものである。

本節でとりあげた二種類のメディア報道は、一方が加害者に同一化していくのに対して、他方が加害者を無法者として扱う点で正反対であるかのようにみえるかもしれない。だが、後者が同性愛を性的趣味・嗜好という性的存在へと矮小化していくことは、「週刊朝日」の記者による加害者への同一化をもたらす同性愛嫌悪と大きく異なったものではない。むしろ、加害者に対する対照的な態度は、前者が（殺人に至らない限りでの）「ホモ狩り」という行為全般に焦点を当てているのに対し、後者が「ホモ狩り」における殺人に焦点を当てていることの違いとしてみることができる。後者の報道が同性愛者に対する揶揄や非難を含んでおり、「ホモ狩り」自体を全否定していない点で、「ホモ狩り」を受容する前者と後者とが大きく隔たっているわけではないのである。

3　同性愛者を標的としたことの隠蔽

(1)　同性愛嫌悪に触れなかったメディア

ここまで新木場事件が「ホモ狩り」であったことをとり

あげた記事の分析を中心に据えてきたが、多くの人々にとってこの事件は当時頻発していた少年事件のひとつとして記憶されているに違いない。新聞報道の多くとほとんどのテレビ・ニュースが、同性愛者の狙われた点を曖昧にし、その事実に触れなかったためである。新木場事件について触れたテレビ・ニュースおよび新聞について簡単な集計をとってみたところ、テレビ・ニュースのうちゲイ・バッシングであることに触れたものは一〇番組中二番組であり[8]、日刊紙六社では産経新聞と毎日新聞の二社のみであった[9]。それでは、ゲイ・バッシングであることに触れることなく、事件はどのように語られただろうか？　ここでは、テレビ・ニュース報道の特徴を四点ほど述べてみたい。

第一に、事件の動機として強調されたのは、「遊ぶ金欲しさ」という点であった。たとえば、「ニュース・アイ」では「遊ぶ金が欲しかった、ただそれだけの理由で三〇代の男性を殺害したとして、一四歳と一五歳の男性が逮捕されました。現場となった公園で同じような犯行を繰り返していたということです」（テレビ東京系列、二〇〇〇年二月一七日放映）と報じられた。この報道においては加害者の同性愛嫌悪は消去されたのである。

第二に、事件は「おやじ狩り」「ホームレス狩り」に類するものとしてカテゴライズされた。たとえば、「スーパー・ニュース」では事件当日に被害者に会ったという男性の「事件めいたことというか、たまにあるみたいで、そういう話も聞いたことありますし、おやじ狩りみたいな、追っかけて行くのは見たことありますね」（フジテレビ系列、二〇〇〇年二月一七日放映）というインタビューが用いられ、また「ニュース・ステーション」では「少年たちはターゲットを社会的弱者に向けています」と述べた後にホームレスの男性が三人の少年によって襲われた事件を紹介した（テレビ朝日系列、二〇〇〇年二月一七日放映）。しかし、加害者らは後述するように「ホームレス」と男性同性愛者を注意深く区別したうえで、ゲイ・バッシングを行っていたのである。

第三に、事件が起きた文脈が曖昧にされている。たとえば、「ニュース・アイ」では、加害者が在籍している中学校の校長による「そういう行為を校外で行っているという情報はまったくつかんでいませんでした」という発言を紹介したものの、「そういう行為」が何を指しているかの説明は付されなかった。また「ニュース・プラス1」は、公園に集まってくる人を「週末の夜に集まってくるカップルや若者」（日本テレビ系列、二〇〇〇二月一七日放映）と形容し、「ニュース・ジャパン」は「現場の公園は通称ハッテン場と呼ばれ、インターネットで出会いを求め、深夜訪れる男性が多いという。あきらかにそこに集まってくる人たちをターゲットにしていたようです」（フジテレビ系列、二〇〇〇年二月一七日放映）と、ハッテン場という名称を用いながら、どのような人が標的とされたのかについての説明を回避している。指示語を用いたり、ハッテン場に説明を付さないことによって、また公園に集まってくる人をカップルや若者一般とすることで、ゲイ・バッシングであることが曖昧にされたのである。

最後に、この事件は少年法改正の文脈で語られた。例えば、「ニュース・ステーション」では、「少年たちは犯行に行く前に、指紋を残さないための手袋を忘れてきたことに気づくんです。コンビニで手袋を万引きしてそれから犯行に及んでるんですね。だからこれは冷酷で計画的な反抗でもあるんです」と述べ、残忍なうえに計画的になされた犯行であり、さらに「自分たちが強盗殺人を犯しても一年ちょっとで初等少年院に行けばすむという知識があっ」たと示唆している。この事件は、少年法を意図的に悪用するなかで計画された無差別かつ残忍な少年事件として報道され、その結果として、「凶悪犯罪をしている年齢がどんどん下がっている」ことを念頭に少年法改正論議をしてほしいとコメンテーターは訴えるのである（二〇〇〇年三月二日放映）。

これらのテレビ・ニュースの報道は、新木場事件を「遊ぶ金欲しさ」の少年たちによって行われた最近頻発する「おやじ狩り」「ホームレス狩り」の一種としてカテゴライズし、同性愛者を狙って犯行に及んだことの説明を回避したのである。

だが、テレビ・ニュースのすべてがゲイ・バッシングであることの隠蔽を図ったわけではない。「スーパー・J・チャンネル」は、一月三日にバッシングの被害にあった男性と被害者を殺害した少年の友人、そしてゲイ・バッシング相談を実施している同性愛者団体メンバーへのインタビューを含んだ新木場事件についての小特集を放映している。その中で「動くゲイとレズビアンの会」の稲場雅紀は、夢の島緑道公園で入院を要するようなかなり大きな傷害事件が多発していることを指摘したうえで、「同性愛者をはじめとする社会的弱者に対しては暴力を行使してもいいんだという考えかたが彼らにはあったんじゃないか。いいかえれば、それは偏見といえるかもしれません」と指摘している（テレビ朝日系列、二〇〇〇年三月一三日放映）。

週刊誌や夕刊紙の記者がゲイ・バッシングであることを知り得た以上、テレビ局や新聞記者がその事実を知り得なかったとは考えにくい。とすれば、テレビ・ニュースや日刊紙はゲイ・バッシングであることを意図的に触れなかったことになる。事件から一年後にゲイ・バッシングであることに焦点を当て記事を書いた共同通信社の原真は、ゲイ・バッシングであることが報じられなかった理由を、つぎのように考察する。[10]

当時、メディアは「少年事件」としてとらえており、「憎悪犯罪」ととらえる発想が欠如していたのだと思う。事件の特殊性に触れないのは、メディアの側の被害者に対する配慮といえるかもしれない。ゲイの集まる公園で殺されたと書くことによって、ゲイだと推測されるのは、彼にとっても、遺族にとっても名誉なことではないだろう、という考えがあったのではないか。ただ、仮に被害者が部落出身者や朝鮮人だったら、差別事件と考える記者もいたのではないだろうか。それだけ、同性愛差別に対する記者の感覚が鈍いということだろう。

最近のメディアの報道だと、例えば強姦事件が起きた場合には被害者を匿名にし、それが殺人にまで至った場合には強姦に触れずに名前を出すという、被害者の配慮を考える流れがある。今回の場合も、被害者の実名を出すかわりに、被害者のことを配慮して事件の特殊性に触れなかったとも考えられる。少なくとも、これまでメディアは、ゲイであることを書きすぎて問題にされたり、抗議をされてきたことはあったが、書かなくて問題点を指摘されたのは今回が初めてではないだろうか。

また、自戒を込めて言えば、私もたまたま米国でマシュー・シェパードさん事件[11]のような衝撃的な憎悪犯罪に出会い、ゲイの人権擁護団体などに取材をしていなければ、新木場事件をゲイ・バッシングととらえる記事は書かなかったかもしれない。

遺体の身元が母親の届出によって判明した時点で被害者の実名が報道されていた状況下において、メディアがゲイ・バッシングであることに触れなかった理由として原が推測するのは、「ゲイの集まる公園で殺されたと書くことは、彼にとっても、遺族にとっても名誉なことではない」ということだ。ここには、そもそもゲイ男性の集まる公園で殺されたことや加害者が同性愛者を狙っていたことについて触れるのは、被害者が同性愛者ではないかという推測を生み、故人および遺族の名誉を傷つけるという考えがある。とすれば、ゲイ・バッシングであることに触れなかった報道は、被害者のプライバシーを尊重するという暗黙の了解のもとで生み出されたものだといえるだろう。

同性愛者であることの推測や本人の意に反した開示が同性愛者にとって不利益に働く場合のあることを否定するつもりはないが、このような認識が被害者や遺族に対しての配慮だけではなく、同性愛自体を「不名誉」なものとみなしていなかったかは検証されるべきであろう。また、ゲイ・バッシングであることと被害者の「名誉」とを二者択一のものとしてとらえ、被害者の「名誉」を安易に選択したとすれば、同性愛嫌悪の存在を隠蔽したとの誇りを免れないだろう。「名誉」を優先すればバッシングであることが隠蔽され、バッシングであることを明らかにすれば「名誉」を失うというダブルバインドを乗り越えようとする例として、「動くゲイとレズビアンの会」が被疑者逮捕後に配布したプレス・リリースを紹介したい（「夢の島緑道公園」殺人事件の被疑者逮捕に関する見解、二〇〇〇年二月一七日）。まず、「加害者の少年グループは同性愛者をターゲットにして常習的に暴行や脅迫などの犯罪を繰り返していたものと思われます。今回の事件についても、被害者の方の性的指向にかかわりなく、被疑者が同様の意図を持って犯行におよんだ可能性が高いと思われます」と同性愛者をターゲットとした犯行の可能性を示唆したうえで、同時に「性的な側面を過度に強調する報道は、被害者に対するセカンド・レイプともなりかねないので、厳に慎んでほしい。また、被害者の性的指向の詮索などは、絶対に避けるべきである」と被害者の性的指向を詮索すべきではないと主張したのである。加害者が同性愛者を狙ったことと、被害者が同性愛者であるかどうかは別の事柄である。だが、このような報道であっても、被害者の性的指向を推測させるというのであれば、同性愛自体を性的趣味・嗜好と見なすことで被害者を貶めることを避けるためにも、稲場がインタビューに答えたように加害者の同性愛嫌悪を偏見とする立場の明確化が必要であるだろう。

(2) 法廷における加害者の動機の扱い

同性愛者が狙われたことの隠蔽は、テレビ・ニュースや新聞報道だけに見られたのではなかった。法廷においてもゲイ・バッシングであることはほとんど取り上げられなかった。例えば、ゲイ・バッシングであることを言及しないように検察が採った戦略はつぎのようなものである。新木場事件における成人の被告人への刑事裁判の第一回公判（二〇〇〇年五月一五日）で、検察はつぎのような冒頭陳述を行ったのである。

「被告は暴走族に加入していた一七―一八歳時（一九九三―一九九四年）に、夢の島一帯に金品を強奪する不良グループがいること、こうした犯罪行為を行っても被害届を出さないことなどを先輩から聞いていた」

「被告人らは夢の島公園内に居合わせた男性数名に対し、催涙スプレーを噴霧するなどして、それぞれ反抗を抑圧して現金を強奪した。被告人らは奪った現金はその時の共犯者間で分配するとの合意のもと、反復、継続して同種の犯行を繰り返すようになった」

検察は、公園に集まり被害届を出さない「誰」を狙った犯罪なのかについて説明することを、「こうした犯罪行為」、「同種の犯行」といった指示語を多用することで回避しようとしたのである。だが、第二回公判（二〇〇〇年七月三日）での検察による証拠説明では、つぎのようなことばが発せられている。

「一月一五日は、ホモ狩りに行こうと誘われ、蔵王ホールに集まった。」

「下見に行ったところ、四台の車があったので、標的がいるなと考えた。ルンペンを発見し、このルンペンが通報するかもしれないから見張っていてと言った。」

この二つの発言は、加害者らが「ルンペン」ではなく「ホモ」＝男性同性愛者を標的として選んで暴力をふるった事実を検察が把握していたことを物語っている。だが、法廷においてゲイ・バッシングであることに触れたのは、この検察による証拠説明と検察からの「あなたはほかの共犯者たちに、おれは手を出さないよというふうに言ったことはあるのですか」という問いかけに、D被告人が「ホモ狩りに行くたんび行くたんびに言っていました」と答えたときの二度だけであった（第二回公判・被告人供述調書 七月三日）。だが、供述調書によれば、加害者は一連の襲撃を「ホモ狩り」として認識し、第一節で示したように明確な同性愛嫌悪を有していたのである。そして、これらの記載がなされている調書等は、検察官だけでなく弁護人、そして裁判官の手許にも渡っていた。にもかかわらず、この事件がゲイ・バッシングである点については、検察官および弁護人、裁判官から積極的に触れられなかったのである。

法廷を傍聴していて興味深かったのは、裁判長がゲイ・バッシングであることに触れることなく、金品の強取にとどまらない被告人の犯行動機について問い質そうと試みた証人尋問におけるやりとりである（第二回公判・被告人供述調書　七月三日）。以下、少し長くなるが、引用したい。

裁判長　このような事件にあなたが参加するようになった理由として金が欲しいということもあったと言っていましたけれども、被害者らに対して痛めつけてやりたいとか、暴行を加えてやりたいとか、そういう気持ちはあったんですかね。

被告人　僕自身は痛めつけてやりたいとかそういう気持ちはなかったです。

裁判長　ほかの共犯者はどうなんでしょうか。

被告人　多分あったからやったんじゃないかと思うんですけど。

裁判長　ほかの子はあったけど、あなたはなかったのですか。

被告人　はい。

（中略）

裁判長　（引用者注　ほかの共犯者が）あったからやったんじゃないかという話になると、あなただって同じことが言えるんじゃないのかな。実際に手は下していないとしても、その場にいて同じ立場にいたわけですからな。意味はわかりますか。

被告人　分かりますけど、何が言いたいんですか。

裁判長　何も言いたくないですよ。あなたに聞いているんですよ。

被告人　いや、だから自分では手は出してないということに対して聞かれていることは、あなたも手を出しているんじゃないですかというふうに聞いているんじゃないですか。

裁判長　ほかの子たちが痛めつけたいという気持ちがあったんじゃないかと思うと、それはなぜかといえば、そういう気持ちがあったからああいう犯行を犯したんだろうとあなたは思うわけですね。そういうことであればあなた自身が実際に手を下していないとしても、一緒になってこういう犯行をおこなっているわけだから、そういう気持ちがあったからやっているんだろうということだとすると、あなた自身にとったって痛めつけたいというような気持ちがあったからやったんじゃないかと、そういう同じことにならんかということですね。

被告人　気持ち的には同じです。

裁判長　気持ち的には同じと言うのは。

被告人　気持ち的には同じだと思います。

裁判長　何と何が同じなんですか。

被告人　何と言えばいいかはっきりわからないですけど。

このやりとりが示すのは、つぎのようなことだ。裁判長は「被害者ら」、すなわち公園に集まる同性愛者を「痛めつける」「暴行を加える」ことが犯行の動機として存在していたのかを問いかけている。それに対し、被告人は「僕自身は痛めつけてやりたいという気持ちはなかった。（ほかの共犯者は）多分あった」と答え、自身の襲撃の目的は「痛めつける」ことではなく、金がほしかったと示唆する。さらに裁判長が、その場にいたことは、ほかの共犯者と「同じことが言えるんじゃないか」と追求したところ、被告人は「自分が直接手を出したのではないか」と問われたと誤解して「何が言いたいんですか」と裁判長に反問する。最終的に裁判長は、「あなた自身にとって痛めつけたいというような気持ちがあったからやったのと同じじゃないか」と問いかけ、被告人から「気持ち的には同じです」という答えを引き出してはいるが、「何と何が同じか」という問いに、「何と言えばいいかはっきりわからない」と答えられ、結局、犯罪動機は被害者によって曖昧にされてしまっている。

おそらく、裁判長が、「被害者ら」とは男性同性愛者であることを示したうえで、被告人の同性愛者に対する認識を問い、その後でどのような認識にもとづいて少年たちと一緒に行動していたのかと問えば、このような長いやり取りにはならず、なおかつ被告人の動機がどこにあったのかを明確にさせることができたと思われる。しかしながら、犯行動機について明らかにしようとしたにもかかわらず、誰を狙って犯行を繰り返したかに触れられないという矛盾した状況が、被告人をして自らの動機を曖昧にすることに成功させ、裁判長と被告人という不均衡な力関係の中でありながら、裁判長に反問するという一瞬の力関係の逆転を可能にしたのである。このやりとりは端的に言って、同性愛嫌悪について語ることを回避しつつ、同性愛嫌悪を明らかにしようとすることの不可能性を示している。

一連の襲撃の核心に男性同性愛者に対する蔑視と憎悪のあることが明らかであったにもかかわらず、法廷でその点が触れられなかったのはなぜだろうか。例えば、検察は加害者の同性愛嫌悪を聴取し調書を作成した一方で、法廷でその点については触れようとしなかった。取調室と法廷の違いは、前者が第三者のいない密室であり、後者があらゆる人に開かれた公開の空間という点にある。公開の法廷でゲイ・バッシングであると触れることは、その事実を広く流布させる可能性を持つ。さらにいえば、検察だけでなく、裁判官そして弁護人が強く意識されていたのは、原が指摘したのと同様に、被害者の遺族であると思われる。とりわけ、傍聴していてよく見出したのは、検察が傍聴に来ていた母親と意思の疎通を図っていた姿であった。[12]

ところで、この裁判は、「通行人から金品を強取しようと企て」た強盗致死事件と解釈可能な判決主文の朗読によって幕を閉じた。法廷においてもゲイ・バッシングであることの隠蔽がなされたと解釈可能な幕切れであった。だが、記録の閲覧のさいに目にした判決文は、つぎのように事実が認定されていたのである。「本件各犯行は、平成一二年一月ころから、同性愛者が集まると聞き及んだ公園等において、通りがかりの者に対し、暴行を加えて金品を強取するという行為を繰り返していた被告人らによって敢行されたものである。被告人は、共犯の少年らが遊び半分でかかる犯行を行っていることを知り、少年らの行為を利用すれば容易に小遣い銭を入手できる上、同性愛者を襲えば被害申告されることもなく犯行が発覚しないものと考えて犯行に加担したものであり、他者の人格を全く無視した極めて自己本位で卑劣な犯行である」。法廷で「同性愛者」という言葉の使用は避けられたが、供述調書において加害者たちによって繰り返された「ホモ狩り」という言葉は判決文にこのような形で記録されたのである。この判決文は逆説ながら事件の実態と法廷において用いられた言語との乖離を如実に示すものであるだろう。

4　おわりに

同性愛者を標的とした無差別かつ致命的な暴力である

ゲイ・バッシングが、同性愛者の自己表現や存在のしかたに大きな影響を及ぼしていることは疑い得ない。ゲイ・バッシングは、同性愛者の自己表現を狭め、不可能にする圧力として機能しているのである。だが、ゲイ・バッシングが同性愛者の行動のみを規制するわけではないことも付け加えなければならない。第一節で見てきたように、ゲイ・バッシングは加害者たちの自己構築にも密接にかかわりあっているといえる。アメリカの文脈においてトーマスはつぎのように述べている。「レズビアン／ゲイに対する暴力の目的と結果は、人間のセクシュアリティを社会的にコントロールするシステムとして機能している。同性愛嫌悪の暴力は現代アメリカ社会の性愛の秩序を規制し、さらにいえばアドリエンヌ・リッチが名づけた強制異性愛の制度的・イデオロギー的な命令を強要することを狙ったものである」(Thomas 1995: 288-9)。つまり、同性愛／異性愛といった性的アイデンティティがともに社会的で政治的な相互作用を通じて形成されるものであるとするなら、同性愛者に対する暴力は、同性愛者の行動の抑制として働くとともに、人々に同性愛というセクシュアリティを選択し表現することを規制することで、異性愛化した主体をつくりだす役割を担っているのである。

　とりわけ、日本の文脈で言うなら、キース・ヴィンセントが「同性愛者とその類義語が一人称的に使われないような社会では、自分の周りに、あるいは自分の中に『ホモ』がいないとは到底確認できない。そのような状況下では、他人を脅迫《ママ》的にホモ呼ばわりし、『違うぞ』という否定を期待するしかない。それでも不安が残るから、更に『見分ける』という作業を重ねなければならないのである。このプロセスをホモフォビア（同性愛嫌悪・同じであることの恐怖）という」(ヴィンセント 1997: 76) と述べるように、ホモフォビアとは同性愛者と自己とを区別するために行われる強迫的な反復であるといえる。新木場事件の文脈で言うなら、加害者たちにとって、「ホームレス」ではない深夜の公園に集まる男性を「ホモ」として定義づけ「狩る」ことは、自らと「ホモ」を区別することであるとともに、(異性愛者という言葉を自己に当てはめていなかったにせよ) 性的に「正常」な自己を構築していく実践であるのだ。

　一方で、これまでの考察から明らかになってきたことは、ゲイ・バッシングを取り扱うことの困難さであるといえる。つまり、同性愛者を狙った事件であることを明らかにすることは、「週刊朝日」に示されるように（殺人に至らない限りでの）加害者への同一化を生み出すとともに、写真週刊誌や夕刊紙などに示されるように被害者に対する揶揄や非難となって現れたのである。そして、おそらくこのような形での被害者の「名誉」を傷つけることを怖れて、多くのメディア報道や法廷において、ゲイ・バッシングであることについて触れることの回避がなされたのだと思われる。

　以上の事件に対する報道や反応を見ていて感じることは、そのほとんどが同性愛を取り扱うことにおいて両極端な対応しかとれないということである。三島由紀夫の同性愛指向のセクシュアリティが日本においてどのように扱われてきたのかを論じた箇所で、キース・ヴィンセントは新木場事件とまったく文脈が異なるにもかかわらず、つぎのように述べる。

> とどのつまりは両者として、非常時のたいそうな言葉遣いでしか同性愛を論じることができないという文化の論理に従っているのである。なぜなら同性愛とは、「私秘的なもの」でありだからこそまったく言及し得ないものであるか、あるいは「公然のもの」であってそう言いさえすればすべてが片づくとされるものであるか、そのどちらかでしかなかったわけだから。（ヴィンセントほか 1997: 106）

この指摘を新木場事件にあてはめれば、同性愛者を狙って事件が起こされたことは、被害者の性的趣味・嗜好・プライバシーという私秘的なことと理解されたがゆえにまったく言及されないか、被害者のセクシュアリティを公然と語ることで事件の背景を説明したかのように思ってしまうかのどちらかであったかといえよう。だが、本稿で見てきたのは、同性愛を「私秘的なもの」として隠蔽するにしろ秘密を「公然のもの」として暴くにしろ、それは総体として同性愛者に対する差別の存在を隠蔽する、あるいは趣味・嗜好として矮小化するかのいずれかとして機能するということであった。このように考えるならば、ゲイ・バッシングであることを隠すことが、被害者や遺族の「名誉」を守ることにならないことも明らかであろう。同性愛を私秘的なものとみなし「名誉」を守ろうとしても、同性愛が負の烙印として機能している限り、現実からとりあえず目を背けるにすぎないからだ。そして目を背けることは、被害者や遺族の「名誉」を傷つける根本的な問題に取り組むことなく、名誉を傷つける力を温存することでもあるのだ。

本稿の冒頭に立てた問い、すなわち日本は同性愛者に対して寛容であるという考えに対して、これまでの考察を経て答えるなら、趣味や嗜好の問題とされていることをもって日本は同性愛に寛容であるとする認識は、このように同性愛者に対する暴力を矮小化し、同性愛者に対する暴力を存在していないように扱ってきたことの結果として生じたものだと言えるだろう。暴力によって同性愛者が生命の危機にさらされている現実がある一方で、同性愛寛容論のもたらす効果ゆえに、同性愛者に対する差別は見えなくさせられているのである。

残忍な犯罪者として加害者らを弾劾する報道は、彼らの同性愛嫌悪を特殊化し、「私たち」の現実から切り離そうとするものであったかもしれない。けれども、新木場事件は、性的趣味・嗜好というかたちで同性愛者を性的存在へと矮小化する、私たちが日々経験し支えている日常から生じた一つの現実であることも確かなのだ。

注

1 本稿ではピーター・ナルディとラルフ・ボルトンによるゲイ・バッシングの定義、すなわち「性的指向ゆえに、あるいは想定された性的指向を理由とした個人への暴力、身体的な脅威、言葉による虐待、他の種類の攻撃のこと」を採用している(**Nardi and Bolton 1998: 412**)。

2 本稿では、被害者及び加害者について記すにあたっては、法廷およびメディアの報道において実名で報道されている場合でも、アルファベットで置きかえることにする。

3 なお、逮捕された七名のうち六名が少年であったため、本稿で言及する裁判の事例は、傍聴および法廷記録の閲覧のできた成人男性Dを被告人とする刑事裁判である。

4 以下、引用する加害者の供述調書、判決文、および被告人供述調書(証人尋問録)は、学術研究を目的に被告人Dの刑事裁判における確定記録の閲覧を東京地検に請求し許可されたものである。それ以外は、著書が裁判を傍聴して記録したものである。

5 しかし、警察に被害届が四件出されていたことは、「ホモは警察に被害届を出せない」という認識自体が、加害者の思い込みによってつくりだされたものであることを示している(『夢の島事件』と同性愛者への暴力を考える集い」——主催　動くゲイとレズビアンの会、二〇〇〇年四月二日——集会資料および経過報告より)。

6 ジェンダーによる非対称性が存在する例としては、男性(異性愛者)が夜の公園を一人で歩くことは性的なふるまいとみなされないが、女性が同様の行為をしたさいには、男性につけいられる隙を与えた性的ふるまいとして解釈されてしまうことがあげられよう。

7 最終的には、記述の復活を求める都民の意見が五百件を超えたのを受けて、「同性愛者をめぐってさまざまな問題も提起されています。今後、論議を深める必要があります」と同性愛者についての記述が指針に盛り込まれることになった（朝日新聞二〇〇〇年一月二二日）。

8　ここでとりあげたニュース番組は以下の通り。ゲイ・バッシングであることに触れた二件は、いずれも「スーパー・J・チャンネル」（テレビ朝日系列、二月一七日、三月十三日放映分）である。ゲイ・バッシングであることに触れなかった八件は、「ニュース・ステーション」（テレビ朝日系列、二月一七日、三月二日）、「ニュース・アイ」（テレビ東京系列、二月一七日）、「ニュースの森」（TBS系列、二月一七日）、「ニュース・プラス1」（日本テレビ系列、二月一七日）、「きょうの出来事」（日本テレビ系列、二月一七日）、「スーパー・ニュース」（フジテレビ系列、二月一七日）、「ニュース・ジャパン」（フジテレビ系列、二月一七日）であった。

9　ゲイ・バッシングであることをとりあげたのは、「朝日新聞」、「産経新聞」、「東京新聞」、「日本経済新聞」、「毎日新聞」、「読売新聞」のうち、「産経新聞」（二月十九日）と「毎日新聞」（二月十九日）である。なお、テレビニュースおよび日刊新聞の分析は、「動くゲイとレズビアンの会」が収集したニュース報道を参考にさせていただいた。

10　インタビューは、二〇〇〇年四月二三日に実施した。

11　「一九八八年一〇月アメリカ・ワイオミング州ララミーにおいて、二一歳のマシュー・シェパードが暴行を受け、後にそれが原因で死亡した。暴行の理由は、マシューがゲイであるという、ただそれだけの理由からであった。犯人二名はすぐに逮捕され、裁判で終身刑の判決を受けている。」（清水 2000: 4）

12　判決文には、被害者の母親について次のように記されていた。「被告人らの凶行により最愛の一人息子を失った母親の衝撃、悲嘆の深さは計り知れず、被害者の母親が被告人に対し極刑を望むような心情に至っているのも至極当然のことと言わなければならない」。

文献

Butler, Judith. 1990, *Gender Trouble: Feminism and the Subversion of Identity*, Routledge.（＝1999, 竹村和子訳『ジェンダー・トラブル』青土社）

Califia, Pat. 1994, *Public Sex: The Cultural of Radical Sex*, Cleis Press.（＝1988, 東玲子訳『パブリック・セックス』青土社）

Duncan, Nancy. 1996, "Renegotiating Gender and Sexuality in Public and Private Spaces." Nancy Duncan ed., *Body Space: Destabilizing Geographies of Gender and Sexuality*, New York: Routledge.

キース・ヴィンセント、風間孝、河口和也 1997『ゲイ・スタディーズ』青土社。

キース・ヴィンセント 1997「ホモ狩り、そして言葉狩り――同性愛者と差別の表現」『小説トリッパー』1997秋季号、朝日新聞社。

Nardi, Peter and Ralph Bolton, 1998, "Gay-Bashing:Violence and Aggression Against Gay Men and Lesbians." Peter Nardi and Beth Schneider eds., *Social Perspectives in Lesbian and Gay Studies: A Reader*, Routledge.

志水隆雄 2000,「ヘイトクライムと性的偏見に基づく犯罪」『ジュリスト』No.1171,4.

Thomas, Kendall 1995 "Beyond the Privacy Principle." Danielsen, Dan and Karen Eagle (eds.) *After Identity*, Routledge.

精神障害者カテゴリーをめぐる「語り」のダイナミズム

山田富秋

「隣人を監禁してみても、人間は自分がちゃんと良識をもっているという確信をもてない」

（ドストエフスキー『作家の日記』、フーコー『狂気の歴史』の引用から）

［精神障害者の施設］反対があたりまえっていうのも、ちょっとおかしいかなって。だから反対されてるところを見ると、やっぱり行政がかかわって上からこうやってものを見る人、ほいで、自分は正しい、まちがってないって［人］。

（長野県S会のUさんの語り［　］内は筆者が補った）

はじめに

二〇〇一年六月に池田小事件という恐ろしい事件が起こった。もっとも無防備で弱いとされる幼い子どもたちが、小学校の教室において襲撃され、おおぜいが殺傷された。こんな事件はそれだけで驚愕に値する。しかもこの事件の容疑者は、精神病院通院歴があり、抗精神薬を大量服用して犯行に至ったとして大々的に報道された。[1] また容疑者は逮捕直後、自らの犯行を別な場所での別の犯行であるかのように語り、あたかも精神疾患の「妄想」と受け取れるような行動もした。この報を受けた総理大臣は、もはやこうした精神障害者による犯罪を見過ごすことはできない。社会を守るために、何らかの措置をとると明言した。

そしてこの直後に起こったことは、ナチスのユダヤ人迫害の発端となった「水晶の夜（クリスタル・ナハト）」のような、精神障害者（精神病者）に対する強烈な憎悪の社会的爆発だった。[2] いたるところで精神障害者に対する差別発言やいやがらせが起こったり、精神障害者とカテゴリー化される人たちから、自分も同じ精神障害者であるなら、こんな恐ろしい事件をするかもしれない、どうしたらいいのかという不安がつぎつぎと表現された。私も知人から速達がきた。自分も恐ろしい事件を起こしたらどうしようという不安の手紙だった。[3] 私は知人にこう書いた。「どうかこの事件におびえないでください。わたしたちはある社会的カテゴリーとして存在する前に、一個の人間です。精神障害者というカテゴリーにくくられる暴力に対して抵抗することが必要であると同時に、このカテゴリーを脱構築することも必要だと思います」。

私が最初に危惧したことは、この事件によって精神障害者は危険だという昔からの偏見がさらに強化されることによって、フーコーが警戒したような、すみずみまで監視がはりめぐらされた監禁国家が実現するのではないかということだ。もちろん私は、事件の犠牲者を悼むとともに、遺族の悲しみの深さを表現することばも持ち合わせていない。しかしここで最初に問題にすべきは、精神障害者が事件を起こしたということだけをセンセーショナルに取り上げるマスコミである。それは私の知人の反応に見られるように、多くの精神障害者を暴力的にひとつのカテゴリーにくくりあげ、彼らに恐怖と絶望感を与えた。さらにこの事件に対する政治的対応が問題だ。現在政府が準備している「触法精神障害者」に対する新法は、精神障害者は危険だとして、犯罪者と同一視する行為に等しい。これは、精神障害者の強制入院法のきっかけとなったライシャワー事件以来、精神医療・福祉に対する大規模な政治介入である。実際、現在まで伝えられている経過をみると、新法では過去の保安処分案で最大七年とされた拘禁期間を無期限に延長し、その社会防衛的性格を明らかにしている。[4]

しかし、保安処分では問題は解決しないことは明らかだ。むしろこのような措置は、世間の精神障害者に対する恐怖心と偏見をますますあおり立てるだけだろう。しかも私が別のところで指摘したように、障害者のノーマライゼーションの流れに逆行して、精神障害者を一般社会から排除する隔離収容型社会をつくりだすだろう。それは障害者を隣人として接するのではなく、彼らが「安全」かどうかを判定する権限を専門家に委ね、一般市民みずからも専門家の支配に従属していく監視型管理社会である。[5] そしてフーコーの慧眼のように、そもそも正気と狂気を区別する基準は存在しない以上、人々は自己の正気と安全を確認するために、狂気というスケープゴートをつくりだし、それを撲滅する身振りをするしか道がなくなる。しかしそれは冒頭のドストエフスキーのことばのように、自分自身の「正気」を確認するために、自己の「良識」をも最終的には疑っていく自己破壊的な身振りなのである。安全性に関わる政治は健康と福祉という明るい表面に、自己破壊と大量殺戮という暗い裏面を隠している。[6]

それでは私たちはどうしたらいいのか。それは、保安処分が考えるような「精神障害をもった危険」な人から「正気の」人たちを守る「安全な社会」を作ることではない。むしろそれとは反対に、精神障害をもった人たちが安心して暮らせる社会を作ることである。健常者とくらべて、さまざまな点で不利益を被らざるをえない人々が、安心して暮らせる社会的条件を整えること。それが、最終的にはすべての解決になるだろう。そしてその実現には、精神障害者が精神病院以外の地域で生活できる条件をどんどん広げていくことが必要だ。それによって、精神障害者との出会いが日常的になり、「危険な精神障害者」というカテゴリーは放っておいても解体していくだろう。私がここでそのひとつの具体例として紹介したいのは、精神障害者の地域での生活を支援する長野県のS会という市民団体の活動である。私はインタビューによって得られたS会の「語り」を分析することによって、「危険な」精神障害者カテゴリーはもちろん、およそ精神障害をめぐるどのような典型的な語り方も、日常的な出会いのなかでは変化していかざるをえないことを示そうと思う。なぜなら、一人一人異なった日常を生きる私たちは、偏見という硬直した語りはもちろん、どんな典型的な語り(モデル・ストーリー)によっても語り尽くすことができないからだ。むしろそこでは新しい物語がつぎつぎと生まれていくと言ってもいいだろう。

1 長野県のS会の活動

最初にS会が外部へ向けて表現している公式的な語りを中心にしながら、フィールドノーツからの記録を補ってS会の活動を紹介しよう。これはこの市民団体がどのような活動をしているのか、その概要を読者に提示するためである。S会はもとヘルパーであったU氏とH氏の二人によって始まった。彼らは一九九六年四月に最初の共同住居を設立したあと、現在までにグループホームを五カ所、作業所を二カ所運営している。H氏は二〇〇二年現在S会の会長である。S会の発行するパンフレットにしたがって、S会の活動内容を説明すると、S会とは「心にハンディを持った人たちを、あたたかい心で街の中にほっこりと包み込みたい。私たちの隣であたりまえに暮らしてもらいたい」という目的で、さまざまな支援活動を行うとしている。

その活動分類によると、まずサポート活動として、グループホーム、ショートステイ、ナイトケアーの三つの活動がある。このS会が共同住居づくりからスタートしたことを考えれば、これが中心的な活動に位置づけられていることは明らかである。S会のパンフレットは「病状が安定して退院できるのに、受け皿がないばかりに入院生活を余儀なくされている人たちが大勢います。グループホームはそうした人たちや、一人では不安でも誰かと一緒なら街で暮らせるという人たちのための共同住宅です。数人ずつ一つ屋根の下で地域の人たちやボランティアとちからを合わせて生活し、笑顔と自信を取り戻しています」と語る。また、ショートステイは精神病院からの退院予定者を一週間を限度に短期間受け入れる目的で行われているが、家族とトラブルを起こしたり、家族関係に起因する緊張からの緊急避難場所としても、24時間体制で利用されている。また、ナイトケアーとは、医療スタッフと定期的に夕食会をもつことで、関係する医療スタッフが「精神障害者の暮らしの様子を実際に目で見て専門的なアドバイスをしたり、交流を深める」（パンフレットから）目的で行うものである。ここには、グループホームの居住者だけでなく、地域で一人暮らしをしている人たちも参加し、月二回の会には二〇人弱の人たちが集まる。二〇〇一年一二月には実際にこの会を観察したが、実際には三〇人以上の地域で暮らす精神障害者が集まる、大きな夕食会であった。

つぎにS会は地域社会との連携をつくり出し、それを維持するために「ふれあい活動」を行っている。それは「地域の便利屋・エスサービス」で、草取りやペンキ塗りなどを引き受けるホームサービスである。「引っ越し、お年寄りにかわって出掛けるお買い物、ゴミ出し、大工仕事、通院の補助、留守番、犬の散歩、家の掃除など。地域のみなさんのさまざまな困りごとやニーズに応えて親しまれ、徐々に定着しつつある」という。行政的には社会復帰対策事業の指定を受けており、私たち調査者も一九九九年一二月に一人暮らしのお年寄りの年末大掃除に参与しながら観察した。

S会の世話人の一人であるH氏の「講演原稿」によれば、「私たちの作業所では、精神障害者のありのままの姿を見ていただくために、出張作業としての便利屋を」行っているという。つまりこの活動の目的は軽作業にあるのではなく、むしろ地域住民との「ふれあい」にある。さらに彼の語りを続けると、「いまでは、困ったことがあったらS会に行ってみるといいよ、と町の便利屋としてなくてはならない存在になってきました。人から人に伝わって仕事の依頼があり作業所が地域の中に位置づけられ、飛ぶような忙しさの毎日です。最近では、ドラム缶を改造して焼き芋を始めました。大好評です。一本百円から二五〇円で焼き芋の旗を掲げ販売しています。サツマイモは、地域の商店から卸値で仕入れて配達して貰っています」。この「語り」からわかるように、ひとつの活動がさらにまた新しい人間関係を発生させ、地域社会にかなり大きな人間関係のネットワークが形成されていく。そして「様々な地域活動を地域の人達と一緒にし」、精神障害者が「作業所の仕事として地域の中で役立つ一員になった時、一人一人が変わりました。必要とされる事から病気の安定と生活に自信がつき自分の仲間や、関わるまわりを大切にし、本来のその人の良さや力が発揮され」るようになるという。

また、同じ「ふれあい活動」として、ご近所のお年寄りと親睦する「お茶のみサロン」がある。これは毎週火曜日、グループホームに街のお年寄りや地域住民が集まっておしゃべりを楽しみ、お互いに交流する。ここではボランティアが手作りのおやつや昼食を作り、二〇〇一年一二月には「出前寄せ」という出張の落語も開催された。ここでもまた、一人暮らしの老人たちが仲間づくりをする目的のほかに、精神障害者との自然な触れ合いの中から「病気への理解が生まれ、偏見が解消されることを願って行って」いるという。

このようなS会の活動を特徴づけるものは、地域社会の一般住民との緊密な連携だろう。それは「ふれあい活動」によるものだけでなく、これらの活動全体にわたって多くの市民ボランティアが関わっていることによる。障害者の共同住居や作業所というのは、精神病院関係者や障害者の家族によって設立・運営されるのがふつうだが、ここでは精神障害者の家族はあまり前面に出てこない。むしろボランティアを初めとする地域社会の人々が中心なのである。現在、四〇名程の地域の人たちがボランティアとして関わっているが、H氏やU氏がこれほどまで大きくなるとは思わなかったというように、多方面に広がるボランティアたちはS会の運営を支援するだけでなく、同時に彼らの生活する地域社会とのパイプ役を果たしている。たとえば二〇〇一年四月には、S会の運営する中心的なグループホームの隣にあった、もとの消防署をそのまま長野市から借りることができた。これは改造して「ぴぴの海［筆者による偽名］」と命名され、作業所や集会所として利用されているが、その借用のために市長に陳情した時、グループホームの入居者であるメンバーだけでなく、S会の支援者や地域の人たちも一緒に陳情し、そのためか、その場で承諾の返事をもらったという。こうした活動を通じて、二〇〇〇年六月からS会に関わるボランティアの人々が自発的に「ボランティアS」というグループを結成した。また精神障害者当事者も当事者会を二〇〇一年九月に発足させ、「自己決定・自己実現・自己表現」を目標として、独自の活動を始めた。[7]

このような地域社会を巻き込んだS会の活動を特徴づけて、H氏は「地域循環型福祉社会」を唱える。これはS会の活動を通して、精神障害者が地域からの支援を受けることができただけでなく、これまで地域で孤立していた住民がS会の活動を通して互いにつながっていき、それが地域に生活する人々にもさまざまな恩恵を生み出しているという主張である。つまり、S会の「お茶のみサロン」が一人暮らし老人の憩いの場を創造したり、このサロンを準備する中高生のボランティアグループを生み出したりといったように、S会の活動が、これまで地域で孤立していた人たちを結びつけ、地域社会を活性化しているのである。H氏の「語り」によれば「これからの社会では、地域福祉の充実が叫ばれて」いる。しかしそれは「単なる福祉サービスのみでなくそれを越えた生活全般に対する、循環型サービスが大切だ」という。それは「グループホームや作業所は、行政や医療保健機関、その他の地域社会から支援やサービスを受けるのみでなく、地域の一員として役割を担い、情報や様々な活動を発信する場になる」べきだからだ。というのも、精神障害者は「地域の中で当事者が受けたサービスを地域に返す事によって初めて人として回復されるのではないでしょうか。地域で当たり前に暮らすと言う事は、地域の一員としての役割も担う事だとも思います。支援されながら支援する、受けたサービスを地域に還元し、福祉循環型社会の一員として積極的に地域と共に活動をしてい」くことが、これからの福祉社会のあるべき姿になるという。たとえば実際に、精神障害者だけでなく老人も対象にしたホームヘルプサービスの開始のために、職員はもちろん、グループホームのメンバーもホームヘルパーの資格を取得したという。

2 調査者である私の位置づけと精神障害者カテゴリー

私は他の三人の調査者とともに、一九九九年一二月の三泊四日の参与観察とインタビュー調査を最初に、二〇〇〇年九月と二〇〇一年一二月の同期間の調査を合わせて、現在まで延べ三回調査を行った。[8]第一回の調査では調査期間中ずっと、ビデオカメラをグループホームの一つの居間に設置する許可を得て、そこでの日常場面を記録することができた。さらにまた、グループホームの入居者たちが各自の居室に帰ったあと、S会の指導者たちにインタビューを行った。この間、クリスマス会をはじめとするさまざまな行事に参加しながら観察した。日常生活を記録した一九九九年のビデオについては、かなりの場面をトランスクリプト化して分析できるようにした。また、インタビューについてもトランスクリプトを作成し、同時に調査期間中のフィールドノーツも整理して分析の資料とした。[9]

私は「精神障害者がこわい、危険だ」という見方がカテゴリー化の暴力であると最初に主張した。この現象をどうやって社会学的に解明できるだろうか。「精神障害者」だけでなく、たとえば「イスラム教徒」など、ある社会的カテゴリーを対象にして、何らかの悪意が向けられるとき、このカテゴリーの働きに注目してそれを分析する方法もあるだろう。それはエスノメソドロジーのなかで発展を見た成員カテゴリー化装置（Membership Categorization Device）の分析である。[10]しかし私がここで分析したいのは、成員カテゴリー化装置ではなく、S会のインタビューのなかの「語り」の分析である。

インタビューの「語り」の分析に志向するとき、これまでのライフストーリー研究の成果を踏まえながら、いくつかの概念道具と研究の前提を明らかにすることが必要になる。まず私がここでとる立場は、対象者の語りから客観的なデータを取り出そうとする実証主義的アプローチではなく、インタビューという相互行為自体が調査者と対象者の共同作業によって組み立てられているという「対話的構築主義アプローチ」である。[11]ただし共同作業といっても、調査というインタビューには調査者と対象者とのあいだに非対称的な権力関係が横たわっていることを看過すべきではない。それは、質問と応答といった定形化された相互行為形式においてだけでなく、対象者の回答の内容に対しても、調査者は自分の社会的地位、ジェンダー、人種、そして科学等々の権威を背景に、対象者に一定の社会的圧力を加えていることにつねに注意しなければならない。それは科学の権威が失墜したかに見える現代日本においても、やはりまぎれもない権力作用として働いていると思われる。[12]

つぎに桜井厚の整理にしたがって、「語り」を分析するときの概念道具をいくつか提示しよう。私たちは語りがでたらめで何の形式もないように常識的には考えている。ところが実際にさまざまな語りを調べてみれば、語りには一定の様式があることがわかる。それは人類学で「イディオム」と呼ばれてきた慣習的用語法であり、「その語り方は、あるコミュニティ内で流通し、それを語ればただちに了解されてしまうものであり、同時にそう語ることがそのコミュニティ内の成員を証す語り」（桜井 2002: 36）のことである。したがって、同じ語りであってもコミュニティが違えば意味も変わってくる。そしてこの用語法のなかでイデオロギーや理念といった「特権的地位」をもった語りとして働いているものを、モデル・ストーリーとよぶ。そして桜井によれば「私は全体社会の支配的言説（支配的文化）を、マスター・ナラティヴあるいはドミナント・ストーリーとよんで、社会的規範やイデオロギーを具現する語りに位置づけている。コミュニティのイディオムやモデル・ストーリーは、マスター・ナラティヴ（ドミナント・ストーリー）と共振することもあり、逆に、対立や葛藤を引き起こすこともある」（桜井 2002: 36）。

精神障害者カテゴリー使用の実際をインタビューの語りから考えるために、まず最初に調査者と対象者がどのような語りのコミュニティを共同で組み立てているのか、そしてそこからどのようなイディオムが予想されるのか明らかにしよう。まず私が精神障害者のグループホーム（共同住居）や作業所に着目したのは、近年日本において精神病院という隔離施設から地域生活へという障害者のノーマライゼーションの社会的流れがようやく定着したことがある。そして新しい地域生活の場所として、グループホームなどの中間施設がどのような活動の場所なのか明らかにする必要があると考えたからだ。ここには隔離収容型の精神病院よりは地域での生活の方が望ましいという理念がある。また精神病や精神障害に対する偏見や差別が、地域生活を通して少しでも改善されていくという理念も背景にある。したがって、これを精神障害者の地域自立のモデル・ストーリーとよぼう。[13]

そしてこのモデル・ストーリーは、第1節で紹介したように、S会においてもある程度共有されているのがわかる。たとえば一人暮らしの老人とのお茶会も、精神障害者との自然な触れ合いの中から「病気への理解が生まれ、偏見が解消されることを願って行って」いるし、「地域で当たり前に暮らす」というH氏のことばも障害者のノーマライゼーションという理念からきていると思われる。そして新しい障害者福祉が、上からの管理や監視を差別的行為として嫌い、それに代えて障害者である当事者の自己決定や自己表現を尊重するように、作業所での標語は「自己決定・自己実現・自己表現」である。また、障害者本人が地域で「必要とされる事から病気の安定と生活に自信がつき、自分の仲間や、関わるまわりを大切にし、本来のその人の良さや力が発揮され」ていくというのも、精神障害者の地域自立のモデル・ストーリーにはいるだろう。

さて、こうして調査者と対象者が共有するモデル・ストーリーを明らかにしたところで、今度はそこから調査者が暗黙のうちに前提としていた調査者の「構え」について明らかにしたい。桜井厚は調査者はインタビューに際してつねに一定の構えをもっており、その構えに照らして、そこから逸脱する対象者の語りを抑圧する傾向があるという。私たちは調査の構えから自由になることはできない以上、それについて自覚的であるべきだという（桜井 2002: 171）。これは両者に共有されたモデル・ストーリーというよりはむしろ、調査者側の専有物と言えよう。しかし具体的な状況をみるとき、ことはそう単純ではない。むしろある語りの一部は両者に共通のコミュニティのイディオムに属しながら、その他の部分は調査の構えであるといった、少し複雑な絡み合いが見られるのである。

ここでの調査の構えとは、私が長野県のS会を特に調査対象として選んだ経緯からきていると思われる。それは知人から、最初は行政主導の精神障害者福祉ボランティアで活動していた人たちが、そこから離脱して少人数で出発したという歴史を教わった経緯である。多くのグループホームが行政主導で作られ、たてまえではノーマライゼーションや当事者の自己決定を謳っていても、実際には当事者主体の運営というよりはむしろ、管理的な色彩が強い場合が多いのが事実である。それに対して、行政主導の活動から離脱したS会ではそれとはちょっと違った、実質的な地域自立が展開しているのではないかと予想した。これが私の調査の構えである。

しかしさらにこの構えについて分析しようとすると、何が実質的な地域自立なのかあいまいなままであることがわかる。私が考えた地域自立には、少なくとも管理や監視を最低限にし、いつでも障害者当事者の自己決定を尊重するといったばくぜんとしたイメージしかない。そしていま振り返ってみれば、この三年間の調査は私の抱いていた構えがS会のH氏やU氏の語りによってしだいに突き崩されていく過程でもある。つまり、当事者の自己決定や地域自立というモデル・ストーリーを唱えながらも、その実際の状況については無知であったということだ。そして調査の過程の中で、私はしだいに地域自立の現実を学んでいく。したがって、私自身を「フィールドワークの道具」（桜井 2002: 92）として積極的に位置づけることによって、私の構えがどのように変化してゆき、そしてどのようなモデル・ストーリーが捨てられ、新しい語りが生まれてきたのか、それを明らかにすることができるだろう。そして私の調査の構えを批判的に分析することによって、最初に問題とした「危険な」精神障害者というモデル・ストーリーに抵抗する語りも明らかになっていく。

3　自立生活をめぐる語り

最初にグループホームでの自立生活をめぐる語りを分析し、つぎにメンバーと家族との関係についての語りに移り、最後に行政との関係についての語りを分析していこう。詳しくは別稿にゆずるが、[14] 最初に問題にしたいインタビュー場面は、S会の金銭管理の方法について、リーダーのU氏に質問していく場面である。障害者の自立生活のモデル・ストーリーからすれば、金銭が管理されている精神病院とはちがって、原則として障害者である当事者が金銭管理するというものである。しかし、調査者のある質問から、メンバーが自分で管理することになっているはずなのに、現実にはかなりの人たちがグループホームの管理人に預かってもらっているということが明らかになった。調査者たちは共有しているはずのモデル・ストーリーを裏切られて、まさにU氏を問いつめていく。これに対してU氏は、金銭の自主管理の原則を貫きたいが、実際には仕送りをする親から代理管理の依頼があったり、自分で金銭管理ができずにサラ金に手を出したりするメンバーがでたりしたこともあって、最低限の生活のルールが必要なのだと言い訳する。別稿では、障害者の地域自立のモデル・ストーリーによってU氏が挑戦を受け、かなり劣勢になっていく過程を分析した。そこでは調査者のモデル・ストーリーによって、そこから表面的には逸脱したU氏の語りは抑圧されていく。これは調査の構えが、それと逸脱する語りを排除する権力的な場面である。しかしながらこれによって調査者側が一方的に調査対象者の語りを抑圧したわけではない。

これに続く場面は「当番制」についての語りである。精神障害者の地域自立のモデル・ストーリーによれば、精神病院では起床時間や日課に代表されるように生活が上から管理されており、入院患者自らがそれを変更したり、自分たちで決定する余地は少ないと考えられる。そこでは当番制になっていることも多く、いわば当番は管理された生活の象徴でもある。これに対してこのグループホームではたとえば、お風呂の支度や掃除などが入居者の当番制になっていることについてU氏の説明がある。当番制があるという点は、表面的には管理的な施設であるかのように聞こえる。ところが、これは入居者であるメンバーが「自分たちから当番にしよってて出して、でも、当番にすると大変だよって言うと、え、当番の方が気が楽でいいっていいってね、ほいで、自分たちで決めた当番なんですよ」という説明がくる。この語りについては、障害者当事者が自分たちで決めたという点が、調査者のモデル・ストーリーにうまく適合している。

しかしこれに続くU氏の「語り」を見ていくと、料理を当番制にするときは、障害や病気の状態も勘案して、一人一人のメンバーの様子を見ながら、ゆっくりとメニューを覚えさせていくようにするという。しかもみんなと一緒にいるときは料理ができても「一人だけでやるとできない人はかえってね、申し訳ないって気持ちから、自分はできないって自分を責めたりとかね、あと、不安がでるから、じゃあできるように、一品でもできれば、あの、いいんじゃないか、あのそれはこっちで勝手に思ってね」という説明がくる。これは調査者側の自己決定のストーリーが指定するような、単純に当事者の意思を尊重するという語りではない。むしろ、たとえ当事者の意思に反しても、当事者の病気の状態や、グループホームでの人間関係を考慮に入れたうえで、各々のメンバーに対して個別的対応が必要になるという語りである。それにはメンバー自身が「料理作ってみるって言って、やりたい言うまで、待ってるんです。あの、一ケ月、二ケ月でも」という持久力も必要になる。

例えば、SとTというメンバーは実際には家事ができないが、何もしてもらわないとかえって本人に心理的に負担になるので、簡単な工夫をしているという。「したくてもできない人は、Sちゃんは T さんはもうね、自分で、あれだからもう、もう、そういうことこちらでもって、そういうことをしないです。それをやることによってかえって負担になるし、かといってできないと負担なんですよ。〔仕事がよくできる（山田補足）〕Vさんと一緒にいるからね、とても負担だから、じゃあってことで、ご飯のスイッチ入れてもらう。あの、といでもらったご飯にボタンを入れるだけね。それ、すごく大事な仕事だよねってことで」。こうして、炊飯器のスイッチを入れるといった簡単だが、それがないとご飯支度ができない重要な仕事をまかせて、それでメンバーに自信を持たせることもすると語る。こうして障害者の自立生活の支援は、個々の具体的なケースに即して、それぞれ具体的内容で満たされる語りになり、それは調査の構えに回収されない新しい語りである。

しかしこのあと私は、ここで出会った新しい語りを再度共有された語りのコミュニティに回収するために、それが「生活訓練」とは違うということを指摘する。ここで私の語りは、メンバーに一定の訓練を与えて、その到達度を評価する管理の語りを導入することで、それとは対立する障害者の地域自立という語りのコミュニティを喚起することである。これに対するU氏の語りは、生活訓練という管理的なやり方に対する反発である。「〔精神病院の〕中で生活ね、してたね、色々きっと決まりがあってね、これしなさい、時間になったら起きるんだよ、言われて、食事の後は歯を磨きなさい、きっとそう言われてるんだろうってわかりますよね」、だから「〔ショートステイでここに〕来た時くらいはね、ゆっくりしてもらいたい」という。この語りは調査者側のモデル・ストーリーにうまく適合する。上からの管理のニュアンスの入った訓練なんかとんでもないという語りである。

しかしここでいったん適合的に見えた語りも、すぐに調査者を裏切っていく。これに続くU氏の語りを見ると、「だから今みんなね、入居者が早く寝るんですよ。前はね、朝方までテレビ、ずーっと見ててね、ひと寝入りして起きてまだ見てるんですよ。よく私も喧嘩しましたけどね」というように、禁止されていたテレビ視聴が自由になった時に、メンバーの中には朝までテレビを見る人もおり、U氏もその人を叱ったエピソードが紹介される。ここではメンバーの自主性を尊重しながら、それを「叱る」という行為がうまく調和しない。しかしこの後にくるオチは「ほいでね、そう、ほいで、症状崩して病院帰るんですよ」となる。つまり退院したてのメンバーはテレビを朝まで見ることが多く、その結果かえって疲労して、せっかく退院したのに、また精神症状が出て入院してしまうというのである。こうなると、もはや調査者側の設定した、単純な障害者の自己決定のモデル・ストーリーでは、グループホームでの生活を語り尽くせないのは明らかである。逆に私は精神障害者がグループホームで暮らすときの新しいストーリーを学んでいる。

4 家族をめぐる語り

ここでは最初にS会と家族との関係をめぐる象徴的なエピソードをフィールドノーツから紹介しよう。一九九九年一二月に参与観察したクリスマスパーティでは、入居者であるメンバーの家族関係者はたった一人しか参加しなかったという。それを聞いて驚いた私が、どうして家族が参加しないのかと聞いたら、U氏から「家族も忙しいから、でてこれないことはわかっている。何でも呼び出したりしたら、大変でしょ」という返事だった。二〇〇一年一二月の調査の時にもこのときの質問を思い出し、もう一度U氏にそのことを聞いてみた。すると、今年のクリスマス会は家族に声をかけるのさえ忘れていたという。日本においては、グループホームの建設の主体も家族が多く、さらにまた、世間の一般的な傾向として、精神障害者のケアを最初に家族に期待するというのがなかばあたりまえになっている。私は過去にある県で精神障害者のグループホーム運営委員会の理事をしていたとき、地域家族会の方々の献身的な努力に感心することが多かった。確かに障害者の自立生活という理念からすれば、障害者本人ではなく家族がさまざまな場面で決定主体として登場するのはおかしいと言わざるをえない。しかしそれは日本的な家族主義的文化が深く浸透しているなかで、家族の自己犠牲をみるにつけ、実際には避けることができないとなかばあきらめていた。つまりここでは障害者の地域自立のモデル・ストーリーとは少し異なった調査の「構え」があった。[15]

S会の家族への対応はこうした一般的な傾向とはまったく違うものだった。私の調査の構えが裏切られるとともに、H氏が私の問いに「家族だってたいへんさ」と答えたことをきっかけに、私はさらにS会のメンバーと家族との関係について、一連の質問をした。そのなかで、長野県内の他の精神障害者を支援する市民団体の話題がでた。この会はS会とはちがって、入居者の家族にいろいろなケアを当然のこととして要求してきたという。U氏は「［その］会の体制がね、やっぱり、家族も一緒にやりなさい。うちはメンバーみてる、子どもみてるんだから、家族はこのくらいあたりまえだって考えて動くところなの」という。私がそれはまったく日本の一般的な傾向と同じですね、病院家族会が中心のところも多いと言うと、H氏は「ただ、家族会の会合にこなけりゃ、なにやってるんだっていうことで。こない人は追い出せやってことで」、家族が自主的に活動するというよりはむしろ、なかば強制的な道徳的義務になっていると指摘する。これにU氏もその会の立場になりかわって「私たちはこんな苦労してるのに、家族はこのくらいのことはしてほしいとか、お盆もお正月もなんの挨拶もないとか」不平を言うという。

それではS会は家族に対してどんな関係を作っているのだろうか。U氏は続けて、S会のほうは「だから何かがあるからこういうことしてくださいじゃなくて、実はこちらも責任持って、書類はこちらで預けさせてくださいとか、そういうことは言うよね。しょうがない。だけどここもやっぱり本人の自立を考えたら、本人が管理するのを私が手助けをしますっていうことでもってね、体制がぜんぜん違う」という。だからそこで発生する「トラブルの内容」自体がまったく変わってくることになる。たとえば、他のグループホームでは、たとえ家族がそこに差し入れに行ったとしても、管理人には顔をあわせないようにして、隠れて本人に渡すという。見つかると、いろんな義務を負わせられるかららしい。ところがS会では、グループホームと入居者（メンバー）と家族とのあいだでこのような問題が起こることはない。なぜなら最初から家族に義務を負わせようとしないからだ。代わりにここではメンバー同士が起こすけんかなどメンバー同士の関係、それに地域との関係が問題となってくる。こうして、S会での家族をめぐる語りは、私の調査の構えを裏切るものの、障害者の地域自立生活というモデル・ストーリーにうまく適合することがわかる。つまり、精神障害者のケアの主体として家族を自明視しないということ、さらに、障害者と家族を一体として考えないというストーリーである。そこでは家族と障害者との関係ではなく、自立した障害者同士、あるいは障害者と地域がそれに代わって問題となる。しかしながらさらにインタビューを続けることで、メンバーの家族をS会の活動に動員しないのは、現実にそれができない状況にあることもわかってくる。ここでは、私の調査の構えも、共有していたはずのモデル・ストーリーも崩れてしまう。

U氏によれば、メンバー自身が難しい家族条件を抱えていることが多く、家族の協力を一律に期待することは不可能なのだという。例えば、二〇〇一年一二月にS会を訪問したとき、最初の訪問の時に喫茶店に連れて行ってくれたHさんという人に再会した。彼はここに来るまえはパチンコ店の店員をしていたという。今回も彼が新しく見つけた別の喫茶店に案内してもらった。そのとき、彼は唐突に、実家から年越し用の塩鮭を送ってきたとうれしそうに語った。私はそれをグループホームのメンバーのよくあるエピソードとして、実家からいろいろな「差し入れ」があるんだと解釈した。しかし後になってU氏に聞いたところ、実はこれはHさんが家を出てからはじめてのことだということを知った。つまり、精神病院に入院してから以降、ほぼ三十年間くらい実家の家族と音信不通になっていたということだ。S会の世話人たちもHさんがメンバーになってから、S会からかなり遠距離にある親との連絡を回復しようとしたが、これまでは親の拒否にあって実現しなかったという。それが今年はじめて親から差し入れが届いたという状況だ。U氏は、親には何も期待しないが、少しでも連絡の通路があったほうがいいと思う、本人も安心するからと語った。他にも類似した家族関係をもったメンバーもいるが、最初は精神病や精神障害に対する偏見によって家族から絶縁されたと思われるが、S会に入居して共同生活していくうちに、不思議と家族との関係が再構築されていくという。それは一般的な障害者を愛情で囲い込む家族でもなく、またわが子の自己決定を日常的に支える自律した家族の語りでもない。むしろそういったモデル・ストーリーには回収できない新しいストーリーである。

5 「施設コンフリクト」と行政をめぐる語り

最後にS会の行政との対応の語りについて触れることで、この論考をまとめたい。二〇〇一年一二月に私たちが作業所「ぴぴの海」で参与観察していると、これから精神障害者の作業所を建設しようとしているグループが見学に訪れた。そのことについてU氏にインタビューしているなかで、訪問したグループが最初は地域住民からの反対を恐れて、行政から認可がおりるまで、建設の予定については内緒にしておくという話題になった。U氏は訪問した人たちが建設「反対があたりまえだって言ってた。えっと思ったけど」という「施設コンフリクト」の話題になった。この話題も私が持っているモデル・ストーリーに関わっているので、さらに追求した。つまり、地域での自立生活を送るには地域の偏見や差別意識と闘う必要があると考えたからだ。しかしU氏の答えは「反対があたりまえじゃないんですよね。反対される方がおかしなもんで、（中略）私らから見れば、反対されるようなかたちではなくて、アパートでも空いたら、どうぞ使ってくださいってきたから、だけどねえ、それがもう［あたまに］入らないんだよ。精神障害者は反対されるのはあたりまえだっていうのがあるから、あたまに入らないんです」というものだった。つまりS会は、反対されるどころか、その逆に向こうからの申し出があって、空いた住居の提供を受けてきたというのだ。

この語りは私の調査の構えを大きく揺るがした。この話題をめぐる調査者のモデル・ストーリーはどういうものだろうか。精神障害者のグループホームを設立するとき、一般的な問題点として「地域摩擦」や「施設コンフリクト」という地域住民からの建設反対の動きが頻繁にある。[16] 反対運動をする理由は、精神障害を持つ人は何をするかわからない、犯罪と結びつく危険性がある、「こわい」といった精神病や精神障害に対する偏見にある。そしてこの偏見や差別意識をベースとして、たてまえでは精神障害者の地域福祉の理念に賛成することはあるが、実際に彼らが自分の近隣にくる段になると、それを拒否しようとするものである。冒頭で紹介した池田小事件の直後、「施設コンフリクト」が一時的に多発したように、中間施設反対運動は「触法精神障害者」を監視せよという支配的文化の語り（マスター・ナラティヴ）に連続している。つまり、精神障害者は「危険」だから、医療や司法がつねに監視を行い、そして必要とあれば精神病院に隔離して監禁しなければならないというものである。これに対して、精神障害者の地域自立のモデル・ストーリーは、こうしたマスター・ナラティヴに対抗し、それを突き崩すものでなければならない。こうして私は地域住民の精神障害に対する偏見や差別意識と闘う語りこそ対抗的なモデル・ストーリーであると考えていたし、このストーリーはS会にも共有されていると考えていた。さらにまた対抗的モデル・ストーリーは、こうした偏見に乗じて精神障害者の監視を推し進めようとする政府や行政に対しても批判的な語りであると考えていた。しかしながら、U氏の語りはこうした調査の構えを突き崩す。

U氏の語りは、確かに調査者のモデル・ストーリーとは異なるものの、しかしそれと対立する語りでもない。つまりこのS会においても、最初にグループホームを建てるとき、地域住民からの反発をもっとも恐れたという。ここには調査の構えと共有する語りがある。しかし、よく見られる建設反対署名運動にヒントを得て、その逆の建設賛成署名をとっていく決断をする。すると意外なことに、その地域の町内会長を強力な支持者として獲得することになる。それ以降の動きは、つぎつぎと地域内に支持者を獲得していくという、S会も予想していなかったネットワークの広がりであった。このような歴史的経過を反映するように、一九九九年の調査のクリスマス会は、一般に見られる、障害者の親を中心とした高齢化した家族会と、医師など精神病院関係者からなる形式化された会ではなく、町内会長の出席を始め、お茶のみサロンの老人の参加など、地域に密着した酒宴であった。グループホームのメンバーの中には飲み過ぎて、その場で倒れる者もでたほどである。それはお酒の出ない、儀式的な「福祉色」の強いクリスマス会とは対極の光景のように見えた。

それではS会の語るストーリーとはどのようなものだろうか。U氏によれば地域住民が中間施設に反対するのは当然と考えるのでは、建設計画は必ず失敗するという。むしろ住民から反対運動が起こるのは、中間施設を建てようとするときの「最初の出だし、それが原因してる」と語る。それは地域住民の偏見や差別意識ではないのかとさらに質問すると、調査者のモデル・ストーリーに回収されない、新しいストーリーが語られる。つまり問題は住民の偏見などではなく、むしろ「それにかかわる人がどういう人かっていうことが決め手だと思う」という。地域の人々は精神障害者に対する偏見から建設に反対するのではなく、誰がリーダーになって建設を推進しようとしているかによって賛成したり反対したりするということだ。ここでは偏見や差別意識はむしろ関係ない。「だから反対されてるところを見るとね、やっぱり行政がかかわって上からこうやってものを見る人、ほいで、自分は正しい、まちがってないって「人」」だという。

U氏の語りの後半部分を最初に検討すれば、調査者のモデル・ストーリーは、ある意味では、地域住民のまちがった偏見をただす正義を語っていることになる。とすれば、U氏の語りはまさに調査者側の構えそのものを突き崩すものだと言える。そこから明らかになる点は、偏見と闘うという立場は、その関係的な対（ペア）として、差別意識に凝り固まった住民を想定してしまうということだ。[17]するると、「最初の出だし」から「自分は正しい」と主張すれば、関係対としてペアになる相手は、その正義に賛同する者か、反対する者かの二者択一になってしまう。ここから推測される結果は、住民を正義か悪に二分してアイデンティティを固定する権力的な抑圧である。これをアイデンティティの本質化操作とよぼう。確かにこれでは、実際にさまざまに多様なアイデンティティをもっている住民は賛成するはずがないと思われる。

つぎにU氏の前半部分の行政をめぐる語りを検討しよう。「行政がかかわって上からこうやってものを見る人」という語りは、どのような事態を指しているのだろうか。この語りの意味を考えるときに、調査者のモデル・ストーリーが、住民批判と同時に、精神障害者の管理・監視政策を推進する行政批判も含んでいたことを思い起こしてほしい。はたしてこの語りは調査者のストーリーと同じものだろうか。ここではさらに、私がS会に注目した調査の構えとして、たてまえだけの行政主導のグループホームとはちがって、実質的な支援がなされていると期待したことも関わってくる。たとえば、U氏の語りのなかで、行政批判として解釈できるものがある。つまり、行政に主導されたある障害者支援団体は、スタッフの勉強会としてケース検討会（ケース・カンファレンス）を開くという。U氏によれば、それが嫌だと言うと「きちんとした職員になるのにそれじゃいけないんだ」と叱られる。しかしS会のU氏もH氏も勉強会としてケース検討会をすることには反対で「家族のこととかね、そんなこと、あのみんな苦しい思いわかってることをね、それをまたほじくり出してする必要ないよねって、すごい反発でした」と語る。この反発は、行政が重んじる専門家的管理という仕事への反発と解釈できる。[18]

また同様に、個人の活動を記録して保管するという行為にもS会は消極的だ。フーコーであれば監視の最たる道具としての記録の管理についての反発は興味深いが、U氏は、確かに行政に提出しなければならない最低限の記録はとるが「あの、管理体制とってませんってことで、うん。そいで、まずいことはあまり書かない。（中略）残すものはHさんも嫌いだし、私も嫌いなので、書類に残すってものはあまりしないです。あとあと、その人にとってよいことならね」という。それは以下の抜粋のインタビューである。

【インタビュー抜粋（1）グループホームの指導者　U氏　調査者　S、Y、W】

//：上下の行のことばがこの記号を入れた列で重なり始めている。
＝：途切れなくことばもしくは発話がつながっている。
（　）：聞き取れないことば。

U：私もう書きます//あの、（　）あるんですよね、うんうん、それで、見るとこ＝
W：　あ、なるほど、そうかそうか。彼のためになるように、
U：＝は見てるって形でね//許せるとこ、良いところはそこでもって、あの、管理体＝
W：ああなるほどね、　そうか。
U：＝制取ってませんってことで//うん。そいで、まずいことはあまり書かない。こ＝
Y：　（　）
W：　うんうん
U：＝ちらでね。あの、そんなどうでもいいことってありますよね。　うん。
W：　うん
U：ほいで//手伝いをしたとか、そんな変なことかいてあるから、そこにまるもなん＝
W：　ああ
U：＝にもして出さないです。あの、しないことにね、しませんなんてまる必要もする
必要も//ないので、かといって、しないことをしたって書く訳にもいかないので、＝
W：　ないしね
S：　うん

U：＝白紙でまるしないまんま//　　うん
S：　　　　うん
W：　　　　うん
U：ほいで、後で、様子ってとこでもってね、あの手紙では残るので、電話でもって。
W：　　　ああ
U：うん、手紙（　）残すものはHさんも嫌いだし、私も嫌いなので//書類に残＝
W：　　うん
S：　　うん
U：＝すってものはあまりしないです。あとあと、その人にとって良いことならね。

ここまでの語りだけとると、調査者側のモデル・ストーリーにまさしく合致するものだろう。しかしここからS会が行政批判の立場にあると結論づけたとたん、それと矛盾する語りが同時になされる。

すなわち、行政からなかなか設置認可がおりない他の共同住居の話題に移ったとき、あそこはいつも行政に反発しているから、それが問題だと語る。S会に立ち上げのノウハウを学んだグループについてH氏は「形式的には［S会と］まったく同じような段取り」をしているはずなのに、いつも行政に断られるという。それは行政を最初から信用していないからだという。「うちのほうそんなことなかったもんね。行政に相談して実際こういうことで困ってる。こういうところはわからないから教えてください。ほいで、こういうかたちをとりたいんだけど、オッケーでるまで毎日通いますというかたちで、怒るんじゃなくてね」という交渉の仕方だったとU氏は語る。するとこれは行政批判ではなく、行政への迎合だろうか。しかしこのように解釈すると、ここにも建設反対運動のときと同じような二者択一が強制的に働いていることがわかる。行政批判をするかしないかで、正義か悪かに二分されてしまうのだ。しかしさらにH氏の語りを聞けば、要するに「行政がやらざるをえないような」状況を作り出すのが重要だということがわかる。これは調査者のモデル・ストーリーには回収されない新しいストーリーである。ここで最初の「行政がかかわって上からこうやってものを見る人」という語りにもどると、それは最初から建設反対を予想する場合のように、地域住民を行政的な管理や指示に従うものとしか見ない、一方的な態度であることがわかる。ここでも住民のアイデンティティの固定化と本質化がなされているため、交渉の余地は入ってこないのである。

まとめにかえて

ここで私が行ったことは、調査者である私を調査の道具として使いながら、私が調査の前提として持っていた「構え」とモデル・ストーリーを、調査インタビューの語りと照らし合わせて自己言及的に批判したことである。それによって、精神障害者の地域自立という語りのコミュニティを共有しながら、調査者と対象者が実際には異なった語りを行っていることが明らかになった。調査者の側のモデル・ストーリーがどちらかというと、具体的な内容をもたず、白か黒かの二者択一を強制するイデオロギー的な語りであったのに対して、調査対象者であるS会の語りは、調査者側のモデル・ストーリーには回収できない具体的で新しいストーリーを指示していた。

たとえば、障害者の自立生活という調査者側の構えに対しては、一律に障害者当事者の意思を尊重するといった単純なストーリーではなく、むしろメンバーの個人個人の状態を見ながら、それぞれの状況に適した支援を行うという複雑な新しいストーリーが語られた。つぎに家族をめぐる語りについては、調査者はたてまえでは脱家族と本人の自立を支持するものの、実態としての家族の献身的な活動をみて、家族と障害者をワンセットとして捉えることを仕方がないこととして許容していた。しかしS会は家族と障害者を一体のものとみなし、家族にケアを担わせることを自明視しないばかりか、家族を義務的にケアに動員することと自体も批判する。ここまでは障害者の地域自立のモデル・ストーリーと合致しているように見える。しかし実際の語りはそうではない。むしろ、S会のメンバーは個別に、家族との一体化を自明視できない困難な家族関係を抱えていたために、いったん切断された家族関係を新たに組み立てていくことが課題になる。これも障害者の地域自立という、語りのコミュニティには回収されない新しい語りだろう。最後の「施設コンフリクト」をめぐる語りについては、冒頭の精神障害者カテゴリーの問題と直結するので、くわしく論じることにしよう。まず、行政との対応をめぐって、S会が一般的な日常活動における管理や支配を嫌うという点では、調査者は行政批判のモデル・ストーリーとの共通点を確認できたが、それも最初から行政に反発するのではなく、行政がでてこざるをえない状況をつくり出すという新しいストーリーに会って挫折する。確かにS会のような活動は行政的には「精神障害者居宅生活支援事業」として位置づけられ、行政からの経済的支援などがなければ運営できない状況にある。実際の行政との交渉にあたって、あからさまな反発だけ示すのは、もっとも下手なやり方と言えよう。

私がこの三年間の中で学んだことは何だろうか。それは調査の構えとして私が考えていた地域自立は、少なくとも管理や監視を最低限にし、いつでも障害者当事者の自己決定を尊重するといったばくぜんとしたものでしかなかったことだ。そしてこの三年間の調査がなかったとしたら、冒頭で挙げたような精神障害者に対する憎悪が発生すると、それに対して正面から対決しようとしただろう。しかしこうした対決姿勢は、地域住民を正義か悪に二分して、そのどちらかにアイデンティティを固定する権力的な抑圧でしかない。このようなアイデンティティの本質化操作によって帰結するのは、実際にはさまざまに多様なアイデンティティをもった人々を単純なカテゴリーに暴力的にひとくくりにすることである。それは皮肉なことに、精神障害に偏見を抱く人が「精神障害者はこわい」と暴力的にカテゴリー化することと同じ操作なのである。もちろんこの操作によって「敵と味方」といった単純な語りが可能になる。そしてそこからは悪を撲滅する「正義と報復」の語りしか出てこないのである。しかしS会の具体的で新しい語りが示しているように、それは相手と対話し交渉しながら問題解決していく道を最初から閉ざすことになる。

それでは私たちはどうしたらいいのか。おそらく「危険な精神障害者」も「正気の人」も「安全な社会」もカテゴリー化の本質化によってできあがった、いわば架空の語りである。それはS会のように精神障害者との地域生活を通した出会いがふつうになり、一人一人の個別の状況を語る実践が日常的になれば、こうした本質化のカテゴリーは解体していかざるをえないだろう。そしてそれに代わって、新しい物語がつぎつぎと生まれていく。それはS会のような試みであることもあれば、あるいはまた別な試みであることも可能だろう。ここでS会の実践を「正しい」実践として絶対化することが、再び語りの本質化を招くことは、もはや明らかだろう。

かくして私に結論として残ったものは、日常のやりとりのなかで出会うさまざまな語りを本質化しないということだ。そしてそれは日常生活のなかにつねに孕まれている「両義性」を再評価することになる。たとえばS会の実践は、確かに理念として精神障害者の地域自立というモデル・ストーリーを持っていても、それは具体的な状況に応じて、いくらでも変化しうる。そうだとしたら、S会の障害者支援という活動も、あるときには成功するが、状況によっては行政的な保護や管理に変わっていく危険性も持ち合わせている。これが両義性の意味である。常識的に考えれば、この両義性を前もって取り除き、いつも成功する状況を確保したいと思うだろう。しかしそうしてしまえば逆に、具体的状況を本質化し、一方的に状況を管理することになってしまい、それはメンバーを上から管理する活動になるだろう。つまり、つねに変動する具体的な状況の要請を満たそうとすれば、スタッフの行為にはつねに両義性がまとわりつく。そして、それは活動を制限したり、失敗を導くわなどではなく、むしろ多様な可能性にあふれた場所なのである。[19]

バフチンにならっていえば、この両義性を評価できるためには、いつも対話や交渉に開かれる一種の「タフさ」を必要とする。これについて最後にひとつだけS会のエピソードを紹介しよう。あるメンバーがデイケアに通うか、それとも作業所のスタッフになるかという問題をめぐって、U氏と二人で相談して最終的に作業所のスタッフになることを決断したという。これに対して精神病院のスタッフが文句をつけてきたという。この決定が病院側で考えた治療のコースではないという理由かららしい。U氏は「それじゃあ、なにも本人のことを考えていないじゃない」と批判する。「（むこうは）やってるつもりだけれども、忙しさのあまりにね、あの、一足す一は二にならない。一足す一はどうやっても二でもって答えをだせる報告してくれっていうこと。それは状況によってはね、一足す一は二にならないから、報告ができない。そんなこと言ってもわからないから、（後略）」と語る。つまり、ふつうは一足す一は二になるというのは常識だと考える。ところが両義的な日常にきちんと答えていこうとすると、一足す一は二にならないのである。そしてS会の会長である「Hさんはもうほんとに、ばつにも三角にも丸くもなる人なんだけれど、その人は四角だったら四角にしかなれない人、それを一生通す人。だから無理なんだよね」と言う。おそらくS会がメンバーにも地域の人々にも支持されているのはこのようなタフさからきているのではないだろうか。私にはまだS会から学ぶべきことが多くある。

> 近代社会において人間が「抽象的な道徳規準や抽象的な合理性」にひとりよがりにしがみつくことで、観念論的な形而上学的思考システムが発達した。それによって、人間は世界にもともとあるダイナミズムを理解したり、世界がつねに開かれているということを、直接世界に参加して理解することができなくなってしまった。啓蒙主義者は機械論的な物質観と抽象的な類型化を好む傾向があるため、世界から豊穣性が奪われ、バフチンがこれほど好んだ「両義性の文化」を正当に評価することが不可能になったままなのである。（Gardiner, M. E., *Critiques of Everyday Life*, Routeledge, 2000, p.68.）

謝辞

この論考は、長野県のS会の方々によって可能になった、記して謝意を表したい。またこの論考の草稿に短時間で目を通してチェックしてくださったことにも謝意を表したい。

注

1　これは後の本人の供述によって、精神分裂病を偽っていたというように報道の内容が変化した。事件発生直後からこれまでの報道の経過については、以下を参照。月崎時央「事件報道を読む」、二〇〇二年一月『**Review No.38** 特集　池田小学校事件』精神障害者社会復帰促進センター。

2　石川准と長瀬修の運営する障害学メーリングリストで見られた発言である。なお、このなかで私の書いた文章ではこうした憎悪の爆発に対応できないという指摘もあった。この論考はそれに対する回答の試みでもある。

3　この事件後、精神障害者としてカテゴリー化される人たちやその家族からの不安や不眠の訴えは多く、その実態の一部は全家連が調査してまとめている。富永明日香、二〇〇二年一月「大阪池田小事件による報道被害に関する調査」前掲雑誌。

4　一九七四年法制審議会は「改正刑法草案」を答申し、保安処分を新設しようとした。それによれば、禁固以上の刑にあたる行為をし、将来同様の行為をするおそれがあるときは、それを防ぐために最高七年まで治療処分が可能というものである。当時の議論は、将来の犯罪の予測は不可能であるだけでなく、治療よりは治安を優先させる点で問題があるということで、精神障害者当事者やその家族会はもちろん、日本精神神経学会や日本弁護士連合会が反対運動を行い、この法の制定は阻止された。しかし今回はその阻止が困難な様相を呈し始めている。「触法精神障害者」に対する新法は、社会に対する危険性を前面にだしている点で、当時の保安処分法よりも治安維持的な性格が顕著である。精神病院が治療施設というよりは、精神障害者の隔離・収容施設として機能してきた日本の歴史を考えれば、精神障害者は危険だという差別的な見方によって、宇都宮病院事件に代表されるような劣悪な精神病院が生まれてくる可能性も拭えない。

5　山田富秋 1992「精神医療批判のエスノメソドロジー」、好井裕明（編）『エスノメソドロジーの現実』世界思想社、参照。

6　Foucault, M., 1976, *La volonté de Savoir*, Editions Gallimard. 渡辺守章訳『知への意志、性の歴史I』新潮社、一九八六年。また冒頭のドストエフスキーの引用はフーコー『狂気の歴史——古典主義時代における』田村俶訳、新潮社、一九七五年による。

7　のちほど詳しく触れるが、S会のスタッフやメンバーはこうした理念に対して一定の距離を置いている。私が作業所に「自己決定」という標語のポスターが貼ってあるのをみつけて、質問すると、メンバーからはあれは最近貼っただけだ、スタッフは本当は貼りたくないという答えが返ってきた。どうして貼るのかとさらに聞くと、ときどき視察にくる行政の職員のためだという。U氏によれば、「障害者」というイメージを固定するようで、こうしたポスターは嫌いだという。

8　それぞれの調査の回ごとに若干調査メンバーは異なる。この調査の一部は京都大学総合人間科学部、菅原和孝代表の文部科学省科研費の助成によってなされた。また二〇〇一年一二月の調査は京都精華大学創造研究所のテーマ研究の助成による。

9　この論文では紙幅の関係から、実際の会話抜粋をひとつしか引用できなかったが、「　」の語りはすべて録音したインタビューデータからの引用である。

10　たとえば、フェミニストに対する憎悪から起きた大量虐殺事件についてエグリンが分析している。Eglin,P. & Hester,S., 2000, "You're all a bunch of Feminists": Categorization and the Politics of Terror in the Montreal Massacre.エグリンとヘスター「おまえらはみんなフェミニストの一味だ」小松栄一訳『文化と社会』第二号。

11　この用語は桜井厚 2002『インタビューの社会学』せりか書房、二八頁からとっている。

12　二〇〇一年度の日本社会学会において、ここでのインタビュー抜粋をもとに調査行為を批判的に分析したが、そこで、調査者がただ単にへたなインタビューをしているのであって、このインタビュー場面をそもそも権力作用の現象として見ることができないのではないかという質問を受けた。私はそのとき官僚との対決や、フェミニズムが問題とする日常的な男性支配といった典型的な権力作用場面を思い浮かべて、それとこれとは違うと答えた。しかしいまもう一度この問題を考えていくと、調査者が調査過程において対象者に及ぼす権力作用を考えないわけにはいかない。また権力作用論の最近の展開については足立重和 2001「公共事業をめぐる対話のメカニズム——長良川河口堰問題を事例として」舩橋晴俊編『講座　環境社会学　第2巻　加害・被害と解決過程』有斐閣を参照。

13　障害者のノーマライゼーションについてのモデル・ストーリーについては、以下を参照。山田富秋 1999「障害学から見た精

神障害」石川准・長瀬修編『障害学への招待』明石書店。

14　山田富秋 2002「エスノメソドロジーとフィールド調査」『フォーラム現代社会学』関西社会学会会誌 2002「相互行為と権力作用」伊藤勇・徳川直人編『相互行為の社会心理学』北樹出版。

15　しかしもちろん、家族の自己犠牲が暗黙の裡に高く評価されればされるほど、障害者当事者から自己決定の主体性が奪われていくことも事実である。これまで障害者と家族の関係を論じた研究においても、障害が重ければ重いほど、また障害をスティグマとして否定的に捉えれば捉えるほど、障害者の家族、特に母親というジェンダーにケアの責任を道徳的に負わせる傾向がでてくることが指摘されてきた。そしてそれは「愛情」という名のもとに、障害者と母親との閉鎖的な関係をつくり出す。家族と障害者との関係については、安積純子・岡原正幸・尾中文哉・立岩真也編著 1990『生の技法——家と施設を出て暮らす障害者の社会学』藤原書店、第二章参照。そこからの突破口を見つける試みとして、石川准 1995「障害児の親と新しい「親性」の誕生」井上眞理子・大村英昭編『ファミリズムの再発見』世界思想社を参照。また、日本の障害者解放運動の出発点となった「青い芝の会」の脱家族の主張はあまりにも有名である。

16　「地域摩擦」という用語と施設反対につながる地域の特徴などについての実態調査は、大島巌編 1992『新しいコミュニティ作りと精神障害者施設』星和書店参照。

17　これはサックスの成員カテゴリー化装置の考え方を参考にすれば、「標準化された関係対」にあたるだろう。たとえば妻と夫というのはこの例だが、一般的にカテゴリー成員の権利・義務を一般的に推測させる装置であり、「医者—患者」「先生—生徒」などの関係対にも拡大して考えられる。山田富秋 2001,「成員カテゴリー化装置分析の新たな展開」、船津衛（編）『アメリカ社会学の潮流』、恒星社厚生閣、参照。

18　ただしS会はケース検討会すべてを否定するわけではない。むしろ、精神病院から退院して地域生活を送ろうとしているメンバーについて、どのような具体的な支援がこれから必要なのか知るためには、直接精神病院に出向いて、関係ある人たちだけでケース検討会を行うことは欠かせないという。これは勉強会というより、実際の地域ケアを行うために必要な情報交換と検討会になるだろう。草稿段階でこの点を指摘していただいたH氏に感謝する。

19　これについては、山田富秋 2001「コミュニケーションの不可能性と権力現象」『日常性批判』せりか書房、参照。ここから生まれる道徳的責任とは、私や他者を本質化することなく、その時々の関係性それ自体に対して責任をとっていく態度になるだろう。そこでは個人責任を追及することもないし、悪の首謀者も存在しないことになる。それはむしろ、つぎつぎと変化する関係性に敏感になり、その関係性自体に責任を負うということである。マクナミーとガーゲンは社会構築主義の一見中立な立場に異議を唱え、私たち研究者がとるべき道徳的ポジションは、関係性に対して応答していく道徳的責任であると指摘する。私のここでの立場もこれに近い。McNamee, S. & Gergen, K. J. (eds.), 1998, *Relational Responsibility*, Sage Publications.

啓発映像を解読する

好井裕明

1　はじめに

差別を研究していくうえで、啓発という実践を詳細に解読する作業はとても大切である。最近、わたしはこんなことを思い、いろいろと啓発を目的とした映像や結果的にそのような意味があるのではと考える映像を集め始めている。

啓発とはなにか。手元にある二つの国語辞典をみると、それぞれ「無知な人を教え導き、新しい知識を与えて目を開かせること」（『国語辞典』第八版、旺文社）、「（専門家としての観点から）一般の人が看過しがちな問題および問題点について、知識を与えること」（『新明解国語辞典』第五版、三省堂）とある。なるほど辞典を二つ引いただけでも、啓発という実践の何を解読すべきなのか、その手がかりが示されている。

誰が誰に何のために何をするのか。「専門家としての観点から」〈専門的な何か〉を持っている人が「無知な人」に対して「一般の人が看過しがちな問題および問題点について」「新しい知識を与え」「教え導き」「目を開かせる」わけだ。確かに、啓発という実践の行程はこのようになるかもしれない。ただ問題なのはカッコでくくったそれぞれの項目が実際何を指し、どのような営みのことを意味しているのか、ということだろう。

「専門家」とはいったい誰のことなのか。どのような基準でもって人が「無知」であるかどうかをみるのか。「一般の人」とは誰のことなのか。「看過しがちな」とは、いったい暮らしのどのような次元のことをさしていうのか。「新しい知識」はどのような中身で、どのようにして「与えたり」「教え導いたり」するのか。どのような結果をもって「目を開かせた」といえるのか、等々。

ここまで書いてきて、ずっと以前に参与観察したある社会啓発講座のことを思い出す。五回連続で同和教育の地域リーダーを養成するという目的だ。市民ホールの会議室。狭い空間に机が並べられ、数十人がぎっしりと座らされる。背筋を伸ばし、講師の講義をまっすぐ向いて聞く姿勢のみが強制されていく。ゆったりと姿勢を保つこともできず、各回二時間ほどその道の専門家の講義を聞く。同和問題の歴史的背景、問題の本質と課題、問題解決への取り組み、学校・社会同和教育の現状と課題、啓発映画鑑賞と続いていく。講座空間には談笑もなく、私語もなく、まじめな雰囲気だけが充満していく。講座をすべて出席した人には「修了証」がわたされ、それが同和教育指導者の「証」となる。

確かに先にあげた啓発の行程に見事にあてはまっている。専門家が知識のない人々に同和問題をめぐる新しい知識を披瀝し、一般の人々には見逃されがちな同和問題の現状や問題点などを教え、どのようにすれば問題解決の方向に向かうかを導いているわけだ。そして一定の知識習得課程を修了すれば、終了した人々が「証」をいただき、新たな専門家として地域に戻り、同和教育の新たなリーダーとなっていくという筋書きである。

しかし、こんな簡単な筋書きで問題が解決に向かうことはない。確かに講座に参加した人々に「新しい知識」を与えることはできるかもしれない。ただ、そうした部落差別をめぐる知識を人々がどのように暮らしのなかで使用するのかが問題なのである。もっと言えば、そうした専門知（問題解決に向けて必要だという意味での専門知）が、どのような形で、どのように伝えられるのか、専門知を受ける側がどのような意図でもって受容し、どのように暮らしのなかで活かして使用していくのかが問題なのである。「目を開かせる」ことこそが問題なのである。

知識伝達の様相を見れば、この講座空間では「差別はいけない」「差別は許さない」「部落差別は他人事ではなく自分の問題」といった一般的に承認される規範が表層的に確認されるのみであり、いわば〈お題目〉の唱え方を学習し確認するだけとなっていた。しかし〈お題目〉の効能がしっかりと自分の腑に落ち、それが自らの日常生活を変革する力とならないかぎり、いくら専門知を習得しても差別問題を暮らしの場で解決していくうえで役立つことはまずないだろう。たとえば極端な例、被差別部落の起源や差別の歴史を教えられた人が、その知を普段は「問題」をめぐる専門知として、頭のどこかの棚に整理してしまっておき、いざというときに自ら行使する差別を正当化する道具として、まさに日常、専門知を実践する場合もあるのだ。結婚差別をめぐる差別者の推論、行為、言説などは、そうした典型例といえる。

このような啓発講座空間は、いわば硬直した啓発実践の典型として分析し明快に批判することができよう。しかし、明快な批判は、新たな独創的な啓発実践、啓発言説の可能性へと繋がらないかぎり、すぐにまたそれも硬直してしまう。

ではどうすればいいのだろうか。確かに昔に比べ、さまざまな差別問題をめぐる知、意見などの言説が、わたしたちの日常に広く流布している。啓発言説も、まだまだ時や場所、メディアなどの限りがあるものの、以前に比べ、質量とも増大し、いわばわたしたちはそうした言説に浸っているといっていいかもしれない。そのような言説増殖のなかで、やはり言説の特徴を体系的に整理し、いわば啓発言説の〈鳥瞰図〉を作る必要があろう。たとえば、ある地方自治体から出されている啓発パンフを市町村レベルにまでわたってできるかぎりくまなく収集し、そこで語られている言説の共通した特徴を分析することもできよう。ある差別問題をめぐる新聞などマスコミ報道言説の構築のありようを詳細に分析し、報道次元での啓発言説の問題性を分析することもできよう。

他にも多様な作業を考えることができるが、言説の構築分析という社会学的な要請は確実にある。ただ、そうした分析を試行する場合、注意したい点が一つある。人々の「目を開かせる」ための〈効能〉のみを考え、分析などしてはダメだという点だ。いわば通俗的倫理観、道徳的要請に囚われるとき、その分析は見事に硬直するからだ。でも、つねにわたしは、なんとかして「目を開かせる」ことはできないだろうかなどとどこかで〈効能への意志〉を抱いて、差別の社会学的研究をやってきていることもまた事実だ。だからこそ、これはわたし自身に向けての自戒でもある。

さて、以下では個別啓発言説のエスノメソドロジーという作業への一歩として、ある啓発ドキュメントの解読を試みたい。[1]

2　ある人権啓発ビデオの概要

いま手元に一本の啓発ビデオがある。『人権啓発ドキュメント　叫びとささやき』という四五分ほどのものだ。人権問題関連のビデオカタログから選び手に入れた。自治体の人権福祉センターや図書館には標準的に購入され備えられている作品だ。なぜこのビデオをとりあげるのか。いくつか、いわゆる人権尊重や反差別を唱えるときの〈きばり〉はあるものの、分かりきった決まりきった正義や正論を見る側におしつけるものではない。むしろよくできたドキュメントだと思う。そして、よくできたドキュメントであるがゆえに、何度か見ているなかで、気になる点があった。以下、ドキュメント映像のトランスクリプト（映像、ナレーション、映像内人物の語り、BGMなど見て取れ聞き取れるかぎり詳細におこした資料）を参照しながら、ある解読を試みることにするが、まずは、ドキュメントの概要を示しておくことにする。[2]

冒頭「この作品は、あらゆる差別に怒りをもつ人々の協力により製作されたものです。」というメッセージがうかぶ。

＊劇団の稽古場面。脚本「更池ヒロシマ　怒りをこめて叫べ」を読む団員。

劇団員たちが順に語る。「雪や氷がとけたら何になる」

「子供たちはいっせいに水と叫んだ」

「しかし、ある子供は春になると答えた。寒い冬が去り、自然がパァーッと明るくなる春」

団員の一人がせりふへの疑問を語る。

字幕「『水』も『春』も正解とする社会をテーマに芝居づくりが行われている」。

劇団員でテーマをめぐり論議。監督が座るよう指示。

監督が語る。「予断と偏見でうまれる社会の空気ちゅうのあるやろ。それがいろんな差別を再生産していくわけや。それが冤罪になったり民族差別になったりするわけや。だから差別の根ぇていうのは一緒なんや」。

＊BGM「レコード『怒りをこめて叫べ』から、「ふるさと」という歌（子供たちの歌声）」が監督の語りにかぶさり、映像が更池の街の空撮などへ移っていく。

「大阪府松原市更池　全国で六〇〇〇にも及ぶといわれる被差別部落のひとつである。」という字幕。BGMが消え、映像が変わる。

＊識字学校の場面。更池は長い間、部落差別と闘って

きた村であり、週一度識字学校が開かれていること、貧困と差別が教育の機会を奪ってきた結果であることなどがナレーション（以下「ナレ」と略記）で語られる。

若い男性、若い女性たちが識字で学んでいる映像。識字学校は当初文字の学習の場として生まれたが、今は部落解放運動の拠点としての色彩が強く、三〇代の青年で更池に移り住むようになった人たち、在日韓国・朝鮮の人たちも仲間に加わっているというナレ。

ナレ「青年たちの多くは食肉産業に従事している」。

＊建物の外観を映す映像。と畜場の話へ。

松原市立部落解放センターに働くFさんが「部落差別の実態をと畜場を描くことで記録に残した」とナレ。Fさんが包丁一本で仕事をしていた工程を記録に残すことの思いを語る。

BGM（「ふるさと」）。『松原市立と畜場の仕事』というタイトルのビデオテープ。その映像へ変わっていく。牛が解体処理されていく工程の映像。牛の脂ですぐに切れ味が鈍るため、棒やすりで研ぎながら見事にナイフ一本で皮を剥いでいく男性。牛の内臓を出す姿。内臓の処理をする女性たち。七五歳まで頭さばきの仕事をやり続けている年配女性の姿など、人々が真剣に仕事をする姿が重ねられていく。

Fさんのナレが映像を説明するようにかぶさっていく。

BGM（「ふるさと」子供たちの歌声）が再び始まる。

Fさんのナレから

「このと場は被差別部落更池の生活の支えであった。長く苦しい差別の歴史の象徴でもある。『牛殺し』と呼ばれ、社会の厳しい差別の中で、更池の人々は長く耐えてきた。『この仕事をしているから……』と思うほど、と場労働に対する差別は厳しく、『子供たちにはと場で働かせたくない』という親たちの願いがあった。しかし現実の社会はなかなかそれを許さなかった。たとえムラを出、部落出身であることを隠して働こうとも、差別が渦巻く社会の中で、ムラに帰らざるをえなかった更池の青年達は、と場で働くしかなかった。しかし、このと場をぬきにして更池の生活はない。子供たちに、明日の更池を引き継いでいくためにも、親達はと場を必死になって守る」。

＊一九八九年三月にと畜場が閉鎖されたという字幕。新しい建物の空撮映像。

字幕「松原食肉地方卸売市場　今も『と場』と呼ばれている」。

市場の建物を隠すように作られた高い土手の映像。土手を背景にして識字学校や解放運動に取り組むメンバー、と場に勤めるY・Tさん、S・Sさん、O・Kさん、U・Tさんが順にアップでインタビューを受け何かを語る姿。

と場が新しく変わっても部落差別の象徴としての意味は変わらないこと、あからさまな差別は少なくなったが差別の壁は外にも内にもあり、内実はより陰湿になり、彼らの歯ぎしりしたい気持ちは否応なく、次の世代に受け継がれていくという内容のナレ。

＊BGMの転換（軽めのテンポがあるものへ）。高校生のと場見学という話へ。

高校生がと場を見学している映像。映像にかぶさるようにナレ。

「と場で働く親たちの思いを受けて、子供たちが立ち上がった。地元松原高校の生徒たちがと場見学を行ったのである。しかし、この見学は容易に実現したものではない。部落問題研究会が中心となって、生徒全員の署名を集めたからこそ実現したのである。いわれなき偏見や差別と闘うにはまずと場の実態を知ること。その理解を得るため、一対一で泣きながら説得した生徒もいたという。生徒全員の署名を前に学校側は、ホームルームの時間を利用しての見学を許可した」。

にこやかに笑う男子高校生、見学がうまくいったことを喜びあう姿。

ナレ「関係した生徒たちは、見学の成功を心から喜びあった。そして、それぞれの思いを語り合った」。

と場を実際に見て、と場を良くいわない人に反論したり、言い返せる自信がついた、見に行ってよかった、差別意識もってる子など、状況は厳しいが自分たちが変えていかなあかんなど、女子高校生たちが語る映像。

＊BGM、食肉市場を隠す高い土手の映像から、劇団の稽古場面へと移っていく。部落青年が受けた冤罪事件の話へ。Iさんの顔のアップ。Iさんが事件のきっかけを語る。

字幕「Iさん　一九歳のとき松原パークレーン事件〔強盗傷害〕で起訴された。しかし、九年に及ぶ裁判闘争の末、無罪となる。現在屠場で働く」。

突然画面が暗転し、大きな衝撃音。冒頭の劇団が刑事の記者発表場面、女性二人が部落の人が犯人だとささやきあう会話、取調べ場面を演じ、冤罪、差別捜査の状況を象徴する。

＊場面の転換。「予断と偏見で生み出される事件は過去にも多い」という字幕。関東大震災時の朝鮮人大虐殺の場面を演じる舞台稽古の場面。

＊劇団員の一人である在日韓国人Rさんがイスに座り、朝鮮人でも日本人でもないという自分の存在についての一人語り。

＊この後、ドキュメントのメインテーマへ。更池の朝の映像。ＢＧＭ。子供たちの登校風景。

ナレ「人にはさまざまな立場がある。部落民としての立場、在日韓国・朝鮮人としての立場、身障者としての立場。部落差別と長い間向き合い生きてきた更池の親たちは、自分の立場を隠さず、さらけ出すことで本当の仲間をつくる。そのことがもっとも大切なことだと考えている。そのため、学校側にも強く働きかけてきた。子供は親の背を見て育つ。更池の親は、それを実感として知っている。だからこそ、生き方にこだわるのである」。

在日のＣさん夫婦の映像。Ｃ（父）さんの語り。Ｃさん家族がコタツを囲み、娘二人がいつ通名をやめ本名で生き始めるかのやりとり。長女（Ｙ）は迷い、次女（Ｅ）にはためらいがないというナレ。

ナレ「Ｅちゃんは、小学校の卒業証書を本名Ｃ・Ｅでもらうことを決意している」。

＊Ｙ・Ｓさん（女性。先に登場したＹ・Ｔさんのパートナー）のアップ。Ｃさん夫婦から本名で生きることで差別は厳しいけれど「ほんまもんのええ人」と出会えるという話を聞き、身体が震えるほど感動したという語り。

字幕「Ｙ・Ｔさん　Ｓさん　夫婦力を合わせて部落解放運動に取り組んでいる」。

息子Ｔくんの映像がかぶさり、Ｓさんが自分の子への思いを語る。

字幕「Ｔは中学入学時、部落民宣言を行うことを決意している」。

＊映像の転換。自転車をとりまく子供たちの姿から、改良住宅の夜景。Ｙ・Ｋさん宅の食事風景へ。Ｙ・Ｋさんが少年時代、施設に預けられ孤独を味わい、家庭の温かさに憧れていたこと、更池の女性と結婚

し、ここに住み、識字の仲間とであったというナレ。

ある集会で、識字で出会った「ムラのおとうちゃんのぬくさ、優しさ」を涙ながらで語るY・Kさんの映像。その映像のビデオを識字の仲間たちが部屋で座って見ている。一人一人が真剣に、何かを思っている映像。「更池識字学校」という字幕。

ビデオを見たあと、Y・Tさんが、識字の仲間に対して思いを語る姿。

＊BGM。場面の転換。Cさん夫婦が小学校の校庭へ入っていく映像。「仲間とつながることで差別に立ち向かっていくことができる。その確信。本名で卒業証書をもらいたいというEちゃんの思いを受けて、Cさん夫婦はN小学校を訪ねた」というナレ。

校長室で教員たちと語り合うCさん。Eちゃんに逆に元気づけられたと教員が語る。本名で生きるという自然なことができない日本の社会のことを語るC（母）さんの映像。

ナレ「Cさんは、卒業式に民族衣装チョゴリを着て出席することを決めた。娘の決意に母として応えようと決めた。」

Cさん宅に中学校の教員が訪れる。親と教員がそれぞれの思いを語り合う映像。

Cさんがピンクのチョゴリを持ってきてYちゃんに着せる。C（父）さんの笑顔。チョゴリを着たYちゃんがC（父）となにかを語り合う姿。

ナレ「三月のある日曜日。家族全員が本名で生きていくことを決めたCさんの家には、優しい空気が漂う。長い時間をかけて、家族がいま、心をひとつにして歩き出そうとしている」。

映像が切り替わる。Y・Sさんのアップ。「だからCの決心ていうのは、すごいと思うよ。チョゴリ着るっていうことは、日本人に対する挑戦やで。あんた、わたし韓国人よ、朝鮮人よて。なぁ、言葉やないところで、バーンといくわけやろ。（卒業式に出るため車から降りてくるチョゴリ姿のCさんの映像へ）それ、やっぱり、あの気迫と一緒に、生きていきたいなと思う。」という語り。

＊卒業式の情景。

＊ドキュメントの区切り。映像の転換「夜に浮かぶ半月」の映像から芝居稽古が終わり帰っていく団員の姿へ。「雪がとけたら何になるか」と問いかけ、団員は口々にいろんな言葉を重ねていく。その終わり「や

っぱり雪は春になるんやね」

ナレ「雪は溶けて春になる。そして花開く。」桜が満開の映像へ。入学式の映像。
＊校舎の映像へ切り替わる。教室で黒板に自分の名前を書く男子生徒。
ナレ「四月九日　立場宣言が始まった。　ＴもＥも、この日に向けて気持ちを固めてきた。（涙を流しながらノートを読みあげ、宣言する男子の姿）立場宣言は、本当の意味での自己紹介である。新しい級友に自分のことを隠さずにさらけ出す。勇気のいることだ。しかし、そのことがおそらくは、人間への信頼を生んでいくのだ。（Ｅが立ち上がり、宣言に向かう。黒板にＣ・Ｅと本名を書く）Ｔが立った。自分の思い、家族の思い、そして識字学校のひとたちの思い。あらゆる思いが、いま、Ｅを包み込む。」

姉のＹが黒板に、Ｃ・Ｙと本名を書く姿。

ナレ「同じ日、同じ時間。姉のＹも立ち上がった。立場宣言に立ち上がった。」Ｃ・Ｙが宣言する語り。宣言を受けて男性教員がクラスに語りかける姿。
＊ＢＧＭ（子供の歌声。終わりまで続く）
Ｔも宣言する姿。次々に黒板に自分の名前を書く生徒の姿。

ナレ「人それぞれの立場を認め合うことで本当の仲間をつくる。仲間に支えられ、仲間と共に生きる。子供たちは、その第一歩を記そうとしている。厳然と存在する差別の壁。しかし、この子供たちなら、その壁を突き崩していくことができるのではないか。いつの時代にあっても、希望こそが人を生かす。更池の親たちは、その希望に生きている。」

女子生徒がこちらに向かってＶサインをする。姉のＹの周りに集まり談笑している女子生徒たち。笑っている姿で映像が停止。

エンドのロールスーパーが流れる。

3　ドキュメンタリーの構図①
――被差別の当事者が語る姿・語る意味

週一回開かれる識字学校。若い世代が集まり部落解放運動の拠点となっている。彼らの仕事場である屠場。厳しい差別の象徴であるとともに被差別部落更池の労働・生活の象徴でもある。部落の男性、女性が分担、協働する牛の解体処理工程。その熟練した技術。高校生の屠場見学。見学が成功し差別に立ち向かえる思いを語る地元高校生たち。部落青年が体験した冤罪。在日の家族を中心に描かれる立場宣言の物語へ。

識字から屠場、若い世代のちから、冤罪、立場宣言へ。このドキュメンタリーはいくつかのサブストーリーを展開させながら、基本テーマへ至ろうとする。

ドキュメンタリーの基本テーマ。それは「自分の立場をすべてさらけだして生きること。そのうえでほんまもんの仲間を作る」ということだ。それが後半の小中学生の「立場宣言」の物語へと収斂していく。そして、いま一つの基本テーマがある。それは「多様な価値観、立場を認めあう社会づくり」である。劇団の芝居稽古での問いかけ「雪や氷がとけたら何になる?」への答え『水』も『春』も正解とする社会」に象徴される。

「立場宣言」は、被差別の立場にある人々が、差別から逃げることなく、差別的な社会の中へ宣言することで立ち向かい、対抗して生きる意味を見る側に伝えていく。他方「多様な立場を認めあう社会づくり」は、いわば差別的な社会を生きているすべての人々に対してのメッセージであり、見ているあなたの暮らし、あなたの意識のなかにある差別的なるもの(ドキュメンタリーでは「空気」という言葉が象徴的に用いられているが)を、見つめ、見直し、修正していくべきだという要請として読めていく。

そして、この二つのテーマを読みとることで、見る側は一定の感想、印象をもつ。わたしは四五分間、この映像を見て、率直にこう言われているような気がした。「更池で、わたしたちはこう生きようとしている。で、差別的な社会に暮らすあなたはどう生きるのですか、そのままでいいのですか」と。

さて、こうした感想をもちながら、一方でけっこう違和感をもつわたしがいた。確かによくできた啓発の物語といえよう。でも、こんな物語をいくら作っても、人々が抱いている〈常識的啓発理解〉を壊したり、作り変えたりはできないだろうな、と。なぜそう考え感じるのか。以下、ドキュメンタリーがもつ特徴を解読していこう。解読すべき点は、二つのテーマをめぐるドキュメンタリーの構築であり、伝えたい意図のもとでつくられた映像が、実際のところ何を見る側に伝えることになるのか、という点である。

二つのテーマをめぐるドキュメンタリー構築の非対称性。端的に言えば、こうなるだろう。非対称性はドキュメンタリーのなかで構築されていく「被差別当事者の姿・語り」と「差別する者の姿・語り」の圧倒的な落差から印象づけられる。まずは前者のありようをしばらく見ていこう。

ドキュメンタリーでは、圧倒的に被差別当事者が語る姿が登場する。彼らがどのように語るのか。語る姿と映像を説明していくナレーションとの微妙な関係が面白い。ナレーションでは、基本テーマが確認されたり、テーマに関連する人権尊重や差別と対抗する生き方などが明快に主張される。ただ、こうしたナレーションが過剰にかつ声高に強調されるとき、テーマは硬直する。つまり、見る側、聞く側が「わかっていることを何度も繰り返すな」という感じで、分かりきった倫理的道徳的説教として理解してしまう危険性が生じる。しかしこのドキュメンタリーでは、当事者がなまで語る姿、それも型にはまった印象を受けることのない、自分の言葉を探し語り、カメラに向かって主張するだけではなく、自分を納得させるような語りが重ねられ、テーマの硬直を防いでいる。それはまた、単に柔軟な語り、柔軟な姿だけではない。

たとえば当事者たちが語る姿を見ていると「撮られていることへの信頼」が緩やかな形で見る側に伝わっていく。屠場の仕事を記録したビデオがドキュメンタリーに挿入されている。これは同じ地域に住む男性が撮影しているのだが、その映像のなかでに印象的な場面がある。牛の皮剥ぎをしていた男性が、仕事を終え休んでいるとき、カメラが向けられる。男性は皮剥ぎに使うナイフをよく見えるようにカメラに向かって差し出す。このときの男性のしぐさやゆたかな表情が心に残る。「こんな小さなナイフ一本で仕事してんやで、よう見てや。すごいやろ」と、思わずそんな言葉が伝わってくるかのような映像だ。また、屠場の室内でカメラに向かってにこやかに表情を緩めながら歩いてくる男性の姿など。まさに屠場で仕事をしている人々が、カメラを意識しつつ自然にその姿をカメラの前に示しているのだ。そこには緊張や誇張を示す痕跡を感じとることはない。この自然さが「撮られることへの信頼」をうみだし、見る側に、その映像が暮らしの中から取り出されてきたものだという解釈の厚みを与えていく。

また、『立場宣言』にいたる当事者たちの経緯がそう簡単なものではないことが実感、想定できる映像がある。本名を名乗ることについてのCさん家族がやりとりをしている。

映像「Cさん家族がコタツを囲み語る」

C・C（母）：朝鮮人ていう意識をもってね、生きていかなあかんなていうこと、教えたいな思うねんけど、そんなん誇りって何やろって。わたしら自分ら、日本の学校で教育を受けて、誇りいうもんもってへんし、自分がハングル話されへんし、チャングもよう叩かんし、民族の踊りもよう踊らんし、ただ嫁に来るときにね、チマチョゴリ着て嫁にきたっていう、そういう意識しかないし（少し流れる涙をぬぐいながら語る姿）、じゃ、日本の社会で、自分で誇り持って生きるというのはどういうことなんかって。子供ら、本名でいかせることが（字幕「差別のうずまく日本の社会では殆どの人が通名で暮らしている」）わたしらも、そのときに、みんな家族でね、本名で生きていこうって。本名で生きていくこてゃしんどいことやって」。

C・M（父）：高校はC・Y（姉の本名）でいく？」

C・Y（姉）：わからん……

C・M（父）：わからんて（父親が娘に高校から本名を名のるかを訪ねている。娘はまだ決心がつかない様子）なにがわからん、えぇ？

C・Y（姉）：だって、わからんもん（と母親の方を向いて、母親とともにうなづく）。

C・C（母）：むりに言わさんでもええのんとちゃうかなと思う（と夫に向かって）。

C・M（父）：言うまで、ずっと、心の準備しとかな、いかんで、してる？

ナレ「C・Y（本名）。K・I（通名）。二つの名前の間で長女は迷う」。

C・C（母）：E（妹）とはまたちがうねん。この子は、とことん言うていこか、ていう子やから。

ナレ「次女のEちゃんのはためらいはない」。

C・C（母）：こっち（姉のこと）、おとなしい性格で、こっち（妹のこと）はもう、なんぼでも友達ふやして、なんぼでもやっていこかっていう子やから」。

ナレ「Eちゃんは、小学校の卒業証書を本名C・Eでもらうことを決意している」。

Cさん夫婦と娘たちのやりとりは何を見る側に伝えているのか。ナレーションはただ「姉は迷い、妹は決意していること」を告げる。本名を名乗って生きてほしいと願う父。同じ思いを抱きつつも、子供たちそれぞれの考えを大切にと語る母。この母の語りは、夫に向かっているように見える。しかし、その語りは、当事者たちのなかで「立場宣言」という生き方を選択していく「長い時間」、立場を明らかにして生きることをめぐり進んだり戻ったりという暮らしの歴史があり現在があることに思いをいたらせろ、という主張であり説明として見る側に迫ってくる。本名を名乗ること。それが単なる〈定番の〉反差別メッセージなどではなく、一人一人の生活の「生きられた時間」に直結した主張であることが、このやりとりを丁寧に見ることから実感できるのである。

また、屠場見学を成功させた高校生たちの語る姿が興味深い。

ある女子高校生：更池のと場のことを汚いとか、なんか臭いとか言うてる人らに、見学、あたしが見学行って、と場見てきて、汚いとか言ってる人らに、そんなん汚くないとか、言える自信も、と場行って、ついたと思う、うん。

別の女子高校生：と場のこととかでも、多分これからなんか偏見みたいなのを言われても、そんなん違うで、わたし見に行ってんから、そんなんちゃうかったって、言い返せるようになったと思うし。

別の女子高校生：ほんま見に行ってよかったたって、もっと見たいって言うてる子ぉ、の他にも、さっきも言うたように差別意識ていうか、そういう考え持った子がおるから。やっぱり、ん、状況というのは、やっぱり厳しいもんとかあると思うから、ほんまに、これからあたしらが変えていかなあかんなぁと思うし。

親たちの仕事の場、更池の生活と差別の象徴である屠場を実際に自分の目で見ること。さらには全校生徒の署名集めという運動実践で得た力から出てくる語り。この語りは見る側に何を伝えるのか。次世代をになう子供たちが、立場を自覚しつつ生きていくうえでの力をつけつつあることが実感できる語りとして聞こえてくる。しかし彼らは流れるように言葉を考え、語るのではない。いかにも決意表明として明快に宣言するわけでもない。どちらかといえば一つ一つ言葉を探し、訥々と言葉をかみしめつつ語る。そこには屠場を見ることから得た〈何か〉で差別に立ち向かえる自信が感じられるが、自信のみが淡々と表明されるのではない。同時に偏見や差別意識を持った子の存在を改めて確認し、そのことも語る。厳しい状況を誰かが変えてくれるのではなく、自分たちが変えるほかはないと、その漠たる不安も含めて、飲み込むように語っていく。こうした彼らの語る姿も、被差別のある現実の重量を見る側に感じとるよう要請していくのである。

ところで、被差別当事者の語りのなかで、語る一人一人が何度も確認するように、いわば見る側に対しても「これだけはわかってほしい」という思いが端的に付随してくる内容がある。それは「更池にはひとを大切にする特別な関係のありようが存在すること」であり「仲間づくり、仲間と共に生きることの豊かさ」である。

たとえば、更池の女性と結婚し外から移り住んで、解放運動をともに闘っている男性が涙ながらにある集会で自分の体験を語る。

「なんか、なんかしら。YのTちゃんに、Tちゃん、俺、今度から識字行きたいねん。そしたら、待ってたんやでぇ。それだけでした。他の言葉なんにもなかったです。Kちゃん待ってたんやで。それが、ほんまの、ムラのおとうちゃんのぬくさでした。なんでこの人ら、こんなに優しいんかなぁ。なんでこんなに強いんかなぁ。答えは簡単でした。この人らは部落に住んで、部落で生まれて、自分がされてきた差別を自分のもんにして、その差別をぬくもりに変えてるんやな。受けてきた、差別受けてきた痛み、受けてきたもんにしかわからん、人を思いやる心。それやねんなぁって。俺、つくづく思い知らされました」。

また本名で生きている在日C・Mさんは語る。

「ほんとうの人間として生きてないやろ。その当時、僕らが帰化すれば。人間のぬくい、あたたかい思いなんか、絶対に。そのときに帰化すれば、今、こういう状態、多分、味わってないやろと思うんです」。

在日のCさん夫婦の生き方に感動したという女性Y・Sさんはこう語っている。

「通名で生きている間は、ま、いろんな人に会うだけで、やっぱりええ人に出会えんかったて。本名で生きて初めて、ええ人に出会えるて。やっぱ、本名で生きるっちゅうことは差別も厳しいけど、差別の中に入っていくようなもんやけど、ほんまもんのええ人に出会えるちゅうねん。わたしは、あのことがなぁ、聞いて、わたしはもう、身体震えたもん。そーーやねんて。部落のもんやて、さらけだして、そこでつきおうてくれる人間と、在日朝鮮人やねんて、さらけだして、そこでほんまに一緒に生きようとしてくれる人間とて、思わん？　数少なかっても、ほんまもんと出会いたいやん」。

彼女はC・Cさんがチョゴリを着て卒業式にでることを感動し、さらに語っている。

「だからCの決心ていうのは、すごいと思うよ。チョゴリ着るっていうことは、日本人に対する挑戦やで。あんた、わたし韓国人よ、朝鮮人よて。なぁ、言葉やないところで、バーンといくわけやろ。それ、やっぱり、あの気迫と一緒に、生きていきたいなと思う」。

「ムラのおとうちゃんのぬくさ」「優しさ」「されてきた差別を自分のもんにして、差別をぬくもりに変える」「人間のぬくい、あたたかい思い」「ほんまもんのええ人」「気迫」。自分たちが更池でつくりあげる人間関係の豊かさを、特有な言葉、特有な言い回しで彼らは語る。厳しい差別に負けず立ち向かい、立場をさらけだしてこそ、真の仲間ができ、仲間同士のつながりができると。こうした言葉は、いわば〈解放のイディオム〉とでもいえるものであり、ドキュメンタリーのアクセントとして配置されている。特に〈外〉から来た男性の仲間語りは重要である。それは男性自身の生から搾り出された声であり、解放運動が生み出してきた人間関係の豊かさを〈実証する証拠〉として見るよう、かなり強引に見る側を強いていく。しかし少し残念なのは、こうした〈イディオム〉にこめられた充実した意味が、ドキュメンタリーの映像だけでは見る側に存分に伝わってこないということだ。仮にそうした体験をしたり、交流や聞き取りなどを通して人間関係の豊かさについて一定の想定が可能な人であれば、彼らの語る姿を見て、すぐに「そのとおり」と共感していくだろう。しかし、経験が欠落している場合、やはり、〈証拠立て〉の作業に納得しつつも、〈イディオム〉にこめられた意味を十分にははかりかねる戸惑いもまた同時に味わいつつドキュメンタリーと向き合うことになるだろう。

基本テーマの核心であり、もっとも重要な部分であるにもかかわらず、ドキュメンタリーはなぜ、より丁寧に〈イディオム〉を解説、解読していこうとしないのだろうか。「充実した意味を知りたければ、自分で人間関係を豊かにしてみれば」と、見る側を突き放そうとしているからだろうか。

いずれにせよ、こうした被差別当事者の姿、語りは、ドキュメンタリーの枠から溢れ出そうとする。それは普段の暮らしのなかから語られる姿であり、立場をさらけ出して生きることは、狭い制度化された運動次元のできごとではなく、まさに一人一人が生きる根底にある要請であるという意味が溢れ出していく。

かなり説得的で豊かな映像であると言えよう。ただこうした豊かな姿を伝えようとする映像がもつ問題点については、あとでまとめて語ることにしよう。

4 ドキュメンタリーの構図②
——差別する者の姿・差別社会の説明

被差別当事者の姿・語りが説得的で豊かであることと対照的に、いま一つのテーマである「多様な立場を認める社会の要請」に関わる映像は、かなり希薄であり薄っぺらな印象を受ける。この要請を認めようとしない人々の姿、社会の説明の仕方が、見事に硬直しているからだ。

「空気」という象徴的な言葉がある。冒頭、劇団の芝居稽古場面、雪や氷、水、春などいわば一般的で穏やかな比喩を使い、具体的な差別を言及しないことへ団員の一人が疑問を語る。それを受けるように監督は団員を座らせ、自らの意見を述べるシーンがある。「身障者に対する差別、性差別、冤罪……」と語る。監督の顔がアップになり、目をむいて、思い切り真剣かつまじめな表情で、大声で強く「差別の呼称」が順々に告げられる。「予断と偏見でうまれる社会の空気ちゅうのあるやろ。それがいろんな差別を再生産していくわけや。それが冤罪になったり民族差別になったりするわけや。だから差別の根ぇていうのは一緒なんや」。

まず、このように語る姿、表情、身体は見事に硬直している。見る側は、硬直した語りと出会い「あぁ、やはり差別問題はこのように緊張し、きばって語るもんやな」と〈常識的理解〉を確認してしまうのだ。そして監督の語りには「予断と偏見で生まれる社会の空気」という言い方が登場する。

また更池の青年が体験した冤罪事件の舞台稽古の場面。場面を説明するナレーション含めて、書き起こしてみよう。

ナレ「肉切り包丁が凶器であるという新聞報道は、

人々の差別意識とあいまって、ある空気をつくりあげていった」。

映像：真っ暗な場面、スポット照明があたり、登場してきた二人の女性。

「なぁなぁあんた、松原パークレーン事件て知ってる？」

「知ってる、知ってる」

（あたりを見回しながら、いかにも誰かに聞かれたらまずいというような雰囲気で）「凶器は肉切り包丁やて」

（小声で）「やっぱしかぁ」「部落の人は牛殺してるもんなぁ」

「そうやぁ、牛殺してるぐらいやから（とあたりを見回して小声で）人も殺しかねへんのとちがうぅ」

「おぉ、こわぁ。ほんで、やっぱり犯人は（とあたりを気にするしぐさをしつつ）部落の人間やろか」

「そんな気がするわぁ」

「やっぱりなぁ。あんたもちゃーんと子供に言うとかなあかんでぇ」

ここでも差別的な会話を事前に予感させ説明するナレーションのなかで「ある空気」という言い方がされている。確かに「空気」という言葉は、ドキュメンタリーを読み解くキーワードの一つであるようだ。ただ、なぜ「空気」なのか。「空気」という表現を使用する必要があるのか、という疑問が映像を見、ナレーションを聞くほどにわいてくる。

人々は、思わずしらず、差別的な何かにとりまかれている。いわば差別意識は「空気」のように存在しているというのだろうか。こうした考えは、解放運動理論のなかでも語られてきたし、差別を「社会的」に語る際の〈常識〉といえよう。ただ啓発実践が差別を語る〈常識〉的装置に囚われていくとき、それが伝えるメッセージは見事に硬直してしまう。典型が、先に起こした差別的会話をする二人の姿であろう。舞台劇の場面、より誇張された場面という解釈が成り立つとしても、この映像が伝えるものは、あまりにも硬く平板で狭隘なものだ。ただ、わかりやすいものでもある。しかし、この「わかりやすさ」は、見る側が抱いている差別をめぐる〈常識的〉理解や図式にあてはまっていくという意味であって、見る側の〈腑に落ちて〉いくような深い理解や心のざわめきを生み出すものでは決してない。常識的、典型的、平板であるがゆえに、見る側は「こんな露骨ではっきりした差別など、自分がするはずがない」と映像から距離を置こうとする。

そして距離を置くことを正当化し、見る側に納得させていくのが「空気」という説明であろう。「なぜこんな露骨な差別をするのか」「『空気』があるからだ」「『空気』って誰が作るのか」「それは予断や偏見がつくりだす」「予断や偏見はどこから生まれるのか」「差別意識をもった誰かだろう」「では差別意識をなぜ誰かがもつのか」「それは社会にそうした『空気』があり、知らず知らずに誰かが『空気』を吸っているからだ」等々。「空気」という言葉を中心として問いと答えが循環し、トートロジーにおちこんでいく。

端的に言えば、差別する者の姿を常識的に、硬直し、平板で、狭い形で呈示することは、見る側に距離をおき、〈傍観〉する根拠を与えていくのである。

まったく対照的な「空気」がある。在日のCさん家族を語る物語の中で娘二人とも本名で生きていくことを決めたことを告げるシーン、ナレーションが「家族全員が本名で生きていくことを決めたCさんの家には優しい空気が漂う」と見る側に語りかける。この「優しい空気」は他でもない、Cさんたちが作り、仲間たちがつくったものであると「空気」の主体が明確に示されている。

確かにこのドキュメンタリーは、分かりきった人権・反差別をめぐる倫理的道徳的要請のみを見る側に押しつけるものではない。できるかぎり、被差別の現実や暮らしの日常から立ち上がってくるような形で、人々の生きた運動の姿・思いを伝えようとする、その意味で優れた作品だと思う。ただ、これまで見てきたように、ドキュメンタリーの二つの基本テーマを説明する実践において、大きな非対称性があった。すでに少し述べたように、この非対称性が、見る側にどのような効果をもたらすのだろうか、ということが気になる。言い方を変えれば、この作品は、いったい誰に対してぜひ見て欲しい、見て考えて欲しい、みずからの暮らしを見たことからすこしでも変革してほしいと考えているのか、ということだ。

まず思いつくのは、ドキュメンタリー製作に協力した人々が、同じ被差別の立場にある人々に対して、立場を隠さないで、さらけだし、本当の仲間をつくって生きることの意味を伝えようとしているということだ。この作品は、同じ立場にある一人でも多くの人に見て欲しいと。

今一つは、より多くの一般的な市民に対してということになる。ただし、この作品では、人々にある感動や思いが伝わりながらも、差別者の偏狭なるイメージのみを読みとることから、いわば「傍観」しつつ「共鳴する」、あるいは「傍観」しつつ「同情する」、よりひねくれた、差別の確信犯的な見方をすれば、「傍観」しつつ、「撤退する（差別の責任を被差別者に押し付ける）」という見方の可能性が開かれてくるのだ。

被差別の立場にある人が、自分の立場をさらけ出し、本当の仲間と出会う営み、努力、その生活のありようは、おそらくは見る側に一定の感動を与えるだろう。その姿に共鳴し、賛嘆する人もいるかもしれない。ただそうした感動や共鳴には、やはり伝統的な差別問題解釈の仕方が元気良く息づいている。あれだけ差別と闘って生きようとしているのは、やっぱり差別の原因は、あの人たちにあるからだ。差別から解放されて生きていく運動や営みは、やっぱり当事者である、あのひとたちがやることであって、差別なんかするはずがないわたしは、理解してあげるけれども、やっぱり自分の暮らしには関係がない問題だ。普段から部落差別はするな、いけないといわれているし、ビデオで出てきたような、あんな露骨でいやらしい差別的な会話はやるはずがない……といったかたちで、啓発映像への感動は認めつつも、部落差別問題をめぐる常識的な「傍観者」図式を壊すことなく、むしろ強固にして〈啓発されていく〉可能性が開かれているのだ。

こうした見方の可能性は、おそらくはほとんどの啓発映像に孕まれているとは思うが、やはり極めて問題だと考えるのは「傍観」する可能性である。「傍観」する可能性を啓発映像、啓発実践が丁寧に塗りつぶしていくことはかなり困難であるにちがいない。ただそうした可能性、いかにして少なくしていって、見る側が「わたしは〈差別の日常〉を生きている」ということを腑に落とすように理解できるかということだ。

たとえばわたしは、この作品でもキーワードであった「空気」という説明は変えるべきではないかと考える。ひとびとは、まったく何もしないで、知らず知らずのうちに差別的な「空気」を吸っているのではない。何もしないのでなく、一人一人が普段から暮らす日常において、微細でほとんど意識しないかもしれないが、さまざまなことを実践しつつ「いま‐ここ」で〈差別の日常〉をつくりあげつつ生きているのだ。この日常的な営みに切り込んでいける啓発実践とはどのようなものなのか。それを具体的な素材の詳細な解読をとおして考えていくことが啓発実践・啓発言説のエスノメソドロジーの大きな課題なのである。

5　啓発実践を解読するということ

さて、市民啓発用のドキュメンタリー映像を素材として、ある解読を試みてきた。被差別の当事者たちが立場をさらけだし、本当の仲間をつくり、差別と対抗して豊かに生きている姿。対照的に硬直し、平板かつ狭く語られる差別者の姿。両者には圧倒的な落差がある。見る側は、前者に感動しつつ後者を遠ざける。どちらの営みも、結局は見る人々が生きている暮らしの日常へ降り立っていくことはなく、〈差別の日常〉は見事に維持されていく。

啓発実践が詳細に見つめるべき問題は、この落差なのではないだろうか。「空気」という表現に象徴される差別‐被差別をめぐる、問題理解、問題構築のより根底にある前提的知識の詳細な検討とその解体・再編ではないだろうか。おそらくこの作品は、街のレンタルビデオ屋に並び、自宅の緊張が解けた空間で、アクション映画やコメディ、SF作品と同じように借りられ、楽しまれることはないだろう。会合、授業、集会、学習、研修という場に持ち出され、その空間の中で意味をもち、その空間が、この作品の意味を囲い込んでいく。空間や実践自体が前提的知識を少しも揺るがせることをしないならば、啓発言説は、いわば啓発のための空間でのみ意味をもつことになり、仮にそうした空間から溢れ出し、人々の日常への切り込んでいく力が言説にあるとしても、見事に空間や実践が逆にそれを封じ込んでいく。

冒頭で〈鳥瞰図〉として啓発実践・啓発言説の構築分析が必要だと述べたが、今回のような個別ドキュメンタリーの詳細な解読は、いわば啓発言説の〈虫瞰図〉を描き出す作業といえるかもしれない。

そして、いま、以前に比べ、人権をめぐるドキュメンタリー、差別問題がベースになっているTVドラマ、自治体や運動体、研究所などが出している市民啓発用VTR、最近流行のトーク番組での問題の語られ方、バラエティ番組に見られる被差別当事者のからかい方、きわどいジョークのありようなど、いわば、わたしたちの毎日は、実は差別問題のメディア的な語り、行政的、運動的な啓発言説などで埋め尽くされているのだ。これらは、一つ一つがエスノメソドロジー的解読にとり恰好の対象であり〈虫瞰図〉を描きだすための〈宝庫〉といえる。そして、個別言説の解読を重ねることは、〈差別の日常〉をいかにわたしたちが生きているのかを考える必須のプロセスなのである。

啓発言説・啓発実践の構築分析は、啓発を「啓発」という枠や図式のなかにおさめないための社会学的実践であり、差別問題をめぐる〈常識的〉理解、差別問題と暮らしの日常との安定した〈関係どり〉のありようを微細に壊していく人間学的な実践なのである。

手元に、ハンセン病元患者の国家賠償訴訟が全面解決に向かう見通しとなったことを論じる社説の切り抜きがある（社説「一人ひとりが試される」朝日新聞、二〇〇一年一二月三〇日）。それは、国の隔離政策を批判しつつ、元患者の苦しみは隔離だけではなく、ハンセン病に対する誤った見方を払拭し、社会復帰できるよう地域の環境も整えるべき、差別や偏見で苦しめられてきた元患者が人間の尊厳を取り戻せるように、と明快に主張する。

「意図せぬ『加害者』であったともいえる私たち一人ひとりもまた試されている。」

社説の最後はこう締めくくられている。確かにそのとおりだろう。

しかし、啓発言説・啓発実践の構築分析は、まさに、こうした〈紋切り〉の語りをこそ打ち壊していくことから始まるのである。

注

1　本研究は平成一二（二〇〇〇）年度、研究課題「人権・平和言説のエスノメソドロジーに向けての基礎研究」に対して日本証券奨学財団から受けた研究調査助成による成果である。

2　このビデオ概要は、わたしが映像を詳細に見ながら作成したトランスクリプトをもとにしているが、その際、ビデオに添付されていた『人権啓発ドキュメント　叫びとささやき』という冊子も参考にしている。そこでは映像の各場面に対応した簡潔な説明やナレーションが部分的におこされている。

〈帰国／定住〉ではなく、「居場所」を求めて
――ニューカマーのアイデンティティに関する試論

山本薫子

1　はじめに

二一世紀を迎えた日本社会はバブル景気に沸いた十数年前とはうって変わり、失業率は五パーセント以上を推移している。こうした経済低迷にもかかわらず、「三K」（キツイ、キタナイ、キケン）と呼ばれる建設・製造業などの現場ではアジア地域出身などの外国人の姿が変わらずに見られる。「不法滞在」と呼ばれる超過滞在者（オーバーステイ）の人数は年々減少してはいるが、あくまでも微減に過ぎない。[1] 一九八〇年代以降の日本経済をその根底で支えているのが超過滞在者を含む外国人労働力であることに異論を唱える者はもはやいないだろう。

そして、現在の状況についてまず指摘できることは日本での滞在が長期化している外国人の増加である。むろん、彼ら彼女たちの大半は当初からこのように長期にわたって日本に住み続けることを想定して来日したわけではない。多くの場合、家族を養うため、あるいはビジネスを始める資金を稼ぐためなどの理由で来日し、建設現場や中小の工場などで就労したものの予想したほどの収入を得ることができなかった、あるいは母国での就職が困難などの理由によって帰国を延期していく。たとえ帰国意思を持っていたとしても長期的に母国を離れてしまった結果、社会的経済的な基盤から切り離され「帰るに帰れない」状態となる者もいる。あるいは結婚などによる日本での家族形成、子どもの日本（語）社会への適応および母語・母文化喪失などの理由によって、結果的に、日本が生活の場

となっていく者もいる。

そうした外国人のなかには国外退去の危険を承知しつつ、今後の日本での生活や子どもの将来のために正規の在留資格を求めて行動を起こす者もいる。一九九一年に来日した後、在留資格の期限が切れたまま就労・生活し続けてきたイラン人男性は、一九九九年に在留特別許可を求めて家族とともに入国管理局に出頭した際の心情を以下のように語っている。[2]

家族の幸せを考えてもう一日、もう一日（の）思いで八年経った。でも本当は日本で八年いるときは（入管法に違反しているので）悪いけれど、悪い（ということは）わかっています。でも本当に反省しています、そのために。でも家族の幸せ（の）ために、私、八年経った。

私の子ども（は）顔見ればイラン人、でも心は日本人。ぜんぜん日本の文化とイランの文化違う。（子どもたちは）日本で育った、日本で大きくなった、日本の文化覚えた、日本の生活覚えた、日本で（日本的な）やり方やった、日本の食べ物、日本の…。何でも日本の。だから突然イラン帰ったらぜんぜん生活できないの。[3]

彼は母国で技術者として就労していたが、イラン・イラク戦争によって経済は疲弊し家族を養うのにじゅうぶんな稼ぎを得ることは困難であった。折しも日本は好況を謳歌している最中であり、労働力不足が深刻な社会問題となっていた時期でもあった。彼のように「家族を養うために」出稼ぎを目的として来日し、その後さまざまな理由によって帰国の機会を逸したまま、気づけば超過滞在のまま日本での生活が十年近い、という者は多い。

そして、親に連れられて来日したニューカマーの子どもたちの多くは、一般的に、滞日期間の長期化とともに言語的、文化的な「日本人らしさ」を獲得していく。上述のイラン人男性が自分の子どもについて語っているように、日本で育った子どもたちが言語、文化風習、宗教のまったく異なる母国で生活することは非常に困難を伴うと予測される。いっぽうで、母語や母文化と呼べるものを実質的に持たない子どもたちは成長とともに、日々、アイデンティティの揺らぎに直面する。

以下は、滞日長期化に揺れるニューカマーの外国人をめぐるアイデンティティの問題をとらえるための試論としてである。短期の出稼ぎ目的であったはずが気付けば十数年も日本で生活していた人々について、単に〈帰国／定住〉の枠でとらえることは果たして適当だろうか。現在の日本において彼ら彼女たちが抱える矛盾や迷いを描き出す作業によってこそ、「滞日」というアイデンティティの存在が明らかにできると私は考える。そして、そうした視点こそ、現在のニューカマーが直面している状況をとらえる上で必要となってくることではないだろうか。

なお、ここで主に用いるデータは私もメンバーとして参加した「神奈川県外国籍住民生活実態調査」の報告書に記載されたものである。そのほかにも必要に応じて各種インタビューによるデータを参考にしている。なお、各インフォーマントの氏名については筆者による仮名を用いている。

2 隠れ続けつつ根付いていく矛盾のなかで
——超過滞在者の事例

滞在長期化の傾向にあるニューカマーの外国人の口からたびたび聞かれることばが、自分の本当の「居場所」はどこなのか、という問いである。彼ら彼女たちはさまざまな文脈で「居場所」という表現を用いるが、そこで付与されている意味は必ずしも一致はしていないし、ときに矛盾したものであったりもする。

異国に暮らす外国人が「居場所」と感じられるもののひとつに、同じ国・地域出身者同士によって形成されるコミュニティがある。来日当初、慣れない異国での生活を維持しようとするなかで民族的・文化的にルーツを同じくする者同士が必要な情報を交換したり、物理的・精神的に支えあうために特定の場に集うことは往々にして見られてきた。また、同郷者を対象としたビジネスが展開されたり相互扶助を目的とする組織が形成されるなど、移民がホスト社会に参入していく際の社会的基盤として機能するようなレベルのものもある。

出身国・地域という共通性に加えて、宗教信仰という軸によってコミュニティを形成する例も見られる。たとえば、フィリピン人、ペルー人などはカトリック教会という場、信仰という共通性を軸にそれぞれに集い、情報交換や相互扶助を図っている。あるいは、外国人として日本社会で生活・就労するなかで直面するさまざま困難を解消していくことを目的としてニューカマーを主体とする組合活動やその他の社会活動も生まれている（山本 2001）。

言語あるいは文化的な同質性を軸としたコミュニティ

を形成しそこに集うことによって、外国人たちは仲間たちとの出会いや情報交換、ビジネスなどの機会を得る。一方で、日本での滞在が長期化していくにしたがってそうした場以外でそれぞれに社会関係を構築していく外国人も多い。その背景には、日本のニューカマーは自分たちのコミュニティのみで社会経済活動をじゅうぶん遂行できるほどの規模にない、という点が挙げられる。特に、超過滞在者が「日本人との対面的なネットワークの中でしか仕事を見出しにくい」ために「地域との接触を維持しながら日本で定住していく」（丹野 1999: 59）傾向にあることはすでに指摘されている。いつ退去強制となるかわからないという意味では不安定な存在なのだが、それでも滞在の長期化のなかで日本社会とのつながりは深まっていくのだ。外国人労働者として多くの生きにくさに日々直面しているにもかかわらず、日本の文化・習慣に馴染んでいることや帰国後の就職・生活設計の困難さから彼らの多くは日本での滞在を切り上げる決断がなかなかつけられない。

出稼ぎを目的として二十代前半で来日したパキスタン人男性ラフマンさん（仮名）は、十年以上にわたって関東地方で就労・生活してきた。彼は日本語も堪能であり、日本人の友人も多い。一見するとまったく日本での生活に溶け込んでいるかのように感じられる。多くの超過滞在者と同じように、彼も日本経済を底辺で支えてきたという自負を持っている。しかし、好況で労働力不足のときには超過滞在・資格外就労であることに目をつぶって外国人労働者を利用し、いったん不況となると即座に取締りを強化し、摘発する日本の外国人労働力政策のあり方に対して怒り、憤りを感じ、と同時にいつでも代替可能な歯車の一つとしてしか存在し得ない自らの立場の脆弱さについてもやり場のない思いを抱いている。

僕が来るとき、日本で働く人は（人数が）マイナスだったんですよね。人手が足りなかったからですよ。パキスタンから飛行機が到着するじゃないですか、あの（飛行機の）なかに二百人（が）乗ってて平均年齢は二十歳～二十二歳ぐらいの若い人なんですよ。「なんのために来ました、観光？」あそこに座ってる入管の人がそんなに馬鹿だと思いますか。全部知ってたんですよね。でも人手が足りないから（日本に）入れましたよ。

（中略）僕が十二年間日本にいて、もちろん自分の目的が最初なんですよ。だけど、たとえば三年前、最初に会社（を）辞めたいと言ったとき「会社には借金があるんですよ、もう少し待ってください」(と言われた) あのときは僕の目的だけじゃなかったんですよ。僕の会社の目的も(あった)。たとえば(会社の)借金がなくなったとき、僕の代わりの人がもし見つかったら「お前は首だ」って言われたら、もし同じ目にあったらどんな気持ちがしますか?(かながわ自治体の国際政策研究会 2001: 330)

日本の入国管理体制におけるそうしたホンネとタテマエの使い分けに気づき、また外国人労働力をある意味で「利用」して成り立っている現在の日本社会に対していくら怒りを感じていても超過滞在者である彼ら彼女たちには働き続けるか、帰国かの二つの選択肢しかない。そして、いつ摘発されるか、という不安を常に抱えて生活している。別のパキスタン人男性イクバルさん(仮名)も十年近くにわたって日本で就労・生活を続けてきた超過滞在者の一人である。

(いつ摘発されるか、という恐怖を感じたことは) あります。だから仕事場としても安心して仕事できない。なんかあったら会社としても(安心できないのではないか)。ぼくも、いま、けっこう(滞在が)長くなってこういうになっているけど、初めの頃もそうだったし、いまやってる会社がたまたまそういうふうになった(良い会社に巡り会えた)けど、そういう人は滅多にいない。ぼくの知り合いのなかにも何十人もいるけど、まず仕事行って帰ってくるみたいなもんで…。どこかで捕まって帰されてる人も何人もいるし…。だから本当はぼくも事故を起こしたときは、お巡りさん来てたけど自分で断った。そのときぼくの家には働いてない(同国出身の)人が五人いたから、もしお巡りさん来て彼たちに何かあったら自分のために彼たちが守れなかった(ことになってしまう)。(かながわ自治体の国際政策研究会 前掲書: 328-9)

しかし摘発を警戒するということとは別に、超過滞在という自分の立場を知らない相手に対して親しい関係を取り結ばないようあえて避けてみたり、ときに嘘をついて距離をとろうとする。前述のラフマンさんは、「オーバーステイ」である自身と周囲の日本人との関係のとり方、およびそこでの気持ちについて以下のように語っている。

みなさんはオーバーステイ、オーバーステイってすごく言うけれども、実際はね、この気持ち（は）わからないと思うんですよ。たとえば、近所のなか（で）挨拶しても誰も返事しないと（さっき）言いましたよね。だけど、近所に八百屋さんがいるんですよ。あの八百屋さんから一回も野菜買ったことないんだけど、挨拶するのは八百屋のおじさんだけなんだけど。「いってらっしゃい」とか「お帰りなさい」とか「今日は寒いですね」とかいろいろ言うのね。（中略）

たとえば、その週に花火があるなら「花火ありますね、見に行くんですか」とか。（自分が）「去年も行ったし、また行くかもしれない」って言ったら、彼が「うちのマンションが河の隣で、十階だからすごくきれいに見えるよ」って言ったの。それで（彼が自分の）電話番号（を）教えてくれて「来るんだったら来なさい」って言ってくれたの。僕は人が近づくと逃げる人なんですよ。なんで逃げるのかというと、原因があるんですよ。それはオーバーステイであるということ。相手はなにも知らないじゃないですか。（中略）

彼、何回か僕を誘って（でも自分は）いつも行かないんです。彼、なんか、日本の昔の踊りもやってるんですよ。ある日、ちらし渡して「（あなたが）来ないとわかるんだけど、一応渡しておきます、それでもしもし良かったら来なさい」と。でも家まで行ってしまうと、いろんな話になって。「お正月、国に帰るんですか」っていうことばが一番辛いんですよ。自分が帰れないことは辛くないのね。やっぱり嘘をつく。僕は嘘をつくのあんまり好きじゃないけど、「ビザがないから帰れません」っていきなり言えないし、それがばれないようにしないと。

（かながわ自治体の国際政策研究会　前掲書：325）

現在、超過滞在の外国人が正規の在留資格を獲得するいわゆるアムネスティの制度は日本にはない。しかしながら、超過滞在であっても日本人との結婚や日本人の実子を養育しているなどの実態が認められれば法務大臣の裁量というかたちで特別に在留を認められている（在留特別許可）。実際、日本人との婚姻により在留特別許可を申請・取得した超過滞在外国人の人数は増加の一途をたどっている[4]。しかし、超過滞在者の一部には、日本人の恋人がいたとしても、結婚を在特取得のための手段と見なされてしまうことに対して強く抵抗を感じている者もいる。ラフマンさんもそうした超過滞在者の一人である。

僕、結婚する相手がいます。でもどうしても結婚したくない原因があります。一つは二年前までにどうしてもビザ取って結婚したかった。相手は日本人です。でも僕はビザのために結婚したと思われたくなかったから、あの二年間はすごく頑張った。結局何もできなかったけど。僕、結婚したらすぐ日本（に住むのを）やめて自分の国に行きたいんですよ。（けれど）相手が僕のためにパキスタンで住みましょうと言ったとしても、相手の家族がいるじゃないですか、日本にはね。（中略）彼女が（自分の）親が病気でも友達の結婚式（のとき）でも、僕がパキスタンで働いて日本（へ）の飛行機代（を）稼ぐためには二十四時間働いて全部使わずに一年間貯金しなきゃならないんですよね。（かながわ自治体の国際政策研究会　前掲書：322-3）

彼はどうにかして結婚以外で正規の在留資格を得るための方法を模索していたのが、現行の制度では不可能であるとわかった。そのため、彼女との結婚についても決断がつかない状態でいるのだ。前述のイクバルさんも、帰国することによって日本で十数年間築き上げてきた社会関係から切り離されてしまうことへの危惧を語っている。

（いま一番）ほしいとものといったら、一回帰ってそのままもう一回来ると言ったら簡単に（ビザを）くれる（こと）。これくらいここにいたんだから。向こうに帰って、日本に来て十二年住んで、いろんな知り合った人もいるし、向こう帰ったら一回遊びに来ると思ったら（来ようと思っても）まず来れない。（中略）いまは日本で働い（ている）たから、来るといったら（この家に）来れるし、泊まるところもあるし、日本人の知り合いの人（にも会える）。（でも一回帰国してしまったら）一回会うといったら、一生会えない感じする。この十二年の間に会った人がもう二度と会わないことになっちゃう。それが一番つらい。それがどうにかしてほしい。（中略）

このくらい長くなっちゃうと、（日本での生活に）けっこう慣れちゃう。日本としてはつきあってる人たちもだいたい話が合ってるようになっちゃってるし。

（かながわ自治体の国際政策研究会　前掲書：329）

むろん、いくら何十人の日本人の友人をつくろうが、どれほど深い信頼関係を築こうが法的制度の枠内では彼らは超過滞在者でしかなく、摘発されれば即座に退去強制となる立場にある。そして超過滞在者にとってひとたび帰国することはすなわち長期にわたって来日が不可能となることを意味している。それは当事者である彼ら自身もじゅうぶんにわかっている。しかし、彼らは顔の見えない、得体の知れない存在などではない。これまでの生活を通じ、職場・地域のなかで「名前と顔の一致した関係」を一定程度築きあげてきているのだ。

長期にわたって滞日している超過滞在者の多くは、「十年以上も就労し住み続けてきた国にとって自分は何なのか、どういった存在なのか」という疑問を抱え続けている。そして、誰もその疑問に答えられる者がいないこと、そしていつか自らの意思であるいは摘発というかたちによって母国へ戻っていくだろうことも、彼らの多くは、深く自覚している。同時に、結婚や親子関係など日本人との法的なつながりを持たない超過滞在者が合法的な滞在資格を得ることが、現在の日本では困難であることも、同時に、深く理解している。

そうした身動きのとれない状態に置かれている彼らにとって先の見えない不安を抱えながら日本での生活を続けることは、一種の思考停止にも似た状態といえるかもしれない。日本で出会った人々たちとの関係は、安定した日常の中にあるかのように見えて、実はいつ切断されるかもわからない脆弱なものだ。超過滞在の立場であることを知られることによって相手との関係を気まずいものとしたくないがゆえに、適度な距離を保ち続け、決して親密になることはない。帰国後の生活設計が不透明なゆえに、また、日本の職場で責任ある立場を任されているために、なかなか帰国の決断がつかない。日本経済に貢献している自分を日本の社会、人々がもっと受け入れるべきだと望みつつ、現実的な不可能性を自覚している。むろん、滞日外国人をめぐる差別問題を世に問い、種々の権利を求める活動に積極的に参加する外国人もいる。しかし、おそらく大多数は、摘発されたときが帰国のときという、ある意味で決断を他人に預けた意識で日々を過ぎ去らせているのではないだろうか。

むろん、ここであげた事例のみによって超過滞在の外国人の全体像を映し出すにはじゅうぶんではないし、さらに詳細な質的データの取得および分析が求められてくる。「非合法」な存在である彼ら彼女たちは、いっぽうにおいて地域社会や職場のなかで一定の関係を築いている。そして、その矛盾が顕在化してくることは、これまで、なかった。本来は日本社会の内部で生み出されている、そうしたアンビバレントな状況や意識が大多数の日本人に見え、聞こえてくることもほとんどなかった。彼らはそうした葛藤や矛盾を抱えたまま、決して声に出すことなく、帰国して（させられて）いったからである。しかし、実際に彼ら彼女たちからは帰国とも定住とも割り切れない思い、ある意味で非常に中途半端な立場に置かれているがゆえの迷いが聞かれる。

滞日期間の長期化や日本人と結婚する者の増加率などは統計的な数値において示すことができる。しかし、それだけで彼ら彼女たちを日本へ「定住化」しつつある存在として片付けることができるだろうか。[5] むしろ、そうした容易な枠組みのなかでとらえてしまうことは、彼ら彼女たちが、結果的に、直面している「決断のできない状況」のなかでどのような自身を選び取ろうとしているのか、見失ってしまうことにならないだろうか。

3　学校での「居場所」、自分の中の「居場所」——ニューカマーの子どもたちの事例

自分の意思とは関係なく、親に連れられて来日した子どもたちがまず直面するのが「居場所」のなさである。中国出身の青年（二十代）は来日時を振り返って以下のように語っている。

（来日した当時）あのとき自分の居場所がなくなってたんですよね。日本の学校に行っても、どこに行ってもしゃべる人がいない、居場所がなかった。中国の友人と手紙のやりとりをしていて、一週間目はすごい手紙がきてたんですけど、いまは来ないし。来日二年目に高校に受かって、一度上海に帰った。会いたい人はたくさんいたけど、ぜんぜん変わっていた。親がいうことを実感した。中国がいやになった。日本人に近づきたくなって、日本語もどんどんうまくなってきたんですよね。けど、日本人とは話が合わないんですよね。よく話を聞いてみると。（「わたしたちのこと」編集委員会 2000: 13）

ここでまず指摘できることは、学校での「居場所」のなさである。これは現在のニューカマーの子どもたちをめぐる状況のなかでたびたび指摘されていることでもある。そして、日本語を習得し、学校に適応することができたとしても日本語を母語とする子どもたちと同じような条件で上

級校への進学を果たすことはなかなか容易ではない。宮島喬らが報告するように、高校進学を果たす、あるいは希望するニューカマーの子どもたちが増えているいっぽう、日本語力のハンディなどから彼ら彼女たちが実際に進学する高校はいわゆる「底辺校」、ないしは定時制・通信制の高校である場合が少なくない。宮島らはそうした状況を克服するためにサポート・グループや行政サービスをも含む学習支援策の必要性について論じている（宮島・鈴木 2000）。

こうした指摘の背景には、これまでも多く指摘されてきたように、少なくない人数のニューカマーの子どもたちが日本の学校にじゅうぶん適応できていないという事実がある。もともと日本語にハンディがあるうえに、校内で外国人生徒を対象とした特別授業やカリキュラムが組まれていないなど適切な教育的対応がなされていないケースが多く、結果的に不登校になったり、進学をあきらめたりする子どももいる。文部省の調査によれば、「日本語教育が必要な外国人児童・生徒」は一九九七年九月現在ですでに一万六千人を超えている。二十代のペルー人男性は学生時代に日本語の問題で苦労したと以下のように語る。

結局は学校で勉強でうまくいかないのは、日本語ができてないから。どうにもならないんですよ。数学はともかくできたとしても、国語とか理科も難しいですし、結局は、問題とか日本語で書いてあるわけで…。勉強、先生の説明も日本語で行なわれるわけですけれど、結局は日本語の習得が一番の問題ですからね。やっぱり厳しいですね。学校上の問題、どうしてほしいとかは、まああえて言うなら、環境ですかね。外国から来た子どもを受け入れる環境っていうか、それに対する友だちとか。もちろん、いじめもできますし、そういうの（いじめ）も見てみると結局（そのいじめが理由で）よけい日本語の習得が遅れますし…。（かながわ自治体の国際政策研究会　前掲書：243-4）

一九九七年に愛知県小牧市で日系ブラジル人少年が地域の日本人グループから集団リンチを受けて殺されるという悲惨な事件が起こったが、事件の背景には、地域の学校に適応できずドロップアウトしてしまう外国人の子どもたちの置かれている状況があったことが指摘されている（西野 1999）。少年の通っていた中学校は「外国人子女教育」に関して文部省から指定を受けた研究協力校（一九九六年から二年間）であったが、一九九六年に少年は中退している。日本では外国人子女に義務教育への就学義務はないため、ニューカマーの子どものなかには中学校、場合によっては小学校で中退してしまう者もいる。しかし、中学校就学年齢では日本では就職はもちろんアルバイトとしても雇用されないため、地域においても行き場のない状態となる。

滞日長期化にともなう子どもの母語喪失によって親子の間でコミュニケーションがとれない、日本語の話せない親に対して子どもが反発するなど、家族間での日本語習得の差は新たなトラブルの種となる。二十代のブラジル人男性は、日本語習得の違いによって家族の間で生じている問題について心配している。また、中国人の女性は日本語の不得意な親に対して思春期に反発心を抱いたという。

弟と妹は両親がポルトガル語で話しかけても、あまりわからないから日本語で答える。親子でコミュニケーションができないんです。自分の意見が通じなくて父はかなり心配しています。心が離れてしまう。それが大きな問題です。（かながわ自治体の国際政策研究会　前掲書：245）

（両親の日本語は）片言でね。それでね、家ではトラブルが絶えなかったよ。やっぱり子どもが小さいと飲み込みが早いから、それで私もお父さんとお母さんとよく喧嘩したんだけど、人が日本語で言ってると違った意味でむこうがとらえて、私が中国語で言うと向こうが意味がわからないらしくて、「くそじじい」とか言って。それは通じるからね。ぶたれるよ。…私が成長期の頃だと反発するじゃん。言いたいことは山ほどあるのに伝わらないし、向こうが中国語で何とか何とかって言っても、私は反抗期だから嫌で嫌で仕様がない。（かながわ自治体の国際政策研究会　前掲書：305）

いっぽうで、たとえ日本で生まれ、言葉や生活習慣の面で不便を感じないとしても日本での生活に異質感を抱き、帰国したいと口にする子どもたちもいる。

弟はもう完璧な日本語、日本で生まれたから。でも、弟は逆にね、俺と正反対で、結構国中心的で、さっき二種類あったけど、国中心で、帰りたいっていってる。…日本にねえ、適応できないっていうか、順応できないっていうか、日本がいまいち好きになれない。（かながわ自治体の国際政策研究会2001：310）

むろん、ここで挙げた事例だけでなく、ニューカマーの子どもたちのなかには本人の努力や周囲の協力の甲斐あって高校進学、大学進学を果たす者もいる。そして、その人数は増加しつつある。前述のペルー人男性は周囲の大学進学について以下のように語っている。

> 僕の友だち、ペルーの学校の友だちでも大学に行く人がぽつぽつ出てきてますね。前までいなかったのが、僕の想像以上に多かった。環境が良くなったからなのかはわからないですけど。差が開いてきている、とも言えるかもしれない。学校行かなくなる人と、大学行きたい人と。（かながわ自治体の国際政策研究会 2001: 250）

神奈川県内の公立学校の教室を利用して行なわれているポルトガル語教室は日系人などブラジル人児童を対象としたものであるが、年齢的にはその教室を「卒業」した中学生たちが顔を出すことがしばしばある。彼ら彼女たちは母語の取得を目的としてその場を訪れているわけでは決してなく、顔なじみのスタッフ、ボランティアなどに軽口をたたいたり、邪魔にならないよう後輩たちの様子を覗いたりして、長時間居座ることはない。文字どおり、顔を見せに来た、という程度である。しかし、彼ら彼女たちにとってその教室やそこで受け入れてくれるスタッフたちの存在は、ある意味で「居場所」だといえるのかもしれない。[6]

また、ニューカマーの若者の一人（女性）は地域の学習教室のもたらす意味について以下のように語っている。

> 私にとってこの教室は、一番落ち着く場所。なぜかっていうと、いろんな国の人がいるし、周りに、自分と同じようなルーツを持つ、同じ気持ちの人もいるし。学校行けば、日本人の子とは違ってて、日本人の子には、やっぱり、変な目でガイジンってみられた時期があって。でもここに来ると、ボランティアの人たちがいて、外国籍を持つ私たちの気持ちをわかろうとしてくれるし、自分が自分でいられる場所でもある。（かながわ自治体の国際政策研究会 2001: 298）

彼女は、その教室で「自分が自分でいられる」と感じるいっぽうで、学校などでは「日本人ではない」自分、周囲との差異を強く意識させられている。彼女にとって「自分でいられる」とは、「日本人」社会で生活するなかで感じる居心地の悪さ、異質なものを見るかのように周囲から向けられるまなざしから解放される場面であろう。日本人のように立ち居ふるまい、日本人と同じように日本語がうまく話せるようになり、日本人と同じように進学、就職を果たしていく。そうした「日本人と同じ」であるようになることを学校や地域社会から、暗黙のうちに、求められ、日本社会において望ましいとされる社会移動のパターンをなぞりつつ、それでもそこが自分の「居場所」だとは思えないでいる。

言葉の問題などさまざまな障害に屈せず、勉学に勤しんで高校受験に合格し、さらに大学進学を果たせばそれは、一般に、周囲が見習うべきお手本と見なされる。いっぽうで、小・中学校の授業についていけず、ついにはドロップアウトしてしまう、あるいは定職につかない（つけない）で日中、仲間同士で集まって時間をつぶしたりしているような子どもたちについては、学校という制度の枠のなかにおいても地域においても「問題」としてとらえられる。しかし、成功例としてのマイノリティ像、いわゆる「モデル・マイノリティ」を提示することはすなわちドロップアウト組の輪郭を浮かび上がらせる効果をも有している。つまり、現在のニューカマーの子どもたちを見た場合、彼ら彼女たちが自らの人生をスタートさせていこうという時期に生じる成功も失敗も、本人の意図とは無関係に「移民のサクセスストーリー」あるいは「移民ゆえの社会病理」という二極の枠のなかで理解されていってしまう。というより、マジョリティの側がそのようなわかりやすい図式でとらえ、理解した「つもり」になることを好むのだ。

ビル・ホワイトは、イタリア人スラムに住む青年たちに関して参与観察にもとづくモノグラフを残しているが、そこでは大学進学を果たしたカレッジボーイズと二十歳を過ぎても安定した職に就くことができずに街中で仲間同士たむろしているコーナーボーイズという、同一空間にいながら価値観や志向性の異なる二つの集団が登場する。イタリアからの移民一世を親世代としてアメリカで育った彼らはときに、他のアメリカ人と同じように、親を「イタ公（greasers）」と呼び、自分の親に強い愛着も抱いているが軽蔑もしている。そうした矛盾のなかでアメリカ人として生きる彼ら（コーナーボーイズとカレッジボーイズ）は、移民の子供であること、マイノリティであることを別々の視点でとらえ、それぞれに価値づけた軸にしたがって社会移動を果たしていく（Whyte 1993=2000）。

これまで、いわゆるオールドタイマーである在日韓国朝鮮人についてアイデンティティ構築過程や揺らぎについて考察した先行研究はいくつか見られる（福岡 1993）。日本語を母語として日本で生まれ育った在日二、三世のアイデンティティ構築過程とは、将来にわたって住み続けるであろう日本と民族的なルーツのある韓国朝鮮という二極の範囲だけにあるのではなく、「在日」という生き方をめぐるさまざまな葛藤、そしてそこで選び取っていくものの中に位置づけることができる。狩谷あゆみが事例をあげて指摘しているように、在日韓国朝鮮人の若者のなかには親など年長世代のなかに見られるライフスタイルを「いかにも朝鮮人」と呼んで否定的にとらえている者がいる。彼らは上の世代と別の生き方を探したいと願いつつ、しかし自分が結局は親たちと同じような道を歩む（あるいはすでに歩んでいる）ことを気づいてもいる（2000: 212）。

在日朝鮮人三世のある青年（二十代）はニューカマーである友人たちと自らの違いについて以下のように語っている。

オレたちが二世三世の外国人だとしたら、Dたちは自分の育ってきた国の文化と日本の文化の違いに悩むと思うんですよ。でもオレみたいな在日外国人っていうのは、自分の中の居場所を求めることで悩むと思うんですね。日本の中でいかに朝鮮人であるかっていう。たぶんその差だと思う。（「わたしのこと」編集委員会 2000: 29）
（文中アルファベットは筆者による仮名）

それぞれ在住にいたる歴史的経緯は異なるものの、すでに特定の地域において集住と呼べるほどの人数的規模で生活しているニューカマーもいる。たとえば、神奈川県、群馬県、愛知県などには日系ブラジル人を中心とする集住地域がいくつか存在している。現在のニューカマーの滞在長期化の傾向を見れば、各々の地域においていわゆる滞日二世、三世の世代が生まれてくるだろうことも予想される。では、誰がコミュニティにおける次世代の担い手となっていくのかと問うたとき、現在の段階では明確な答えは存在しないだろう。ニューカマーの子どもたち一人一人が日本社会と自らの接点をどこに位置づければよいのかという疑問を抱え、日本社会でこのように在りたいという志向性を獲得していく過程を、そこで生じる矛盾もともに、とらえることこそが彼ら彼女たちのアイデンティティおよびその構築・変容について知ることを可能とするのだ。

4　結語に代えて
――「滞日」というアイデンティティの行方

　二〇〇二年一月、インタビュー・データに登場する超過滞在者の男性が前年末に摘発され、入国管理局の施設に収容されたことを知った。二十代前半で来日し、十年以上を日本で過ごした彼は日本語が堪能であることはもちろん、日常的なライフスタイルのほとんどは同年代の日本の若者と変わらない。この人は母国での生活に再適応できるのだろうか、と逆に思ってしまうほど、日本での生活に溶け込んでいるように感じられた。しかし、彼の日本での生活や就労が合法的に認めることは、現行制度の下では、ありえない。そうした自分の立場を自覚し、それでも帰国の決心がつきかねる。自分たちを都合のよい労働力として使い捨てる日本の政府や社会に対する憤り。「存在していないはずの存在」として隠れ続けることと、会社や近隣で確実に社会の一員として地歩を築いていくことの矛盾。彼へのインタビューで感じたことはそうしたアンビバレントな意識であり、しかしどうすることもできないという諦めに似た感情であった。退去強制というかたちでの帰国を彼はどのように受け止めるだろうか。

　これまで日本で生活する外国人労働者は帰国するものという前提のなかで語られてきた。それが、一九九〇年代半ばから結果としての滞在長期化を受けて「定住化」という意識が「発見」されることとなった。しかし、実際に彼ら彼女たちの声に耳を傾けてみると、実際には「帰るに帰れない」状態と呼ぶほうが適切であるようだ。彼ら彼女たちの多くはこの中途半端な滞日のスタイルを継続しながら、しかし同時に周囲との人間関係を築きつつ、職場ではしだいに責任ある仕事を任されるようになる。けれど、十年以上日本で生活しているにもかかわらず、将来を見越して住居など住環境を整備することもできない。超過滞在者であれば、いつかは捕まって帰国するだろう、という予測が常に頭から離れず、結果として生活設計の見通しが立てにくい。

　彼らの大半は「可能ならば母国で生活したい」と口を揃えて言う。それが不可能であるのはそれぞれの母国が置かれている社会・経済的状況に起因するのだが、意図に反する結果であっても、日本での滞在が長期化していくことは彼ら彼女たちの生活や将来に大きな影響を及ぼす。

そのひとつがニューカマーの子どもたちの教育をめぐる問題であり、アイデンティティの問題であるのだ。

私自身は中学生時代を米国ロサンゼルスで過ごしたのだが、通った学校は生徒の三分の二以上が外国育ちという環境であった。場所柄、転校・転入の頻度も激しく、同級生の言語・文化的バックグラウンドはさまざまであった。しかし、学校教育のなかで貫かれていたのは早く英語を身につけ、アメリカ的な文化習慣に馴染むこと、「アメリカ人」のように振舞えるようになることが望ましい外国人生徒像とされていたように思う。実際、英語を母語としない子どもたちのために補習クラスが設けられていたが、それは三段階に分けられていて一クラスずつレベルアップしていき、最後に一般のアメリカ人クラスに入れることがゴールであった。上昇していくことは正しいのだと疑いもせずに信じていた当時の私にとって、米国での生活が数年にも及ぼうとするのにいまだ一番下のクラスにとどまっている生徒たちの存在は信じられないものだった。彼ら彼女たちは仲間同士で母語を話し、今以上に英語を習得しようという気配もなく、上のレベルに進級したいという意欲も持っていないように感じられた。しかし、今になって振り返れば当時の私は「日本（人）的なもの」に嫌悪すら感じ、「アメリカ人らしくなりたい」とすら願っていたのだ。これは英語が話せないことによって幼児のような扱いを受けることの屈辱感ゆえにほかならないのだが、しかしいくらことばが流暢になったとしても周囲は自分を決して日本人以外には見ないし、まして「アメリカ人」にはなれないのだということについても次第に、薄々ながら、自覚していくこととなる。けれど、では果たしてどこに自分の「居場所」があるのだろう、自分の拠るべきアイデンティティとは何なのかという疑問の壁に行く手を塞がれた思いを抱いたことを鮮明に記憶している。

米国の、それも十数年以上前の個人的な事例を現在の日本に当てはめようとするのが乱暴であるのは言うまでもない。しかし、過去から現在にいたるまで外国人に対して「日本人らしさ」を暗黙のうちに要求しつつ、異質のまなざしを向けることを決して止めない日本（人）社会というものを見たとき、外国人の若者たちのなかに当時の自分と同様の「居場所のなさ」を感じ取る瞬間があるのは事実だ。たとえ定住者・永住者資格、日本国籍を取得しようとも、日本社会の大部分にとって彼ら彼女たちはあくまでも「日本人ではない」存在として認識され続けるだろう。けれど、いっぽうでは、マジョリティにとって「わかりやすい」マイノリティであること、つまり社会が思い描くマイノリティ像の枠内に収まりきることを要求され続ける存在でもあるのだ。

しかし、個々人のライフヒストリーを辿ってみたとき、そうした「わかりやすさ」ばかりで構成されていることのほうがむしろ稀である。多くの場合、マジョリティである私たちは「わからないもの」、「理解不能なもの」について は見えないふりをして社会の外部へと切り捨てる行為を続けてきた。しかし、現在、さまざまな矛盾を抱えながら日本で生活を続けているニューカマーの外国人たちについて、特にそのアイデンティティ構築についてアプローチしようとする場合、「わかりにくさ」を容易に理解可能なことばに翻訳するのではなく、原語のまま記述し、「わかりにくさ」の所在を見出そうとする努力こそ求められているのではないだろうか。

注

1　法務省入国管理局の電算統計にもとづく推計によると、二〇〇〇年一月一日現在の「不法残留者」数は二五一、六九七人で、前回調査時（一九九九年七月一日）と比較すると一六、七二四人（六・二パーセント）の減少となっている。

2　一九九九年九月、超過滞在の家族および個人が在留特別許可を求めて集団出頭し、そのうち一部には在留特別許可が認められた。その後、何度かにわたって集団出頭するグループもいたが、その大半には在留特別許可は認められていない。詳細については（駒井ほか 2000）。

3　NHK「ホリデーにっぽん」（二〇〇〇年五月五日放送）でのインタビューより。括弧内は筆者。

4　一九九九年に可決された改定入管法では不法滞在罪（残留罪）が新設され、退去強制後の再入国拒否期間が長期化された。いっぽうで、付帯決議として「被退去強制者に対する上陸拒否期間の伸長、不法在留罪の新設に伴い、退去強制手続、上陸特別許可、在留特別許可等の各制度の運用に当たっては、当該外国人の在留中に生じた家族的結合等の実情を十分配慮し、適切に措置すること」に対して格段の努力を図ること、とされた。むろん、これはあくまでも裁量の範囲にとどまるものであるが、婚姻など日本人との間で家族形成を果たした超過滞在の外国人を主な対象とした内容であると指摘できる。

5　ニューカマーの外国人の「定住化」をめぐる議論についでは（山本 1999）を参照のこと。

6　二〇〇〇年十月、参与観察によって得たデータより。

文献

福岡安則 1993『在日韓国・朝鮮人――若い世代のアイデンティティ』中央公論社。
梶田孝道 1999「出稼ぎ一〇年後の日系ブラジル人――一九九八年の日系人労働者アンケート調査に基づく再検証」『国際関係学

研究』25、一―二三頁。

かながわ自治体の国際政策研究会2001『神奈川県外国籍住民生活実態調査報告書』。

狩谷あゆみ2000「『在日である』／『在日をする』／『在日になる』――在日韓国朝鮮人の若者のアイデンティティについて」『広島修大論集』41-1、一九七―二一七頁。

コガ、エウニセ・A・イシカワ1998「来日日系ブラジル人子弟の教育とアイデンティティ――出稼ぎ現象の中の子どもたち」『年報社会学論集』11、七一―八二頁。

駒井洋1999『日本の外国人移民』明石書店。

駒井洋ほか編2000『超過滞在外国人と在留特別許可――岐路に立つ日本の出入国管理政策』明石書店。

町村敬志1999『越境者たちのロスアンゼルス』平凡社。

宮島喬・鈴木美奈子2000「ニューカマーの子どもの教育と地域ネットワーク」宮島『外国人市民と政治参加』有信堂、一七〇―一九四頁。

文部省1996『平成七年度日本語教育が必要な外国人児童・生徒の受け入れ状況等に関する調査』。

西野瑠美子1999『エルクラノはなぜ殺されたのか――日系ブラジル人少年・集団リンチ殺人事件』明石書店。

太田晴雄2000『ニューカマーの子どもと日本の学校』国際書院。

志水宏吉・清水睦美編著2001『ニューカマーと教育――学校文化とエスニシティの葛藤をめぐって』明石書店。

丹野清人1999「外国人労働者の法的地位と労働市場の構造化――日本における西・南アジア系就労者と日系ブラジル人就労者の実証研究に基づく比較分析」『国際学論集』43、四三―六三頁。

「わたしたちのこと」編集委員会1999『聴くことの場――認めあうことを願いつつ語った「わたし」たちのラブコール』(財)神奈川県国際交流協会。

Whyte, William F., 1993, *Street Corner Society: The Social Structure of An Italian Slum* (Fourth Edition), The University of Chicago Press. 奥田道大・有里典三訳『ストリート・コーナー・ソサエティ』有斐閣、二〇〇〇年。

山本薫子1999「『定住化する外国人』とは誰か――法的滞在資格との関連で」『社会学論考』20、二一―四三頁。

山本薫子2001「『助けられるだけ』の存在を超えて――ニューカマー外国人による互助活動の試み」鐘ヶ江晴彦『外国人労働者の人権と地域社会――日本の現状と市民の意識・活動』明石書店、一九一―二一〇頁。

関連ホームページ
法務省　http://www.moj.go.jp

Ⅲ「ふりかえる」

身体というジレンマ
――障害者問題の政治化はいかにして可能か

倉本智明

1　はじめに

障害者について語ろうとするとき、必ずといっていいほどついてくるのが医療であり福祉である。現在、「障害者問題」と言えば、医療や福祉の問題だというのが大方の人びとにとっての一般的なイメージだろう。これに教育が加わると、障害者問題のトライアングルができあがる。人びとは、障害者に関わる問題をこの三角形の内部で語り、医療技術や教育方法の革新、福祉制度の充実にその解決を託してきた。障害・障害者についての学問研究が、もっぱら医学や福祉学・教育学といった領域を中心になされてきたことからもそのことはうかがえる。

そして、このトライアングルの中心に位置するのが身体だ。ここでいう身体とは、感覚機能や認知・精神活動などをも含んだ広義のそれである。治療やリハビリテーションはもちろん、行動変容を通じ現行社会への適応をめざす旧来的な障害児教育や障害者福祉実践も、身体に問題の根拠を求めることで初めて障害者問題との接点を獲得する。要するに、障害者問題とは、端的に言って身体の問題として理解されてきたのである。あるいは、もう少し厳密に、近代の知がそれと支持するものとしての身体上の「欠損」と能力の「不足」に起因する問題として構築されてきたと言い換えてもいい。

本稿の課題は、そのような問題として理解され語られてきた障害者問題を、社会的・政治的な主題として再定位する方途について、主にイギリスにおける障害学

（Disability Studies）[1]の経験に学びつつ考察することである。イギリス障害学は、身体を問題の圏外へと追いやり、差別・排除という視点を導入することで障害者問題の政治化をめざした。しかし、そこには予期せぬ陥穽がひそんでもいた。

以下、2節ではまず、障害者に関わる問題を社会問題化することの困難について、障害者の置かれた位置との関わりで簡単に述べる。3節では、障害者問題を政治化するための理論的回路を開いた社会モデル（Social Model）の考え方について確認する。その上で、4節で、障害学内部から上がった社会モデル批判、なかでも身体に関わってのそれを検討し、課題を明らかにしたい。

2　障害者差別を問題化することの難しさ

差別が、障害者に関わる主題として、日本やイギリス、アメリカ合州国など、先進資本主義諸国で本格的に問題化するのは、一九七〇年代以降のことである。その端緒は、この時期を前後して、さまざまな領域で芽をふいた「新しい社会運動」のひとつとしての「新しい障害者運動」による異議申し立て活動を通じてひらかれた。[2]しかし、同じ先進資本主義社会における差別現象でありながら、女性差別やエスニシティに関わる差別、部落差別などに比して、その社会問題化の時期はいかにも遅い。

江原由美子は、さまざまな差別に共通して認められる形式として、①差別とは複雑強固な意識的・言語的装置であること、②実態をもたない恣意的な「標識」にすぎない「差異」が、「差別」の根拠にされてしまうこと、③差別とは排除であり、差別する者とされる者の関係は非対称であること、を挙げ、その論理にからめとられ、差別を告発することがいかに困難であるかを述べた（江原 1985）。また、山田富秋は、差別する側とされる側をひとつの関係に編成していく権力作用が、私たちのカテゴリー化実践を通じて日々再生産される「支配的文化」のもとで自明のものとされ、不可視化されてしまうことを指摘する（山田 2000）。あらゆる差別が一様にこうした構造や傾向をもつなか、なぜ障害者に関わる差別の問題化が、他とくらべ遅れることとなったのだろうか。

ひとつには、クレイムを申し立てようにも、その排除の徹底ぶりからクレイム申し立てのための回路が物理的に閉ざされてしまっていたという事情がある。生産からの排除と、それと一対をなす家族・施設への囲い込みは、障害者が財や情報にアクセスすることを著しく困難にした。とりわけ、重度者[3]におけるそれは文字どおりの物理的な拘束であり、公領域からの排除だけでなく、私領域における人的接触や移動、情報の入出力に対してすら、極度の制限が課せられたのである。座敷牢やそれに等しい幽閉、山中の施設への隔離と管理、そうした露骨な取り扱いがない場合でも、アクセシビリティのわるさや人びとの否定的なまなざしは、障害者が自由に交通し、人と交わり情報を交換する機会を奪ったろう。

　加えて、そうした環境は、クレイム申し立てのために必要な文化資本の蓄積をも阻害する。偶然性を期待するのでない限り、社会のメインストリームにむけて問題を告発するためには、ある程度メインストリームで流通可能な言語やスタイルを獲得する必要がある。[4]主流文化や支配的な価値観を相対化することなしには、肯定的なアイデンティティを手にしづらい多くのマイノリティにとって、時にこれはジレンマとなる。しかし、この問題を避けて通るわけにはいかない。でなければ、ローカルな枠を超えて、問題を問題として自らのヘゲモニーのうちに構築することは難しい。

　多くの障害者は、長い期間学校教育から排除されてきた。そのなかのある部分は、初等教育を受ける機会すらもたなかったのである。各種障害児学校は、一方で、障害者をひとつ所に集めることによって、障害者のコミュニティ／ネットワークの形成を促進するという意図せざる積極面をもってきた。だが、将来の可能性や一部ろう学校など例外はともかく、過去および現在におけるそれは、本質的には、障害者を無力化・無害化し、社会の周縁部に追いやるイデオロギー装置でしかない。そこでめざされるのは、有用な文化資本の獲得でもなければ、メインストリームの知を相対化する力でもなく、現行社会秩序にとってなるだけノイズとならないよう障害者を隔離し、あるいは、つくり上げることである。

　学校教育だけではない。家族のなかにあっても、多くの場合が健常者である親は、わが子である障害者の可能性を過小評価し、もしくは、「社会」への過剰なまでの適応を要求し、「善意」からであれなんであれ、あらかじめ別トラックの教育を行うことで、健常者なら通常受けとれるはずのものを障害者が受けとるチャンスを奪ってきた。メインストリームで通用する資本を手にすること、主流文化と親和的なハビトゥスを獲得することが好ましいことであるかどうかはともかく、ゲームに参加するための掛け金をもたないということの意味は押さえておく必要がある。

ただ、そうしたマテリアル／エコノミカルな要因のみによって、障害者差別の社会問題化が先送りされてきた理由を説明することはできない。そこには、近代社会に特徴的なイデオロギーと解放の戦略をめぐる問題も関与している。能力主義とどうむきあうかがそのひとつである。

非常に大づかみな言い方になってしまうが、反差別言説のなかの少なからぬ部分は、能力主義を属性主義に対置することで、自らの主張の正当性を担保する戦略をとってきた。実際、その評価はともかく、そういった理念のもと、状況の変化ももたらされたわけである。しかし、障害者にとって、能力主義はそのままでは利用可能なリソースとはならない。むしろ、それは差別を正当化する論理であり、差別そのものなのである（立岩 2000）。この能力主義を問題化することで、日本の障害者運動は、旧来のそれと訣別し、新しい質を獲得したと言ってもいい（立岩 1998）。

ところが、今日、障害者インターナショナル（Disabled People's International: DPI）に代表される国際的な障害者運動主流は、日本のそれをも含め、「機会平等」という一見能力主義と親和的なテーゼを前面に掲げ運動をすすめている。このことをどう解釈したらいいのか。

障害者に関わる機会均等法の先駆であり典型である障害をもつアメリカ人法（Americans with Disability Act: ADA）は、こうした運動の延長線上に成立したものである。だが、ＡＤＡに盛り込まれた「適切な配慮」（Reasonable Accommodation）という概念は、それが旧来的な意味での能力主義とは異なるものであることを示唆している。つまり、ＡＤＡにおける「適切な配慮」とは、資格のある、つまり、当該業務における本質的部分についての職務遂行能力を有する障害者が、その業務を遂行するにあたって必要とする人的・物的な補助であり、雇用主側がその供与を拒否することは差別として禁止される。

たとえば、視覚障害者が教職に就くといったケースを想起していただきたい。このとき、授業を行い、あるいは、必要に応じて学生の生活指導にあたることは、教員としての本質的な職務であり、その能力をもたない者の採用を拒否することはＡＤＡにおいても合法である。しかし、教員の職務のなかには、テストやレポートの採点、学内事務に関わる書類の処理など、手書き・印刷物を問わず視覚的な文字を扱わねばならない場面が多々ある。そういった場合、視覚障害をもつ者は、答案やレポートを読み上げたり、書類への記入を代筆するアシスタントを必要とする。「適切な配慮」とは、こうしたものを指す。レポートの内容を評価し、点数をつけることは、教員にとっての本質的な職務かもしれないが、そのために情報をインプットする作業はそれには当たらない。それができないからといって、採用を拒否することは違法となるわけである。

これは旧来の能力観を一歩踏み越えた考え方である。

従来、能力は、成人（男性）健常者の身体を基準に一本のモノサシにより測定されてきた。そこでは、人はみな、目で読み、口で話し、足で歩くことが当然の前提となっている。しかし、それでは測量結果にどうしてもくるいが生じてしまう。少なくとも、障害者たちの目にはそう映る。「適切な配慮」という概念はいわば、その測定結果を補正するためにもち込まれた補助的な測量道具である。それは、成人（男性）健常者をモデルとした能力観を全面的に否定するものではないし、ましてや能力主義そのものを乗り越えるものでもない。けれど、そこには、能力主義に内在する矛盾を問い返す契機が内包されている。なにより、こうした仕掛けを考え出すことで、障害者はそれまで自分たちの存在をおびやかす有毒物質でしかなかった能力主義を、有用な薬剤として利用する可能性を手にしたのである。

もちろん、実際に、それが差別の解消にむけての橋頭堡となりうるかどうか、いまのところ、先行きは不透明である。[5] 逆に、障害者をよりいっそうきびしい状況に追い込むものとなるかもしれない。[6]

そもそも、ラディカル・フェミニズム以降のフェミニズムによるリベラル・フェミニズム批判が明らかにしてきたように、ジェンダーその他をめぐっても、能力主義の適用・徹底がマジョリティとマイノリティの間の非対称な関係を是正し、差別の解消をもたらすわけではない。けれど、能力主義の適用・徹底が、いまある状況を別なそれへと書き換えることはある。構造そのものに変動はなくとも、局面が変わることで主体のおかれた条件が変化することは充分にありうるはずだ。そうしたなかで、かつては予想だにしなかったプラティックが産出されるといったこともあるだろう。変化とは、そうしたところから始まるものではないのか。近代の主導原理であり、マジョリティを巻き込んだヘゲモニーの形成が相対的に容易な能力主義を徹底化するというテーゼは、そうした意味で有効性をもつ。

ともあれ、女性やエスニック・マイノリティ、セクシュアル・マイノリティ他にとって、限定的ではあるにせよポジティブな契機となりうる能力主義が、障害者にとっては、少なくとも旧来のそれそのままではマイナスの意味しかもたず、そのことが障害者差別を差別として語り、人びとに問うていくことを困難にしてきたひとつの要因であることをひとまず確認しておきたい。

3 倒立する身体と社会

こうしたなかで、障害者のおかれている状況を差別・抑圧の問題として主題化し、社会という文脈のもとに語る回路を切り拓くことに大きく貢献したのが障害学、わけてもヴィク・フィンケルシュタインによりその基礎が築かれ、のち、マイケル・オリバーらによって理論の精緻化をみ、イギリス障害学の機軸をなすに至った「社会モデル」という考え方である。

障害に関する定義として、一般に一番よく知られ、用いられてきたのは、WHOが一九八〇年に「試案」として公表した国際障害分類（International Classification of Impairments, Disabilities and Handicaps: ICIDH）だろう。二〇〇一年に新しい版へと改訂され、名称もICF（International Classification of Functioning, Disability, and Health）と改められたが、本質的な部分では、前ヴァージョンの考え方が継承されている。[7]

ICIDHは、WHOが用いてきた国際疾病分類（International Classification of Diseases: ICD）だけでは障害への対応は不十分であるとして提案されたもので、障害を三つの階層にわけて理解するものである。その三つとは、①インペアメント（Impairment）、②ディスアビリティ（Disability）、③ハンディキャップ（Handicap）であり、インペアメントとは、心理・生理・解剖学上の構造や機能の欠損・異常を指す。ディスアビリティとは、人間として正常と考えられる活動を行うための能力の制限や欠如であり、ハンディキャップは、それぞれの性や年齢・社会的条件に応じた正常な役割遂行を阻害するもの、不利益を意味する。この三者の関係は、インペアメントがディスアビリティをもたらし、さらにそれがハンディキャップを発声させるという因果連鎖として理解される（WHO 1980）。手指が自由に動かないために（インペアメント）、文字を書くことができず（ディスアビリティ）、進学や就職が困難となる（ハンディキャップ）という考え方である。

こうした見方を「個人モデル」(Individual Model)、あるいは、「医療モデル」(Medical Model)として社会モデルは批判する。

社会モデルは、ポール・ハントのよびかけにより結成された反隔離身体障害者同盟(Union of the Physically Impaired Against Segregation: UPIAS)の活動のなかから生まれた(Oliver 1996)。その牽引役をつとめたのが、UPIASの中心メンバーであり、英国ニューレフトの理論家たちが数多く教鞭をとったことでも知られる労働者教育のための通信制大学・オープンユニバーシティで、七〇年代中葉から障害関連の講義を担当したヴィク・フィンケルシュタインである。さらに、資本主義の発展が障害者への差別・抑圧をもたらしたとするフィンケルシュタインの主張(Finkelstein 1980)を支持しつつも、テクノロジーの進歩がその解消を招来するとする彼の、「生産力決定説」ならぬ、いわば「技術決定説」とでも言うべきオプティミスティックな見通しを批判し、イデオロギーと制度という二つの側面から障害者の排除と抑圧についての理論を構築したのがマイケル・オリバーである。

オリバーによれば、障害者に対する社会的抑圧は、資本主義的生産様式のもとでの産業化と、近代に支配的な個人主義イデオロギー、ならびに、医療イデオロギーがもたらしたものだという(oliver 1990)。資本主義的生産の発展にともなう労働の個人化は、生産に不適当な人びとを労働市場から排除する。[8]そうして排除された人びとは、治療・更正に専念すべきものとして医療に囲い込まれ、排除は正当化される。このようにして人びとは、健常者と障害者に分節されるわけである。

つまり、ICIDHが言うように、まず「見えない目」や「動かない手」があって、それが就労困難という社会的な不利益をもたらすわけではなく、社会的な排除が先にあって、それを正当化するために身体に関わる言説が動員されるのだと社会モデルは主張する。生産を中心に編成されたこの社会では、生産からの排除、労働力商品として「欠陥品」であることは、社会のその他の領域においても、程度の差こそあれ、排除や存在の不可視化、価値剥奪の対象となることを意味する。健常(者)―障害(者)という非対称な関係は、こうして社会をあまねく貫く。

ここで用語法についての説明を加えておきたい。というのも、WHOと障害学では同じことばを異なった意味で用いているからだ。まず、ICIDHにおいて「インペアメント」とよばれているものと「ディスアビリティ」とよばれているものを、障害学、ならびに、英国障害者運動ではひとくくりにして「インペアメント」とよぶ。両者の厳密な切り分けは不可能だという理由からである。つぎに、ＩＣＩＤＨで「ハンディキャップ」とよばれているものは「ディスアビリティ」と置き換えられる。英語のネイティブ・スピーカーにとって、handicapという語は侮蔑的な響きをともなうためだという（長瀬 1996）。以後、本稿中で用いる「インペアメント」「ディスアビリティ」は、この障害学の用法にしたがうものとする。

障害学におけるこうした用語法の採用は、ただことばを置き換えるだけにとどまらない意味をもっている。インペアメント／ディスアビリティ、つまり、身体／社会という二分法をとることで、問題の所在を明確化したのである。問われるべきは社会であり身体ではない、これが社会モデルの端的な主張である。[9]

個人モデルは、そこのところを倒立して理解していた。社会は身体の残余としてしか扱われていない。たとえば、今日、バリアフリーやユニバーサルデザインが叫ばれ、「駅にエレベーターを」といったことが言われる。財政的な問題を横に置くとすれば、もはや、この主張に反対する者はおそらく少数派であろう。しかし、その論理は、大抵つぎのようなものではないか。「人は通常階段の昇降に不自由のない足をもっているのがふつうである。けれど、なかにはそれができない者もいる。治療やリハビリテーションによって階段を上り下りできるようにすることが望ましいが、残念ながら現在の医療技術ではすべての人をそのようにすることは難しい。ゆえにエレベーターも必要だ…」。もしそのように考えるとしたら、それは典型的な個人モデルの発想である。そこでは、なぜ階上や階下への移動手段として階段しか用意されていないのかが問われていない。人はみな階段の上り下りができて当たり前、そうでない者は、例外的な、特別な人間として取り扱われるのである。

そうではないことを、社会モデルは指摘する。その主張を敷衍するなら、さまざまに存在する人びとのなかから、現行の社会制度にとって不都合な人びと、ノイズとなる人びとを取り出し、そこに「異常」「例外」というラベルを貼りつけ排除し、残ったものに「正常」「標準」という名前を与え、それを基準に社会を構成するあらゆるものが組み立てられていく、そこにこそ問題があるということになろう。そもそも階段しか昇降手段がないこと自体が「異常」なのであり、決してその上り下りができない人びとが「異常」なのではない。

試しに、階段もエレベーターもエスカレーターもないビルのことを想像していただきたい。もし人びとの多くが、ペガサスのように背中に翼をもつ世界があったとしたら、そのような建築物が存在しても不思議ではない。しかし、翼をもたぬ私たちにとって、これほど不自由なことはあるまい。そこでは、いまこの稿を読みすすめている読者のすべてが障害者である。他人の手を借りない限り、ただ地べたをもそもそうろつくことしかできない「飛行障害者」の群れを、鳥人間たちは空から眺め、哀れみの表情を浮かべることだろう。

まとめよう。個人モデルが治療やリハビリテーションによる「解決」の残余としてエレベーターの設置の必要性を言うのに対し、社会モデルは、エレベーターその他、多様な人びとの多様な身体に対応した多様な移動手段の確保だけが問題を解決すると主張する。エレベーターの設置を肯定するという点では、両者の見解は一致する。けれど、そのロジックは一八〇度異なるものだという点に注意をはらう必要がある。

表　個人モデルと社会モデル

個人モデル	社会モデル
個人的悲劇理論	社会的抑圧理論
個人的問題	社会的問題
個人への処遇	社会運動
医療化	セルフヘルプ
専門家支配	個人と集団の責任
専門知識	経験
個人的アイデンティティ	集団的アイデンティティ
偏見	差別
世話	権利
管理	選択
対策	政治
個人の適応	社会変革

出典：Barnes, Mercer & Shakespeare, *Exploring Disability*, 1999, Polity Press: p30（倉本訳）

表は、こうした個人モデルと社会モデルの相違を説明したものである。さまざまな場面でパラダイムの転換が生じることがわかろう。ＷＨＯの障害分類に代表される個人モデルが、障害を個人の問題として捉え、障害者個人へのはたらきかけを対応の中心に置き、医療による囲い込み、専門家による支配を強めるのに対し、社会モデルは、障害者が直面する困難は社会に起因するものであるとし、その解決は社会運動を通じてもたらされる、医療の専制ではなく障害当事者相互の援助を、自らの管理は自らの手で、と主張する。そこで重要な意味をもつのは、一般に専門知識とよばれるようなそれではなく、当事者のもつ生きた経験であり、めざされるべきは、個人のうちでのアイデンティティの統合ではなく、障害者という集団レベルでの肯定的アイデンティティの獲得である。したがって、社会に求められるのは、啓蒙による偏見の除去ではなく、制度的・態度的な差別の解消であり、世話され保護されることではなく、権利と選択ということになる。障害者問題は、政策の静的対象から動的な政治のアリーナへと位置づけなおされ、社会変革がめざされる。社会モデルはそのような立場に立つ。こうして障害研究は、「障害の政治学」として新しいスタートを切ったのである。[10]

4　身体の再定位

社会モデルにおけるインペアメント／ディスアビリティという図式は、いわばジェンダー研究・フェミニズムにおけるセックスとジェンダーの関係と相同である。フェミニズムが、ジェンダーを「社会的・文化的な性差」として「生物学的な性差」であるセックスから切断し、その構築性と可変性を主張したのと同様に、障害学・障害者運動は、ディスアビリティをインペアメントから切り離すことで、障害を社会の問題として位置づけ、政治の俎上に上らせた。

ただ、セックスやジェンダーが性に関わる差異の総体として、つまり、「男性」も「女性」も共にジェンダーというひとつの概念のもとに理解されるのに対し、インペアメントとディスアビリティは、差異化された一方の側のみを切り出し表現する概念となってしまっている。男／女がそうであるように、健常者／障害者というカテゴリーは、排除という操作を通じて一対になって同時に産出されるものであり、両者をひとつの関係として捉えていくためには、それにふさわしい仕掛けが用意されなければならない。インペアメント／ディスアビリティという概念は、そういった意味では欠陥を抱える。かといって、フェミニズムが案出した概念装置をただ模倣するだけですむような問題でもあるまい。この点は課題と言えよう。

それといまひとつ、これはオーソドクスなフェミニズムにも妥当することだが、社会モデルは、それまで医学的な次元で語られてきた問題を、社会という文脈で語りなおすにあたって、戦略上の必要からとはいえ、身体に関わる問題を棚上げすることで、それについて語る回路を自ら閉ざしてしまった。問題は社会にあり、身体にはないという言明は、ともすれば、身体に関わる主題を、フェミニズムなり障害学なりの対象から放逐し、もって、その領域における生物学・医学的言説の専制を許してしまう危険性を随伴する。

ヒューズとパターソンは、社会モデルが、ディスアビリティがインペアメントの結果ではなく、社会的排除の産物であることを宣言する一方で、インペアメントを本質化してしまってもいると批判する（Hughes & Paterson 1997）。確かに、ヒューズらが引くＵＰＩＡＳの障害定義では、インペアメントは無批判に「生物学上の機能不全」として定義されてしまっている。これに対し、ヒューズらは、インペアメントが、普遍の存在などではなく、さまざまに織りなされる実践の結果としての生産物であることを主張する。ディスアビリティのみならず、インペアメントもまた社会的な構築物だというわけだ。

確かに、ＵＰＩＡＳの定義はもちろん、オリバーにおいてさえ、インペアメントの構築性に関わる言及は萌芽的なものにとどまっており、ジェンダーを「性差に関する知」と定義し、セックスをめぐる生物学的な言説をも相対化したスコット（スコット 1992）やヒューズらも言及するバトラー（バトラー 1999）など、新しいフェミニズムによるラディカルな問いかけを知る私たちにとって、社会モデルの態度は明らかに不徹底なもののように思われる。

しかし、だからといって、社会モデルがインペアメントを完全に本質視し、医学的な言説にすべてをゆだねてしまっているかというとそれはちがう。先にふれたとおり、オリバーは、示唆という域を出るものではないが、「能力」や「正常」といった身体に関わる概念が自明視され論議の対象にならない点にふれている（Oliver 1986）。また、七五年という早い時期にフィンケルシュタインが発表した批評的な寓話には、住民のすべてが車いすの障害者であり、政治や生活に関わるあらゆる事柄が障害者自身の手によってコントロールされている村に住みついた健常者が直面する困難がユーモラスかつアイロニカルに描かれている。

建物はすべて、車いすでの生活に適した高さに設計されている。そのため、健常者は鴨居に額をぶつけ青痣をつくり、いつも腰をかがめて歩くことから腰痛になってしまう。この村では彼ら／彼女らが「障害者」であり、車いすに乗った「専門家」らが対応を検討する。額を傷つけないためのヘルメットや腰を痛めないための補装具が給付される一方、足を切るしか問題を本当に解決する方法はないとする意見も出てくる。テレビのインタビュアーになろうとした「健常障害者」は、ヘルメットをかぶっていることや、目線が合わないことを理由に採用を拒否される…（フィンケルシュタイン 2000）。

これは、ディスアビリティの構築性の理解を促すために書かれた話であるが、結果としてインペアメントの構築性をも示唆するものになっている。かの村においては、歩けないこと、車いすにのっていることが「正常」「健常」なのであり、二足で歩くこと、背丈が車いす利用者とくらべ高いことは「異常」であり「障害」なのである。3節で私が記した「鳥人間社会」のたとえは、このフィンケルシュタインの寓話をヒントにしたものである。こうしたSF的想像力に基づく思考実験は、「常識」を相対化し、脱構築していくにあたって、ときに豊潤な示唆を与えてくれる。[11]

ところで、ヒューズとパターソンがポスト構造主義や現象学の知見を援用することでインペアメントの構築性を問題にしたのに対し、障害学者であると同時にフェミニストでもあるジェニー・モリスは、自身の経験と照らし、むしろ、その構築されざる部分にこだわる立場から社会モデルを批判した。ディスアビリティの次元に問題を限定する社会モデルは、身体に関わる苦痛や否定的感情を切り捨ててしまう。そうではなく、ネガティブな感情をも含め、インペアメントとその経験について率直に語ることこそが必要なのだ（Morris 1991）。

また、リズ・クロウは、社会モデルとの出逢いが、自身の人生を大きく変えた旨を述べつつも、それが、自分たちが経験している複雑な現実を語ることを回避しているとする。ディスアビリティに焦点を絞ろうとすることで、実際には、多くの場合にとまどいをもたらすものであるインペアメントが、中立的なもの、とるに足らないもの、あるいは、肯定的なものとして語られ、あたかもそうであるかのようにふるまうことが要求されてしまう（Crow 1996）。

自分の皮膚の色や生物学上の性、セクシュアリティが不快に感じられることはあまりないが、インペアメントは多くの場合不快である、といったクロウのナイーブな認識には首をかしげざるをえないし、モリスも含め、彼女らの論には、インペアメントそれ自体と、それと関わって生起する感覚・感情とをひとくくりに語ってしまう粗雑さが認められる。構築されざるものと構築されたものの区別も曖昧で、本質主義の罠に片足を突っ込んでいる感もなくはない。

しかし、「障害者」という集合的なアイデンティティや、一般化され抽象化された「障害」ではなく、経験の個別性、生の具体性を重視するその主張は、社会モデルがその功績の一方でなにをとりこぼしてきたかを鋭く照射する。たとえば、「性機能障害」に悩む脊髄損傷の男性に対し、社会モデルはなにがしかの処方を提示することができるだろうか。男性器を女性器に挿入することがセックス（性行為）であり、そこに最大の性的快楽があるとするイデオロギーを解体せよ、という類の主張は可能かもしれないし、それ自体は正しい。けれど、そのような抽象的なスローガンや実践だけで、本当にことは済むのだろうか。それだけではない。そうした主張が逆に、もうひとつの規範として人びとを縛り、苦しめる可能性も考えられる（倉本1999b）。

では、どうすればいいのか。実のところ、モリスらも、否定的なものをも含め経験を重視すること、感じるままを語ること、といった以上のことは言っていない。そもそも、一般的な意味での身体的・生理学的レベルにおける苦痛についてはともかく、「感じること」それ自体が既に社会の変数であることを私たちは知っている（石川2000a）。「経験」に至っては言うまでもあるまい。そのことはモリスらも承知しているはずだ。そういったなかで、いかにして「ありのまま」に語ることが可能なのか。さらには、そのことと社会モデルが拓いてきた地平をどう切り結ぶのか。答えは未だ与えられていない。[12]

5 おわりに

障害者問題をめぐる言説空間から個人モデル・医学的言説を一掃するためには、身体の切断がいったん必要であった。だが、ある政治的局面において有効であり必要とされた戦略が、転じて個々の人間にとって抑圧的に機能するといった例は枚挙にいとまがない。社会モデルと社会モデル型の運動もその轍を踏んでしまったということだろう。

いま、否定されるべきは社会モデルそのものではない。否定されるべきは、それが語られ、要請された状況や政治的文脈を無視して、社会モデルを「完成品扱いし、ドグマ化する」ことである。あるいは、悲観的な見通しのもと、バックラッシュの招来を懸念して、守りの姿勢に入り、変化を恐れることである。[13]

批判者たちが問題としたのも、ディスアビリティがインペアメントの帰結などではなく社会的な構築物だとする社会モデルの中心テーゼではなく、それがインペアメントについて語る回路を遮断してしまった点、複雑で矛盾に満ちた現実をあまりに単純化してしまった点についてである。むしろ、そこでめざされているのは、社会モデルの拡大、射程の延長なのである。ヒューズやパターソンはもちろん、モリスやクロウにおける個人的な経験、感情・感覚の重視も、決して個人モデルへの回帰や社会モデルと個人モデルの統合を企図してのものではない（倉本 1998 石川 2000b）。それは、もうひとつの排除・抑圧を問い、生のコントロール権を取り戻すための政治なのである。

身体の切断を通じて障害者問題の政治化をめざした障害学は、螺旋階段を一回り上がり、いま再び身体とむきあうこととなったのである。

注

1　現在、日本では、「障害学」の語が異なる内容をもつ複数の学問を指すことばとして流通している。ひとつはここに紹介した「障害学」、つまり、Disability Studies の訳語としてのそれである。一方、リハビリテーション医学においても、『疾患』の研究ではない『障害』そのものの研究」を「障害学」とよぶという（上田 1983）。「特殊」教育の延長線上に「心身障害学」なるものも存在する。後二者は、もっぱら身体機能や能力に関わる研究を行うものであり、社会を研究対象とするディスアビリティ・スタディーズとは性格をまったく異にする。これら二者の方が使用は早く、Disability Studies の訳語選択にあたっては、いま少し慎重であった方がよかったかもしれない。

2　青い芝の会をはじめとする日本の障害者解放運動、合州国の自立生活運動、イギリスにおける反隔離身体障害者同盟（UPIAS）の運動などがこれにあたる。各国とも、障害者による運動自体は一九世紀ないし二〇世紀初頭から既に存在したが、既存の社会秩序を大枠で受け入れた上で、インペアメントの治療や教育、リハビリテーション、福祉的保護の拡充を求めるそれらに対し、「新しい障害者運動」は、障害者を排除する現行社会秩序の変更を通じて、生のコントロール権を自らの手に取り戻すことをめざした（倉本 1997）。ジェーン・キャンプベルとマイケル・オリバーは、イギリスの障害者運動史を総括するなかで、「一九六〇年代まで、イギリスには真の障害者運動はなかった」とさえ記している（Campbell & Oliver 1996）。

3　「重度／軽度」という区分は、一般には医学的基準にもとづく身体機能の評価によって行われるものとして理解されている。こうした分節は、単なる差異の「発見」として価値中立的になされるわけではなく、序列化をともなったものでもあり、装置としての差別の一部をなす。しかし、同時に、これと重なり合いながらも相対的に独自な、障害当事者、特に全身性の肢体障害者が日々のくらしのなかで経験する困難の大きさを実感として表現することばとしても、それは用いられている。「重度／軽度」といったカテゴリーは廃棄すべきとの主張を単純にできない理由がここにある。しかし、その一方、軽度障害者からは、「重度／軽度」という語り方をすることで、重度者にばかり注目が集中し、軽度者には「軽度」であるがゆえの独自な困難があることが看過されてしまうという批判もある。考えるべき課題である。

4　このことは、言語を直接に用いたクレイム申し立てにのみ妥当するものではない。非言語的な表現形態にあっても、クレイムをクレイムとして意味づけ、機能させるためには、それが置かれる文脈を理解し、適切な実践を組織する必要がある。その際、逆説的な利用をも含め、主流文化に発する財や情報・知が意味をもちうる。

5　ADAの評価をめぐる具体的・実証的な研究として、（Blanck 2000）を挙げておく。

6　ADAに対しては、能力主義を称揚するものであり、重度者を切り捨てるものであるとして批判する声もある。たとえば、（花田 1991）など。これに対し、杉野昭博は、能力主義であるのはアメリカ社会であって、ADAそのものが能力主義的なわけではないとする（杉野 1999）。一方、能力主義を問い、批判する立場に立つ立岩真也が、ADAがある意味で徹底的な能力主義に貫かれていることを認めつつも、それは必ずしも否定されるべきものではなく、むしろ積極的な意味をもつと記している点は興味深い（立岩 1994）。私の立場は、この立岩の立場に近い。

7　ICFは、医療モデルと社会モデルの統合をうたっているが、そのようなことは論理的に不可能である。たとえ、環境因子を導入し、各要素間の関係を複線的なものにしたところで、社会的不利益の発生に生物学的／医学的な意味での身体の関与を認める限り、それは別ヴァージョンの医療モデル／個人モデルでしかない（Barnes, Mercer & Shakespeare 1999）（杉野 2000）。

8　フィンケルシュタインやオリバーが、障害者排除の起源を産業化に求めたのに対し、より原理的なマルクス主義者であるグリーソンは、労働力の商品化それ自体にそれを求めている（Gleeson 1997）。

9　一九六〇年代末に始動し、七〇年代に最大の盛り上がりを見せた日本の障害者解放運動が掲げた象徴的なスローガンに、「障害からの解放ではなく、差別からの解放を」というものがある（楠 1982）。この主張は、身体から社会へという社会モデル／英国障害者運動のそれとほぼ重なり合う。相互交流はおろか、おそらくは互いの運動についての情報すらなかったであろうにもかかわらず、同時期に距離を隔てた複数の地域で、同じような主張が行われたという事実は興味深い。

10　こうした障害研究のパラダイム転換については、（倉本 1998）（長瀬 1999）（石川 2000b）（杉野 2000）などを参照。

11　そのような事例のひとつとして、「スタートレック」の舞台設定をモチーフに、当事者の視点から自閉者のおかれている状況を表現したニキリンコの卓抜なウェブページを挙げておく（ニキ 1999-2002）。

12　その回答を得るための媒介環として、私は二つの「文化」に注目した。ひとつは、障害者が日々産出する実践の総体、あるいは、そうした実践を産出する構造としての「障害者文化」であり（倉本 2000）、いまひとつは、支配文化に介入しその脱構築をめざす「文化的実践」である（倉本 1999）。ただ、こうした戦略は、比喩的な言い方になるが、一種の「オリエンタリズム」をも招来する危険性をともなうものであった。

13　英国障害学の一大拠点であるリーズ大学の障害学チームを率いるコリン・バーンズは、個別の経験や身体を論じることは、保健医療社会学や心理学などの旧来的な障害研究と障害学とのちがいを曖昧にするとして、モリスらを批判している（Barnes 1998）。

文献

石川准 2000a「感情管理社会の感情言説――作為的でも自然でもないもの」、『思想』二〇〇〇年一月号、岩波書店。

――2000b「ディスアビリティの政治学――障害者運動から障害学へ」、『社会学評論』五〇巻四号、日本社会学会。

石川准・長瀬修編 1999『障害学への招待――社会・文化・ディスアビリティ』、明石書店。

上田敏 1983『リハビリテーションを考える』、青木書店。

江原由美子 1985「『差別の論理』とその批判――『差異』は『差別』の根拠ではない」、『女性解放という思想』、勁草書房。

楠敏雄 1982『「障害者」解放とは何か？――「障害者」として生きることと解放運動』、柘植書房。

倉本智明 1997「未完の〈障害者文化〉――横塚晃一の思想と身体」、『社会問題研究』四七巻一号、大阪府立大学社会福祉学部社会問題研究会。

――1998「障害者文化と障害者身体――盲文化を中心に」、『解放社会学研究』一二号、日本解放社会学会。

――1999a「異形のパラドックス――青い芝・ドッグレッグス・劇団態変」、（石川・長瀬 1999）所収。

――1999b「〈ピア〉の政治学」、北野誠一他編『障害者の機会平等と自立生活』、明石書店。

――2000「障害学と文化の視点」、（倉本・長瀬 2000）所収。

倉本智明・長瀬修編 2000『障害学を語る』、エンパワメント研究所。

杉野昭博 1999「障害者福祉改革と権利保障」、『社会福祉学』三九巻二号、日本社会福祉学会。

――2000「リハビリテーション再考――『障害の社会モデル』とＩＣＩＤＨ２」、『社会政策研究』一号、東信堂。

スコット、ジョーン・W 1992『ジェンダーと歴史学』、荻野美穂訳、平凡社。

立岩真也 1994「能力主義とどうつきあうか」、『解放社会学研究』八号、日本解放社会学会。

――1996『私的所有論』、勁草書房。

――1998「一九七〇年」、『現代思想』一九九八年二月号、青土社。

――2000『弱くある自由へ』、青土社。

――2000「『能力主義』という差別」、『仏教』五〇号、法蔵館。

長瀬修 1996「障害（者）の定義・英国の例」（上）、『ノーマライゼーション』一九九六年六月号、日本障害者リハビリテーション協会。

――1999「障害学に向けて」、（石川・長瀬 1999）所収。

ニキリンコ 1999-2002「自閉連邦在地球領事館付属図書館」、

http://member.nifty.ne.jp/unifedaut/
バトラー、ジュディス 1999『ジェンダー・トラブル――フェミニズムとアイデンティティの攪乱』、竹村和子訳、青土社。
花田春兆 1991「ADA法やぶにらみ」、（八代・富安 1991）所収。
フィンケルシュタイン、ヴィク 2000「障害を否定すべきか否定すべきでないか」、長瀬修訳、『福祉労働』八六号、現代書館。
八代英太・冨安芳和編 1991『ADAの衝撃』、学苑社。
山田富秋 2000「差別のエスノメソドロジー」、『日常性批判――シュッツ・ガーフィンケル・フーコー』、せりか書房。
Barnes, C. 1998 "The Social Model of Disability: A Sociological Phenomenon Ignored by Sociologists" in (Shakespeare 1998).
Barnes, C., Mercer, G., and Shakespeare, T. eds. 1999, *Exploring Disability: A Sociological Introduction*, Polity Press.
Blanck, P.D. ed. 2000, *Employment, Disability, and the Americans with Disabilities Act*, Northwestern University Press.
Campbell, J. and Oliver, M. 1996, *Disability Politics: Understanding Our Past, Changing Our Future*, Routledge.
Crow, L. 1996, "Including All of Our Lives: Renewing the Social Model of Disability" in (Morris 1996).
Finkelstein, V. 1980, *Attitudes and Disabled People: Issues for Discussion*, World Rehabilitation Fund.
Gleeson, B. J. 1997, "Disability Studies: a historical materialist view" in *Disability & Society*, 12(2).
Hughes, B. and Paterson, K. 1997, "The Social Model of Disability and the Disappearing Body: towards a sociology of impairment" in *Disability and Society*, 12(3).
Morris, J. 1991, *Pride Against Prejudice: Transforming Attitudes to Disability*, The Women's Press.
—— ed. 1996 *Encounters with Strangers: Feminism and Disability*, The Women's Press.
Oliver, M. 1986, "Social Policy and Disability: some theoretical issues" in *Disability, Handicap and Society*, 1(1).
—— 1990, *The Politics of Disablement*, Macmillan.
—— 1996, *Understanding Disability: From Theory to Practice*, Macmillan.
Shakespeare, T. ed. 1998, *The Disability Reader: Social science Perspectives*, Cassel.
World Health Organization 1980, *International Classification of Impairments, Disabilities and Handicap*
World Health Organization 2001, *International Classification of Functioning, Disability, and Health*.

犯罪／障害／社会の系譜

寺本晃久

近年、二〇〇〇年五月に佐賀で起きたバスジャック事件、翌四月の浅草での女子大生殺人事件、そして六月の大阪教育大付属池田小学校児童殺傷事件などでは、容疑者（被告）の精神障害や知的障害が注目された。

特に池田小での事件後、触法障害者対策についての与党プロジェクトチームやすでに設置されていた法務省・厚生労働省合同審議会で審議のとりまとめが急がれ、二〇〇二年の国会へ向けて、障害により不起訴となった触法障害者に対する新たな入院制度設置が検討された。こうした議論の前提には、第一に、精神障害が原因となって犯罪を犯すこと、さらには犯罪を犯していないけれども精神障害ゆえにその「危険性がある」ということがある。右に上げた事件以外にも、犯行に「異常」な行為が伴ったり動機が不可解な事件が起これば、容疑者の精神状態に注目が集まる。だが、対応する司法および医療の側に、「適切に」対応する用意がないという。その解決のために司法と医療の双方が関与する新たな制度と特別な専門病棟が必要なのだと言われる。

こうした新たな「保安処分」論に対して、その論の根拠としている犯罪と精神障害との結びつきはしかし直接には結びつかないのだとする意見がなされる。そして実際、精神障害者の犯罪率・再犯率ともに健常者のそれより低いということがデータでもって示される。[1] 仮に障害者が犯罪を犯したとしてもそれは「障害をもっているから」ということよりも他の社会環境や差別の末に起こったものでもあるし、不充分な医療や福祉あるいは教育の問題であるとの批判もある（野田 1982→2002、日本臨床心理学会 1990 など）。触法障害者のみを対象とする制度の創設は、ただでさえ差別的な位置に置かれている精神障害・知的障害をもつ人々を犯罪者予備軍として扱うことでさらに差別を助長するのだという。

障害をもつ人々に対する差別に抗するためにこの数十年の間主張されてきたのは、「個人（身体）」から「社会」への問題の転換であった。過度に「身体」における障害、医学的に確認された差異とそこから派生する「できないこと」にのみ問題を見出す「個人（病理）モデル」が批判され、代わって差別とは「社会」の側の障害者に対する扱い方・偏見や、適切な配慮と環境を整備していないことによって発生しているのだとする「社会モデル」が主張された。たとえば障害者が働けないのは、障害者というだけで能力を低く見積もる偏見と、車いすで入ることができない建物と、通勤するために利用できる交通手段がないこと、あるいは介助がないためなのだ、と。また、そうした健常者中心の「社会」が、障害者を障害者たらしめているのだ、と障害者の反差別運動は主張してきた。犯罪と障害とを結びつける見方の多くは差別・偏見であり、障害者が犯罪を犯した場合でもそれは「社会」の対応が不充分なために起こっているのだとする主張も、同一線上にある。

だが、「個人（身体）」から「社会」へ、という問題の転換は、本当に差別を論じる上で十分だったのだろうか。

これまで精神・知的障害者が犯罪の可能性のある者として扱われてきたということ、それゆえに厳しい差別や隔離が行われてきたことの背景には、ある一定「社会」が歩み寄ったとしても、そこへ乗るための最低限の「能力」、そうした「社会」を変えてもなお残ってしまう能力のひとつとして、危害をなさないという「能力」が問題とされたからではなかったか。

犯罪とその能力の出自について、個人に求める考え方から社会・環境に求める行き方への転換は一九世紀後半においてすでに主張されている。個人に原因を見出す思考としては、一八七六年、イタリアの法医学者C・ロンブローゾが立てた「生来性犯罪者」説がある。「生来性犯罪者」とはすなわち、(a) 犯罪者は生まれつき犯罪を犯すように運命づけられている人類学上の一変種である。(b) 犯罪者は身体的・精神的特徴をもっており、これらによって一般人と識別することができる。(c) 犯罪者は隔世遺伝により野蛮人へ退化した者である（瀬川 1998: 46）。この説に基づき、人体測定法を用いて犯罪者の身体上の特徴を調査することで、彼は犯罪人類学（刑事人類学）の一派（イタリア学派）を築いた。

それに対して、ラカッサーニュやタルドに代表されるフランスのリヨン学派、そしてデュルケムといった社会学の一派は、イタリア学派による犯罪の個人要因説を批判し、貧困などの社会・経済状態に原因を求めた。デュルケムは、遺伝的性質は人間のなにがしかの性格を形成する要因のひとつとしては認めるものの、人間や社会の進展にともなって遺伝が人に付随する資質、階級、職業などに関与する割合は今後ますます低くなっていくとした（Durkheim1893＝1989: 第二編四章）[2]。ラカッサーニュは、ローマで開かれた第一回国際犯罪人類学会議で完膚無きまでにロンブローゾを否定した。ロンブローゾはその後フランスで開かれた会議に欠席したりあるいは修正を図りつつ形勢を挽回しようとするもかなわず、彼の死もあって、フランス社会学派の勝利に終わる。

こうしてすでに二〇世紀初頭には、「社会」を問題とする社会学が「個人」に原因を置く刑事人類学に取って代わった。だが生来性犯罪者説は形を変えて程なく復活し、前世紀の遺物とされながらも一方で生きつづける。そして問題のある個人を抹殺あるいは存在そのものが産まれないようにするという、問題のすべてを個人の上に究極に置く優生学の主張と実践が、二〇世紀に入り（そして第二次大戦後）むしろ強化された。その後の現在に続く歴史の中で、個人と社会との間で犯罪の原因帰属は揺れ動いてきた。なぜか。

問題の解決において「社会」と「個人」との問題設定の対立だけに解消されない場所が残っているからではないか。たとえば、「社会」に寄りかかってしまうことで、結果として、そこで批判されるべき「個人（の障害）」が何であるか、という問いが看過されてしまうのではないか。あるいは医学が単独に個人（病理）モデルを作り出したというよりも、個人／社会それぞれの探求の相互作用において、むしろそこから、「個人（の障害）」が改めて浮上してくるのではないか。本稿ではこのような問題意識にもとづき、明治・大正期の刑事政策・精神医学の言説を中心に、障害と犯罪とがどのように問題とされてきたかを検討することによって、特に個人と社会とのからみあいの中で、われわれは社会をどのように問題とし、そして障害をどのように分化し形成してきたのかを問う。

1　犯罪の個人的原因・社会的原因

明治二〇年代には、ほぼ同時期にヨーロッパで新しく起こってきていた犯罪学の理論、つまりロンブローゾの説が日本でも広く紹介された。しかし、紹介された当時すでに生来性犯罪者説は批判されることとなる。まずは、犯罪者と一般人との間に明らかな身体的特徴を見出すことができず根拠薄弱であること、また梅謙次郎（1892）のように、仮に特徴を見いだせたとしても犯罪者が運命的に犯罪を犯すのであれば、刑罰や教育を無意味にしてしまうとして批判されたのである。

そこで、代わってロンブローゾを受け継ぎつつ改良した説として受け入れられたのが、イタリア学派のひとりE・フェリによる犯罪原因の三元説であった。一八八四年の『犯罪社会学』において、犯罪の原因として①人類学的（個人的）原因、②自然的（風土的）原因、③社会的原因をあげ、それらの複合によって犯罪が発生するとした（Ferri1884＝1923: 上319-21）。フェリにおいても人類学的原因は依然として大きな位置を占めていたものの、その他の要因との関係にも注目した点で、より現実的な説として歓迎されたのである。

たとえば法学者の畑良太郎（1891）はフェリを参照しつつ、ヨーロッパにおける他の論者の統計を使って、次のように犯罪の原因を分類した。

①人類学上の原因又は個人的原因：男女の別、年齢、教育、職業
②自然の原因：温度
③社会上の原因：一定不動の原因：夫婦共同生活
　急劇の性質を有する原因：戦争、物価騰貴、恐慌

この頃、犯罪の個人的原因については、頭蓋の大きさや人相や性別といった肉体上・外見上の特徴を探ることが注目された。だが教育や職業のように、社会的に付与された地位も個人的原因に分類している。また、この時期、精神的な特徴・性質は重要な問題としては取り上げられなかったし、知的障害に相当する「白痴」は犯罪の原因となっていなかった。かりに精神的・知的に劣っていることが問題とされるにしても、それはその犯罪者個人にあらかじめ備わっている「障害」として認識されたのではなく、その原因となった教育や社会環境の方が重視されたのである。

また、日本の監獄学の先駆で当時神奈川県監獄署長であった小河滋次郎[3]によれば、犯罪の原因は「民人固有

の自由意思Freie Willeに帰着」するもの、つまり犯罪者は自らの意思のみによって故意に能動的に犯罪を犯すものであるが、他方、その意思次第では犯罪を犯さないという選択もありえたということである。けれども、犯罪者の意思は「社会的、種々の関係事情あつて間接に之を犯罪の方向に誘導」され、犯罪を犯さざるをえなくなってしまう。したがって犯罪の原因を形成する「社会的、種々の関係事情」を「人力を以て之を除却し得るものと假定せは據つて以て大に犯罪を減少し得へきこと歴然火を観るよりも尚ほ明らかなり」(小河 1894:76) と、犯罪の社会的原因を指摘した。

小河において、その社会的原因とは、たとえば「文明進歩」によっておこる「社会賢愚貧富の懸隔」である。社会の変化に伴って能力や貧富の格差が生じた結果、愚者は賢者を恨み貧者は富者を妬み、犯罪を犯すのだとする(1894: 78)。また「郷党、組合、教会、家族等諸般最も有効なる社会的制裁力」の弱体によっても犯罪が発生する(ibid: 78)。さらに「職業上の栄枯」により、工場の機械化によって職工者の生業が奪われ、窮乏のために強盗や窃盗などの財産に関する犯罪が増える(ibid:79)。そして経済上の窮乏によって結婚が困難になり、個々人の「情欲の発動」が解消されずに「風俗に関する犯罪の増加」を招くとした。こうした社会的原因を排し犯罪の予防するために、小河は出獄人保護事業と教育の二点をあげた。

2 人への注目

こうして、明治二〇年代には社会・環境原因説が主に主張されたが、けれども、経済や家庭環境や気候そして教育といった自然的・社会的要因を解明し改善しようとすることは、個人に原因を求めないことと同じではなく、むしろその後の明治三〜四〇年代に隆盛していった新たな犯罪概念において、「人」への注目をよびこんでいくことになる。

新たな犯罪概念とはすなわち、刑罰理論における、応報刑論から目的刑論への変化であった。両者は、刑罰の対象とするものの相違によって分かたれる。応報刑論において、刑罰が対象とするのは犯罪そのものである。そこでの刑罰は、犯罪の内容、被害の重さに応じてどの程度の刑罰を与えるかが決まる。たとえば殺人は常に重罪でその刑は死刑あるいは無期懲役、窃盗は常に軽罪で二月以上四年以下の禁固刑、といったように、犯罪は客観的な行為としてそれ自体が取り出され、同一の犯罪には同一の刑が科される。

翻って、牧野英一を始めとして主張された目的刑の対象は犯罪を犯した犯罪者である。そこでは犯罪の内容だけでなく、犯罪を犯すに至る犯罪者の個別の判断能力や動機や個人的事情などが勘案され、客観的には同一の犯罪であっても、それを犯す人がどのような人であるのか、どの程度危険な行為を為す人格を有しているのかによって刑罰の軽重が変えられるべきだとされる。

新派の背景として、犯罪の増加や累犯や不良少年の問題化によって、犯した犯罪に対応した応報刑的な刑罰だけでは限界があるとの認識があった。応報刑論で想定される犯罪者は十分な判断能力と自由意志をもっており、（罪を犯さないという選択はあったものの）あえて意図的に犯罪を犯し、その罪の大きさを理解している。ところが何度も犯罪を犯す累犯者や未成年の不良少年などはそうした判断能力を有しておらず、犯罪者における内的・外的要因によって必然的に犯罪は起こってしまうのではないか。そこでは第一に犯罪者それ自体に注目し、犯罪者の内的・外的要因に介入することによって人格を矯正することが目指され、それによって犯罪そのものの原因をなくすことで解決が図られる。

一八八〇（明一三）年以来の旧刑法に代わって一九〇七（明四〇）年に公布・翌年施行された新刑法では、新派による目的刑論の考え方が取り入れられ、十二歳から十四歳へと責任能力を有する年齢が引き上げられ、成年では心神喪失・心神耗弱の二種類の能力段階が設けられ、また執行猶予や保護観察が導入された。一九〇〇（明三三）年には、感化法が制定され、八歳以上十六歳未満の幼年囚を収容する感化院が設立されるようになった。それまで成人に準じていた刑罰から、教育的な処遇が始められた。感化法は一九〇八（明四一）年に改正され、感化院入所年齢が十八歳未満まで引き上げられ、また道府県立感化院に対する国庫補助が六分の一～二分の一に増額され、全国に設立された。

感化院で行われたのは「感化教育」と呼ばれ、そこは、罰することだけが解決なのではなく犯罪の原因を探り犯罪の矯正や教育が行われる空間でもあった。しかし、教育による犯罪者の矯正を重視した場合、一方で、教育によって矯正しきれない犯罪者の存在が浮かび上がる。刑罰の効率的な運用においては、あらかじめ身体的な条件の上で教育可能な者と不可能な者（あるいは特別の教育が必要な者）とを区別する必要が発生したのである。そこでは犯罪者の個人的な性質への注目がなされるようになった。だがこのことは社会・環境要因の否定ではなく、むしろ社会・環境要因を追求していく中で、個人の多様性への関心に接続していくものであった。

前節で触れた小河滋次郎は、新刑法成立の時期においても、一貫して犯罪の社会的要因・自然的要因について研究し続けた。一九〇八（明四一）年に書かれた「免囚の保護に就て」（小河 1908）では、「累犯増加の責任を以て之を国家又は社会に帰せしむるの当然なるを信ず」と述べ、出獄者に対する国家又は社会的保護の欠乏によって再犯者を生みだしてしまうことを説いた。翌年の小論「犯罪と季節」（小河 1909）では、犯罪の原因を個人的原因／社会的原因とに分け、個人的原因とは個人の情欲が激発することによって起こる犯罪＝姦淫罪、殴打罪、殺傷罪、誹毀罪、暴行罪に見られ、社会的原因とは失業その他経済的困窮によって引き起こされる、財産に対する犯罪＝強盗窃盗、詐偽取財に象徴される。犯罪統計によれば、個人的原因による犯罪は夏に多く、社会的原因によるものは冬に多い、とした。

しかし、これらの小論を発表したのと同じ時期に、小河は刑事政策における医者、特に精神医学者の役割について述べている。一九〇六（明三九）年、『神経学雑誌』での講演「刑事制度ニ於ケル醫家殊ニ精神病學者ノ位置ニ就テ」の中で、旧来の刑事制度に支配的だった「事実主義」を批判し、犯罪者の処遇および犯罪の撲滅においては「人格主義」の必要を説いた。ここで彼は明確に新派理論に立っている。事実主義（旧派理論に対応する）とは「人ヲ見ズシテ事實ヲ聴ケ、事實ガ裁判ノ主體デアル、人格ノ如何ハ裁判ノ上ニ何等ノ關係ヲモ有スベキモノデナイ」（小河 1906: 5）という考え方である。だが、ひとくちに犯罪者といっても様々な年齢・性別・精神的身体的状況・社会環境、犯罪に至る様々な原因と経過をもっており、それはあたかも様々な種類の数ある病気に対して一つの「万能薬」を用いて治療しようとするがごとく「滑稽」なことである。かくして事実主義のもとでの監獄には「孤児モ居レバ白痴モ居ル、瘖唖者モ居レバ瘋癲病者モ其間ニ交ツテ居ル」（ibid: 6）。だが「人格主義」のもと、「男性ハ女性ト、未成年者ハ成年者ト、低能者ハ完能者ト夫レヽヽ人格ノ種類」によって刑罰および執行に区別すべきはもちろん、完能者と認められる成年者であっても「偶発犯罪者ト慣習犯罪者トノ間ニハ大ニ處置ノ模様ヲ異ニセザルベカラズ」(ibid: 18)という、個別の状況に応じた処遇が施される。

また、前節で見たように、先だって小河は「自由意思」によって犯罪がなされると述べた。しかし、「自由意思」には、それを行使するための能力という条件が課される。責任主体とは「個人的意識性情ノ完熟」つまり「善悪邪正」を区別できまたその区別の根拠を「明白ニ了解」しており、その判断にしたがって行為することができる「身體的及ヒ精神的可能力」を認められる者である(ibid: 8)。言いかえれば、年齢が達していないか、あるいは身体的・精神的・知的に障害を負っているために、善悪正邪の判断ができる身体・精神的能力を持たない場合は、自由意思とそれへの帰責にもとづく通常の刑罰の例外に置かれる。判断能力がないために犯罪を犯してしまう人々、たとえば「各種ノ低能犯罪者又ハ酒精中毒ノ犯罪者」については、別の処遇、すなわち「医療的監治法」を施すことが必要になる(ibid: 19)。

だが、善悪に関しての判断と責任の能力は誰が判断するのか。小河は、責任年齢の設定を医者、特に精神医学者の研究に譲るべきとした(小河 1906: 26)。医者の意見はすべての犯罪者処遇の方針について、たとえば「囚人ノ分類ヲナス上ニ行状ノ良否ヲ勘査スル上ニ、賞罰ヲ科スルノ上ニ労役ヲ撰定スルノ上ニ特赦仮出獄ヲ決定スルノ上ニ」、尊重するべきで(ibid: 29)、したがって医学者特に精神病学者の刑事制度に占める地位権力が高まるだろうことは当然であるとした(ibid: 22)。社会・環境要因を追求してもなお解決されない領域として個人の内部に原因を求め、そして解決しようとするとき、出獄人保護事業や教育だけでない社会的対応=医学、特に精神医学の役割を重視したのである。

このように、小河は社会・環境要因を重視する一方で、個人の多様性を認め、特に能力が劣るために犯罪を犯してしまう者については別に、刑罰ではなく精神医学の管理下に置くべきであるとした。しかし、前節で見た社会・環境要因への注目と、新たな刑罰概念における個人への注目・教育的介入とは矛盾しない。新派理論では、一律に科される刑罰だけが犯罪の解決ではなく、むしろ、法や刑罰以前の教育や医療によって、また社会環境の改善によって犯罪を未然に防ぐことが根本的な解決であった。刑罰が行われるにしても刑罰の適用のしかたによってはかえって悪影響をもたらすことが問題とされ、刑罰を科さないことも含めて犯罪者個々人の状況に応じた刑の執行が求められた。犯罪‐犯罪者を個別的な存在としてとらえ、犯罪を起こした犯罪者にどのように社会的要因が作用したのかを第一に探ろうとするとき、社会的要因を解決してもなおかつ解決できない残余＝個人的要因が問題となる。また同一の社会環境に置かれていたとしても個々人によって犯罪を犯したり犯さなかったりするとき、社会環境との対応関係の一方の極にある個人がいかなるものであるのか。犯罪の根本的な解決にとっては、個人的要因または社会・環境要因のどちらかを採用することではなく、社会・環境要因と個人的要因との対応関係が解明される必要があった。

そこでロンブローゾらによる生来性犯罪者説が再び注目されたが、しかし、犯罪者は肉体的に特徴を持っているなどといった議論は影を潜め、肉体ではなく個体内部の精神や知的能力の差異へと探求の視点を移すことによって、受け継がれた。[4] 目的刑論において、その前提とする人間像が、責任‐帰責を引き受ける自由な個人から、多様で個別的であり、身体的に運命づけられた（自由意思によらない）、理解不可能な個人の内部へと探求の視線が移された。

3　中間者

刑事司法における犯罪・犯罪者処遇の概念の転換に伴って、改めて問題として浮上した「個人」は、しかし多様性の地平へと開かれていた。そこで個人を解明するために登場したのが、精神医学だったのである。

だが、当時の精神医学では、精神・知的障害と言っても、明らかに重度の知的障害だと認識された「白痴」や明らかに精神病だと診断された人々ではなく、「中間者」「低能」「魯鈍」といった、中間の領域にあるとされた者が注目され、分析や記述がなされるようになる。

すでに一九〇二（明三五）年、法医学者の片山國嘉は中間的な層の存在について論じた。刑法上での、健康の精神／病的の精神、是非の弁別ある者／なき者、自由の意思有る者／自由の意思無き者といった精神状態の区別に対して、しかし実際にはこのような画然とした区別はできず、「健康とも附かず又立派な病的とも附かぬ間の者」、つまり中間の者が存在するとした（片山 1902）。

三宅鑛一は、犯罪者、特に累犯者の多くに常人と性格を異にする「精神病的中間者」が存在するとした（三宅 1909-10: 2:161）。「中間者」とは、「精神病者と健者との間に位するもの凡てを概称するもの」であり、「知力発達の足らないもの、「感情、意志の方面に過不及」あるがしかし「病者にもあらざるもの」などを含んでいる。当時「低能者」と呼ばれたものもここに含まれており、また「異常気質者即ち狭義に於ける変質者」もここに入るとした。

別の講演（三宅 1909）では、「中間者」を二種類に分類している。すなわち、①「生来性精神病者に近い精神病的の人間。さういふ一生涯を通してさういふ風に持つて生れついた人間」。そして②「本當は精神病であるけれども唯病氣の程度が軽いものであつて、まだ其病氣の極めて初期であるとか或は其病氣が十分に癒らない者」、「故に普通の人からは普通の人間と看過されて居る者」である。

しかし、三宅自身、何をもって「中間者」であるのかと自問する。「普通の人間にも随分妙な挙動をする人」もおり、「普通」と「精神病的中間者」とを分かつに足るだけの特徴があるのか？ あるいは何が「病者（精神病者）」と「中間者」とを区別しうるのか？ こうした問いに対して、まず、「普通」から「中間者」とを分かつ点は、「一定の徴候と経過と原因と一定の解剖的変化」とをともなった「病」であることとし（ibid: 3）、その理由として次の四点をあげた。第一に、「精神病的中間者は容易に精神病に罹り易い」（ibid: 4）。第二に、精神病となる系統を「普通の人よりはより多く精神病的の異常を有つて居る」（ibid: 7）。生まれながらにして精神病となる「生来性精神病者」の原因として、三宅は父母又は近親の者が精神病のあること、大酒家、梅毒にかかっていることをあげ、その遺伝率は七〇％、うち半数が父母からの直接遺伝だとした。つまり「中間者」はそうした遺伝的な「系統」を有しているという。第三に「其持って居る癖が…普通の人間の癖よりは病人の徴候の方に接近して居る」（ibid: 7）。そして「中間者の子孫が普通の人よりは余計病人じみて居つて或は生来性精神病となつて来る者」、である（ibid: 8）。

三宅はさらに「中間者」の特徴を次のように指摘した（ibid: 9-10）。すなわち①非常に感情の激變をすること。①に関連して、②平生物の中庸を保つことの出来ない極端の行為をする人。③自分といふことを総て中心に置く。④行いにひねくれた事をする気質。⑤その行いがひねくれて居ると居らぬとに拘らず非常に意表に出る行いをする（葬式に礼服を着るところを、襤褸《わたいれ》を着て行く、など）。⑥人から教唆され易いこと、またその反対に非常に頑固で如何にしても一向人の言うことを聴かない。⑦善い行と悪い行を混同して居る。⑧自分で別に考へないで何かすることがある。意識の混濁。⑨情欲の異常・食欲或は色欲の異常。⑩智力において異常がある。

だが、このように「中間者」の「病」の徴候を列挙するものの、決定的な徴候が認められる「病」ではない。いくつかの徴候によって、そのまま放置しておくと将来には確実な重い「病」を患うことが想像・予測される、という点において逆に「病」として立ち現れるものである。「中間者」に特有の決定的な徴候は存在せず、右記のように曖昧な幅をもったものとしてしか徴候を把握することができないため、おのずと大きく横たわる「普通」と「病」との間に様々な程度の「徴候」を確認することができるため、「中間者」の性質は「多種多様」でありうる(三宅 1909-10)。

警察庁で犯罪者の精神的症例を研究した法精神医学者の杉江薫は、その主著『犯罪と精神病』で、精神病者及び中間者の犯罪的性質について細かく分類・列挙した。すなわち、幻覚及び妄想、意識障害、精神薄弱及び悖徳、病的感動、病的行為。具体的な病名としては中毒性精神病、早発性痴呆、麻痺性痴呆躁鬱、白痴などをあげた(杉江 1912)。

「中間者」概念は、ひとつには犯罪原因を探ることとの関連において採用された。三宅はこう述べる。

「如何に外界の誘惑に遭遇するも、又如何に外界の状況が犯罪的行為を為すに幸ひなりとは云へ、其個人にして之に影響を蒙らざる強固なる意志、博愛なる感情、賢明なる判断とを有するものならば、其個人は決して犯罪的所業に陥らざる。」(三宅 1909-10: 1:403)

社会環境が同一であったとしても、犯罪を犯す者とそうでない者が存在する。その場合、犯罪を社会・環境要因では説明しきれず、個人的要因に原因を求めようとしたとき、しかし肉体的・生理的には明らかに徴候を見いだすことはできず、犯罪者の精神や知能における差異に原因を求めた。けれども、精神や知能もまた捉えがたいものであった。犯罪者は精神や知能の「どこかが」異なっているといえば説明がつくが、しかし明らかに病を負っているとも判断できない例についてはどのように考えるべきか?このとき「中間者」概念が注目されたのではないか。

そして「中間者」と犯罪との結びつきは、明治末期以後、精神医学者によって行われた犯罪者や不良少年に対するより詳細な調査において確認される(一九〇九(明四二)年の三宅・池田隆徳による感化院調査(三宅・池田

1909）、一九一一（明四四）年の三宅・杉江による在姫路陸軍懲治隊懲治卒の調査）。そこでは第一に、彼らの身長や体重、遺伝や家庭環境、頭蓋の大きさ、疾病や身体の特徴が記述された。そして知能について、多岐に渉る調査がなされるようになった。そこでは、犯罪者の中に知的障害が多数存在することが発見され、また犯罪者の中で知的障害を原因とする者とそうでない者とが、つまり障害によって犯罪を犯す者とそうでない者とが区別された。また、知能を測るために知能検査によって立てられた定義がまず採用されたが、同時に身体・素行・遺伝などの調査によって、犯罪者は身体的・遺伝的にも異常があるとされた。

心理学や精神病学は、犯罪との関わりの中で、犯罪者個人の内部における原因の発見と解明という社会的な要請と、その自らの学問としての確立への指向とにしたがって、大正期にかけて急速に勢力を拡大していく。

さらにこの時期、公教育においても、公教育からそもそも排除された「白痴」ほど障害が重度ではないが、普通児よりも学力や身体で劣る「低能児」「劣等児」といった児童が認識され問題化されるようになっていた（寺本 2001）。そこで明治末期に、三宅らが紹介した知能検査によって、知的障害の中でも白痴―痴愚―魯鈍といった知能による段階的な分類がなされた。中間的な知的障害の診断と治療を目指して、「治療教育学」という形で精神医学が教育現場に進出していこうとする。肉体的・外見的には明らかな徴候が認められないものの、しかし精神的・知的に障害をもつ者＝中間層の認識が発生したことは、つまりそれまで考えられていた以上に「障害者」が存在しているのだという「障害者」の増大を意味したのである。

4 遺伝→優生

犯罪の個人的要因として、ひとまずはその個人の内部における障害が認識され分析された。しかし、そうした個人への関心において、個人内部に付着する障害の、さらなる起源を探っていくことになる。そこで登場した概念が遺伝であった。

それまでにも、両親のもつ性質が子に伝わることは、「親子の顔つきが似ているのは、親の特徴が子に伝わったからである」といった単純な例によって示されることはあった。しかし、ことはそう単純ではなかった。親子間でさえ、まったく親と同じ性質を子が受け継ぐわけではなく、親が犯罪者の場合は必ず子も犯罪者になるとは限らないし、障害を持つ親の子は必ず障害をもつのでもない。

そこで、遺伝は、海外の新しい遺伝説、特にメンデルの優性遺伝の法則・分離の法則、モレルの変質論などが導入され、それらを理論的背景として新たに分節化・定式化される。

一八五七年にフランスの医師ベネディクト‐オギュスト・モレルが説いた「変質」あるいは「変性」（degeneration, degenerescence）概念は、日本ではこの時期、精神医学者で医学史家でもあった富士川游によって主に紹介された（富士川 1908a、1908bなど）。富士川によれば、「変性」とは「人間を解剖的に生理的に及び心理的に定型として、それより外に出て居る」こと、すなわち人間には（人間に限らず生物個々の種には）人間という種を示す共通の「定型（タイプ）」があり、これよりも「ズット下るもの」である（富士川 1908a: 上6）。生物は一生涯の間に、また世代を経ていくうちに、その個体は変化していくが、そこで進歩していく場合もあれば、変化せず静止する場合、あるいは退歩していく場合もある（富士川 1908b）。変性とは、特に退歩していく状態を指す。疾病と変性とは遺伝可能性によって明確に特徴づけられ、疾病は遺伝しないが、変性は遺伝するとした（富士川 1908a）。

富士川は「健康」と「病気」との中間領域に、精神における変性の徴候を見出す。最も症状が軽くしばしば見られるのが、「定型を僅に外れる」状態つまり精神発育の不調和であるという。不良少年はここに含まれており、変性の第一段階である。次いで色情倒錯、体質的神経衰弱、強迫観念、体質的ヒポコンデリー、「性格が病気になる」こと、をあげた（1908a: 上10-12）。また狂人と普通人との境にあるものの、しかし変性によって起こる病気を、神経質、体質性抑鬱症、体質性発揚症、強迫観念、衝動動作症、色欲異常症、精神性的人格、とした。さらに、精神性的人格の中には、生得性犯罪者、意思薄弱者、病的虚言者、偽好訴狂が含まれる。けれども「馬鹿」「精神薄弱」はすでに病気であって変性ではない。

こうした、決定的に病気や狂気には至らないけれども、「健康」や「普通」からは外れるとされるある一定の精神状態の原因を個人の神経系の異常に求め、さらに神経系の異常は遺伝によって受け継がれた性質＝変性によってもたらされると述べた。変性は、必ずしも明らかな「病」や「狂気」としては表面化しない、「定型」との相対的な水準においてその存在が認識されうるものである。けれども変性は個々に表れる疾病の原因でもあり、さらに遺伝によって個体のうちに沈殿しつつ子孫へ伝えられついには滅亡に至らしめる。この意味で、その時々に表れ治癒し、遺伝的に伝播しない疾病よりも広い概念として考えられた。

また変質者は知力及び道徳観念が大変衰えており、兵役の義務者すなわち壮丁人口の減少、犯罪者の増加、精神病者の増加、自殺者の増加、これらの問題は変性のために起こっている現象であると述べた（ibid: 上9）。つまり、変性とは、先祖から子孫へとつながる単一の家系の問題すなわち個体の水準にとどまらず、民族や国民ひいては種の水準における問題としてあったのである。

他方、メンデルの遺伝法則は、一八六五年にはすでに発見されてはいたが、その後埋もれ、一九〇〇年になって評価され広まった。日本では、農学者の外山亀太郎がカイコの品種改良を試みる中でメンデルの法則を実証し、一九〇六（明三九）年に発表したことが端緒である。遺伝法則の研究は、しかし当初はひたすら植物や昆虫を用いての実験に終始していたものの、外山はまもなく人間への応用について示唆した（外山 1910）。さらに、たとえば医学者の永井潜は、人間の精神状態についてもメンデルの法則に従うとした（永井 1915）。

このような新たな遺伝説によれば、第一に親の性質のうちには、遺伝するものとそうでないものとがある。そして、前者の性質の多くはさらに祖先から受け継いでおり、後者の多くは親が後天的に得た獲得形質である。ただし、前者には優性遺伝子と劣性遺伝子とがあり、それぞれが両親から半数ずつの遺伝を受け継ぎ、しかも劣性遺伝は個体に保有されながらも必ずしも劣性遺伝の形質が徴候として表れるわけではなく、しかしその形質はさらに子孫へ遺伝することで家系の中で犯罪者や障害者として発生する。また後者においても、酒精中毒などによって個体が「変質」し、それが子孫に受け継がれる場合もある、とされた。

こうして明治三〇年代から海外の新しい学説が紹介されてきていたが、その後明治末から大正期にかけて、医学、生物学、社会評論、心理学、社会事業といった様々な分野の知識人たちの間で、社会問題の解決を個体の遺伝的素質に求めようとする関心が爆発的に流行する。医学・精神医学では、富士川游、呉秀三、杉江薫、永井潜、児玉昌などが、進化論や遺伝学や変質論などを総合して数多くの論文を書いた。心理学では、松本亦太郎、斎藤茂三郎、寺田精一ら（松本 1912、1918、斎藤 1915、1919、寺田 1912、1913など）。生物学では、外山亀太郎、丘浅次郎、山内繁雄ら（外山1910、丘1910、1911、山内1914、1917、1920など）。通俗性科学の啓蒙書を多く執筆した澤田順次郎も、犯罪の原因のひとつとして遺伝を取り上げた（澤田1911、1916）。当時「横浜貿易新聞」「金沢毎日新聞」などで社会問題について評論活動を行っていた海野幸徳は、『日本人種改造論』（海野1910）を始め、数多く論考を寄せた（海野1911a、1911b、1912a、1912b、1912cなど）。

こうした流行の背景には、さらに、同時期に紹介されたC・ダーウィンの進化論（自然淘汰説）があった。進化論は、一九〇四（明三七）年に生物学者の丘浅次郎が大著『進化論講話』を著して以来、一躍流行していった。そこで当時の知識人たちにとって恐怖と共に意識されたのは、自然淘汰における、進化と裏腹の退化、そして種そのものの滅亡であった。そして、それは「優良」と「劣等」との間の競争・淘汰、ひいては民族（国家）間の自然淘汰として認識された。「優良」な人々が、足元に大勢暮らす「劣等」な人々（しかもそれらは「優良」な人々が生産した富によって生きている）の増加によってむしばまれていくといった「逆淘汰」の懸念によって恐怖は増した。

かくして遺伝説と進化論とが重なり合った場所に、積極的あるいは消極的に、優良な遺伝を残し劣等な遺伝を根絶しようとする学＝「優生学」があらわれ、これらの論考の多くで「優生学」が語られた。永井潜は述べた。「病・罪・愚弱を改善せずして、『人』を改善せよ」と。つまり、人が生まれてから、病気に罹り犯罪を犯し障害を負ったりすることに対してその都度対応する対症療法ではなく、そもそも病気や犯罪や障害のある人が生まれないようにするのである。彼は、それこそが重要であると述べた。

ここで、遺伝は再構成される。第一に、単純に親の性質が子に伝わるといった水準での遺伝だけでなく、ある個体の現在の性質は、親だけでなくさらに過去の祖先に由来しており、またその性質は子よりもさらに未来の子孫へと、少しずつ変化しながら伝わっていくという、〈時間軸〉の拡大において。第二に、すべての性質が受け継がれるのではなく、特定の性質のみが、しかも必ずしも表面に表れない性質をも含みながら、個体の奥深くに埋め込まれて遺伝していくという、〈深度〉において。そして、〈時間軸〉と〈深度〉の拡大において、劣等な遺伝形質をもつ人口が知らぬ間に広がり、社会や民族や種そのものが、多民族や多種との生存競争の中で消滅してしまうのではないかという〈種〉への拡大。こうして、犯罪あるいは社会問題の原因は、個々の身体に深く埋め込まれた形で認識された。

また単に進化論だけでは、優生学に接続されない。このとき進化論が遺伝説と接合して優生学へと、その最初の歩を踏み出しえたのにはさらに別の要件が必要なのだった。異常に対する健常の競争、あるいはあの民族（国民）に対するこの民族（国民）の優劣の競争として語られうるためには、その前提として健常／異常の分節の認識がなされなければならない。そしてその分節は、明治末期までにさしあたってなされた障害認識の確立において、すなわち何が異常で障害であるのかということが示されることによって、すでになされていた。

5　優境学

だが、ここで決着はつかなかった。こうした優生論の流行の中で、再び社会・環境要因への揺り戻しが行われた。「劣等」の原因を個人の生得的な性質や遺伝に求めることについては、疑念もあった。実際、遺伝研究は始まったばかりであり、特にこの国においてはほとんど蓄積がなく、遺伝が実証されるにはいたっていなかった。また、理論的根拠のひとつである進化論の中に、自然淘汰、つまり環境による生物への影響の発想はすでに存在していた。そして遺伝決定論は、そもそも外部環境のひとつである教育を施す意味をも無にしてしまうものであった。むしろ自然、家庭、教育、地域といった環境要因によって「劣等」や犯罪が発生するのではないか。そこで、環境の影響を明らかにし、環境を改善することで「劣等」や犯罪を解決しようとする思想、つまり「優生学（eugenics）」に対して「優境学（euthenics）」が提唱された。

たとえば、日本大学で倫理学を教え『犯罪倫理』（佐佐木 1926）を著した佐々木英夫は、西洋の統計を用いながら、犯罪と環境との相関について検討した（佐佐木 1922）。統計によれば、温暖な地域・季節では人に対する犯罪が多く、寒冷な地域・季節では財産に関わる犯罪が多いことがわかった。また、都市の方が犯罪率が高いことを見出した。しかしそれは、都市の人々の方が「犯罪的品性」をもっているからではなく、都市的な環境が犯罪を生み出すのだと述べた。たとえば掏摸や夜盗は都市に多いが、掏摸は互いに見知らぬ人々の集まる条件下でなければ為しえないし、夜盗は銀行などが狙われるので、そもそも群衆や資本が集中している都市でなければそうした犯罪は起こらない。あるいは、犯罪の組織化や犯罪者の潜伏にとって、匿名性が高く、犯罪者が溜まれるレストランが多く存在する都市の方が都合がよい、と述べた。
けれども、佐々木は環境のみに原因を帰属させたわけではない。「精神虚弱者」は、より社会関係の複雑な都市において不適応を起こし、そのために種々の社会問題を引き起こすという。しかも、精神虚弱者のうち「イディオート（白痴）」や「インベシル（痴愚）」は障害も重度でその存在が認知されているが、比較的障害の軽い「モーロン（魯鈍）」は、社会の中にそれと認識されずに混入している。この「モーロン」は、田舎のような単純な社会環境においては正常に生活できても、都市においてしばしば犯罪者となるという。

「都会であると、此種の人々は非常に多くの複雑な状態と非常に多くの誘惑とに、さらされるとなるのである。斯様な男女は普通彼等を監視すべき親戚も友人も存在しないのである。要するに高度の愚人又は「モーロン」が、犯罪者酩酊者淫売婦無頼漢又は窮民となる傾向は、地方に於てよりも都会に於ては、一層甚だしいものである。」（佐佐木 1922: 21）

優境学は、しかし優生学と必ずしも対立するものではなかった。それどころか、優生学の中から、優生学を補完するものとして生み出されてきた。
生物学者の山内繁雄は、個人の性質をまず遺伝によって決定されるものとして置いた。

「若し不幸にして親祖先の系統に悪性の遺伝質を有つた者があれば生れながらにして己も亦悪性の遺伝質を避けることが出来ない。斯くなれば賢、愚、良、不良、機敏、遅鈍等の分る、のは全く遺伝に因るもので、教育の力に依つては當人以外の他の人が如何に手を掛けても之を改善変化せしめ得る程度は洵に少いものである」（山内 1920: 551）

しかし同時に、山内は遺伝の複雑さも理解していた。第一、遺伝が実行されて何百万年もたってしまっており、また子は父と母の二系統から、しかも幾通りもの遺伝の組み合わせの中からひとつの遺伝を受け継ぐという。したがってある場合は優良な遺伝が勝り、別の場合には不良の遺伝が勝る。しかし、胎児から成人になる頃までは親や教師などをはじめとして周囲の人間の影響を直に受けて育っていくわけで、しかも栄養や教育の内容を子供自らはほとんど操作することができない。こうして、多くの性質は遺伝によって決定されるものの、しかしたとえ同一の遺伝を有していても、成育の境遇や栄養状態や教育の内容によって大きく左右されることを主張した。

優生学者たちは、その初期から、遺伝決定論一辺倒のような無邪気な議論をしたのではなかった。むしろ、個体と環境の相互作用によって犯罪や劣等が発生するという理論のもと、優良なものを残し不良なものを根絶するという本来の目的＝優生をよりきめ細かく達成しようとしたのである。

けれども、そこでは何を「劣等」とし、何を撲滅すべきものとするかについては、すでに問われることはなかった。優生学あるいは優境学では、その原因が個体（遺伝）にあるにしても環境（社会）にあるにしても、優良／劣等が存在し、その結果として「犯罪者」の刻印が個体に刻まれていることが前提であった。個体はその刻まれた性質において個別に優良と不良とに判断され、その原因のひとつとして、環境が注目されたのである。

また、優生学あるいは優境学の課題として重視されたのは、個人の性質のうち何が（どこまでが）環境や社会によるものであり、何が生来の性質や遺伝によるものであるかということだった。しかし言い換えれば、現在はその境界線は未知だがさらに科学が進めばそれは明らかになるはずであり、そうした前提のもと、遺伝要因の限界を探るため、さらなる遺伝研究の深化を促すこととなった。

個人に現に能力が低いことがあったとしても、それがただちに個体の内部要因によるものとは言えない。また、たとえ第一には個体に原因があったとしても、その原因を作り出した要因として社会環境があるのではないか。しかし言い換えれば、社会的な原因によらない障害者をあらかじめ区別しようとする方向へと働くことにもなる。こうした障害を原因とするものを除外した上で、教育や家庭環境の改善が主張された。

また、個体要因説と社会・環境要因説とは互いに発展していったが、それは対立するよりも互いを補完しあうものであった。そしてそこではすでに危害が障害と結びつけられており、「優良」「劣等」の規準そのものは自明であった。

6 おわりに

これまで見てきたように、「個人（身体）」から「社会」へという運動は、過去においてすでに起こっていた。しかしまさに「社会」を問題とすることを通じて、社会的な対応を行う際に、さらに細かく個人の身体を分類するという作用が働いてきた。

先に個人の障害が原因となって犯罪が起こるという認識があったというよりも、社会・環境要因も含めた犯罪の原因を探る試みがまずあり、しかしその限界や原因・処遇の効率的な探求が目指される中で、逆に個人の身体における差異、すなわち障害の認識そのものが発生してきた。そして、犯罪の個人的要因・個体における身体的な差異は、明らかに肉体的・精神的に徴候をもつ「病」よりもむしろ「中間者」や「変性」といった、(直接「病」として具体的には表れないという意味で)「病」の周辺に置かれるがしかし「病」を発生させる源となりうるものとして、認識された。「病」の手前にあって把握の困難な中間的・潜在的な徴候を明らかにしようとすることは、換言すれば、より「病」を身体に深く埋め込まれた潜在的・遺伝的な要因に由来するものとして、すでに問われることのない前提として規定する。さらに、生来性犯罪者説を過去のものとして葬ると共に犯罪に対する社会的な把握の変化において取り入れること、そして優境学のような社会・環境要因を探る試みにともなって、犯罪の個人的要因への注目とそこから派生してきた障害の認識はむしろより強く立ちあらわれた。もちろん当時の障害の概念は、現在では否定されているものも多い。しかし犯罪のようなある不可解な現象を個人の身体に埋め込まれた「障害」として分析・説明するという行い＝個人(病理)モデルそれ自体は、その中で用いられる個別の概念は変わったとしても、残った。そこで「社会」は、当時においても、差別を生みだし差別を「個人」に解消して見えなくしてしまう「個人(病理)モデル」を批判する根拠であると共に、当の個人(病理)モデルを促す源泉ともなりうる。

近年の触法障害者に対する新たな「保安処分」への動きとその議論についても、同様な現象が見られる。一見、議論は大きくは「個人(の障害)」を問題にする立場――特別病棟設置と、「社会」を問題にする立場――特別病棟反対との対立のように見える。ところが両者は微妙にすれ違う。「社会」の偏見・無知と医療・福祉の貧困を問題とする立場から、犯罪率や医療・福祉に対する低予算や社会的な対応の不足のデータがいくら示されたとしても、しかし犯罪原因を「個人(の障害)」に求める立場から見れば、(たとえその率が低くても)依然として精神的障害を伴う犯罪者は存在する。けれどもその「個人」に対する

「社会」のシステムが不充分であったと、つまり医療の低水準についての認識は共有しており、だから「精神障害」一般ではなく「重大な犯罪を犯した障害者」のための特別病棟という「社会」的な対応が必要だとする。一方、「社会」を問題にする立場においても、特別病棟をつくる前に改善すべき「社会」の側の問題があるとし、安直に障害と犯罪とを結びつけることをしないにしても、一定の障害の存在それ自体は認めている。あるいは偏見や鑑定の不備や誤診を問題とするにしても、では正しい鑑定がなされ偏見や誤診でなければよいのかという疑問は残る。そして精神医療の全体的な底上げが第一に必要だとする論の中でも、医療・福祉の充実によって精神障害をもつ人々の初犯も防げるとの主張もなされる。これは特別病棟を支持する立場からも主張されており、個人の障害と犯罪とを結びつけた上で、その対応として医療・福祉全体の施策・財政・人員の拡充の必要性が語られているのである。実際、二〇〇二年二月の与党案では、特別病棟設置とともに地域医療・福祉充実の施策が打ち出された。

だがこうして「重大な犯罪を犯した障害者」は誰かという問いはすでに議論の前提として取り残される。個人の能力・危害が自明のものとして問われないまま、「社会」的な対応がなされていくことは、しかし個人の能力・危害・経験の立ち現れる様（それは社会環境・制度や社会的構築の結果をも含み込んでいる）を結局は再び「個人」の中に置き去りにし、その根底にある「社会」の作用を不可視にしてしまう。

そこで取りうる行き方としては、個人／社会の図式で取り残される「個人（の身体）」を問い返すこと、「個人（の身体）」の立脚点を蒸し返すことである。そもそも問題とされる障害や能力が何であるのか、障害や能力と危害とがいかなる論理のもとに重なり合っているのか、いかにしてある障害が認識されてくるのか、こうした問いを改めて検討していく必要があるのではないか。けれどもその探求は、個人モデルを採用することではもちろんない。そこで採用される社会モデルは、単に社会が問題であるというだけのプリミティブな社会モデルのもとで生み出されつつ看過される「個人（の障害）」を形成・分節する作用、そしてその形成・分節における社会的な作用を不可視化することによって結果として個人／社会の二分法のもとに個人（病理）モデルを温存する作用、を見極めていく探求となる。今そこに現れている個々人の身体の有り様・経験を受け入れつつ、個人（病理）モデルが立ち上がる場所、あるいは個人（病理）モデルと社会モデルとの間でそのどちらが採用されるべきかということがそう単純にはいえない場所、そうした場所についてもう一度見ていくことである。

注

1 平成一一年度版犯罪白書によれば、一九九八（平成一〇）年度の刑法犯検挙人員（交通関係業過を除く）のうち、精神障害者は六三六人、精神障害の疑いのある者は一、三六一人。これらを除いた同検挙人員は三一三、三五八人。精神障害でない検挙者数の発生率は一〇万人あたり二四七人だが、精神障害者では九二人となる。

2 その他、現代までの犯罪学説史については、瀬川（1998）でわかりやすく整理されている。

3 小河は一八六四（文久三）年生、内務省警保局などを経て、一八九七年より内務省監獄事務官（その後監獄局が司法省に移管）。一九一〇（明四三）年の退職後は大阪府より救済事業指導監督を嘱託され、一九一八（大七）年から方面委員制度（民生委員の前身）を大阪府で発足させるなど社会事業に尽力。一九二五（大一四）年死去。

4 ロンブローゾ自身も、一八七六年の『犯罪人』では、犯罪者の九五%が生来性犯罪者であるとしていたが、一八九六年の『女性犯罪者』では三五%に修正した。そして、その頃の犯罪社会学からの批判を受けて、さらに晩年の一九〇六年には犯罪の社会的要因をも取り入れるようになった（Darmon1989＝1992）。しかし、生来性犯罪者説は否定されたとしても、犯罪を防ぐために、犯罪ではなく犯罪者を問題にした視点自体は受け継がれた。

文献

Darmon, Pierre. 1989, *Médecins et Assassins à la Belle Époque: La médcalisation du crime*, Edition du Seuil＝1992 鈴木秀治訳『医者と殺人者　ロンブローゾと生来性犯罪者伝説』、新評論。

Durkheim, E. 1893, *De la division du travail social*, Presses Universitaires de France＝1989 井伊玄太郎訳『社会分業論』、講談社学術文庫。

Ferri, Enrico. 1884→1905, *Sociologia Criminale*＝1923 山田吉彦訳『犯罪社會學』、而立社。

富士川游 1908a「變性に就て」『監獄協会雑誌』21,6: 4-15, 7:14-24.

―― 1908b「變性ノ説」、『人性』4: 123-125, 163-166, 212-215.

―― 1912「遺傳に就て」、『監獄協会雑誌』25, 9, 10.

畑良太郎 1891「監獄論講義」、『大日本監獄協会雑誌』40:14-22, 41:7-14, 43:3-9.

片山國嘉 1902「精神病醫學より観察したる犯罪者の處遇方法」、『監獄協会雑誌』15, 1.

児玉昌 1915-1916「民族興亡の科學的原理」、『人性』11: 354-357, 404-406, 445-446, 12: 26-29, 55-58.

呉秀三 1910「血統と人妖」、『人性』6: 399-409, 439-446.

牧野英一 1929『刑法における重點の變遷』、有斐閣。

松本亦太郎 1912「優良種族の消長」『心理研究』1: 1-32.

―― 1918「優生學に就て」、『監獄協会雑誌』31, 3: 6-17, 4: 6-25.

三宅鑛一 1909「精神病的中間者」、『監獄協会雑誌』22, 6付録。
——1909-10「犯罪人（不良少年ヲ含ム）ノ豫後」、『刑事法評林』1: 401-415, 2:33-50, 160-170.
三宅鑛一・池田隆徳 1909「不良少年調査報告」『児童研究』12: 313-318.
三宅鑛一・杉江薫 1914「在姫路陸軍懲治隊懲治卒の精神状態視察報告書」、『児童研究』17,7: 241-253, 11: 351-364.
永井潜 1915「人種改善學の理論」『人性』11: 149-156, 189-194, 235-249, 309-315.
日本臨床心理学会編 1990『裁判と心理学——能力差別への加担』、現代書館。
野田正彰 1982→2002『犯罪と精神医療　クライシス・コールに応えたのか』、岩波現代文庫。
小河滋次郎 1894『監獄学』、警察監獄学会東京支会。
——1906「刑事制度ニ於ケル醫家殊ニ精神病學者ノ位置ニ就テ」、『神経学雑誌』5,7: 1-30.
——1908「免囚の保護に就て」、『監獄協会雑誌』21,1.
——1909「犯罪と季節」、『刑事法評林』1,2.
丘浅次郎 1904『進化論講話』、開成館。
——1910→1974「人類の将来」『丘浅次郎集』、筑摩書房。
——1911「民種改善學の實際価値」、『人性』7: 153-159.
斎藤茂三郎 1915「遺伝と境遇」、『心理研究』45: 4-17.
——1919「社会改良と優生学」、『心理研究』16,1: 68-85.
佐佐木英夫 1922「犯罪学上より観たる優境学」、『教育学術界』43,1: 11-26.
——1926『犯罪倫理』、宝文館。
澤田順次郎 1911「犯罪豫防法としての去勢」、『刑事法評林』3,7,9.
——1916-1917「犯罪の原因及予防」、『監獄協会雑誌』29,2: 69-73, 30, 3: 47-62, 5:70-74, 9: 53-63, 10: 43-51, 11: 57-60, 12: 54-59, 31, 1: 54-60.
瀬川　晃 1998『犯罪学』、成文堂。
外山亀太郎 1910「遺伝学の進歩と人生の関係」、『人性』6.
杉江薫 1912『犯罪と精神病』、巌松堂書店。
鈴木善次 1983『日本の優生学——その思想と運動の軌跡』、三共出版。
寺田精一 1912「犯罪と遺伝」、『刑事法評林』4,5: 23-33, 6: 13-23, 7: 22-29.
——1913「窃盗の累犯者に就て」、『監獄協会雑誌』26, 9.
寺本晃久 2001「「低能」概念の発生と「低能児」施設——明治・大正期における」、『年報社会学論集』14: 15-26.
梅謙次郎 1892「ロンブロゾを讀む（罪人即病人説を駁す）」、『大日本監獄協会雑誌』45-46.
海野幸徳 1910『日本人種改造論』、富山房。
——1911a『興国策としての人種改造』、博文館。
——1911b「人種改造學上ノ悪質者處分論」、『刑事法評林』3: 750-762, 879-887, 980-987.
——1912a「人種改造學研究の急務」、『人性』8: 14-18.
——1912b「優良種族の衰頽を論ず」、『人性』8: 166-172.
——1912c「人口の量の問題に就て」、『人性』8: 248-259.
山内繁雄 1914『細胞と遺伝』、大日本図書。
——1917『人類の遺伝』、大日本学術協会。
——1920「人性の遺伝」、『心理研究』106: 317-334.
——1920「優生学と教育」、『教育学術界』41, 6: 549-553.

現代における「アイヌ文化」表象
――「文化振興」と「共生」の陰

東村岳史

1　はじめに

一九九七年、一八九九年に制定され何度か改正を経ながら一世紀もの間存続してきた北海道旧土人保護法が廃止され、代わって「アイヌ文化の振興並びにアイヌの伝統等に関する知識の普及及び啓発に関する法律」(以下「アイヌ文化振興法」と略称)が制定された。この「文化振興法」は、いわゆる「アイヌ問題」になじみのないふつうの「日本人」にとってはまだあまりよく知られていないか、あるいは多少の関心を持っている人にとっては「アイヌ新法」[1]の制定による歴史の書き直しとして前向きに評価されているかもしれない(上野 1998: 164)。一方アイヌ民族の最大の団体である北海道ウタリ協会が制定を求めていた「アイヌ民族に関する法律(案)」を支持してきた関係者からは、手続き・内容の両面に対する批判が少なくない。手続き面では、北海道ウタリ協会をはじめとするアイヌ民族の代表が法案作成過程において直接の当事者として加われなかったこと、北海道旧土人保護法に対する歴史的な総括(反省)が十分になされていないといった点、また内容面では、「アイヌ民族に関する法律(案)」が主張していた「民族自立化基金」構想や参政権(国会における特別議席枠)などが切り捨てられ、「文化振興」にのみ絞られたものになっていることである。運動関係者からの批判の詳細についてはすでに他の論者が紹介していることもあり(花崎 1998)、この一文では「アイヌ文化振興法」

の対象となっている「アイヌ文化」の取り扱われ方について考えていくことにしたい。

冒頭でふつうの「日本人」にとっては「アイヌ文化振興法」はまだあまり知られていないのではないかと述べたが、今後徐々に認知度が高まっていくことになるかもしれない。たとえば一昨年（二〇〇〇年）九月から十月にかけて、私が住んでいる名古屋でもアイヌ文化振興・研究推進機構（「文化振興法」が指定する国の事業推進団体）などの主催による一連の「アイヌ文化」関連行事が行なわれた。このような企画が名古屋でも実現されたのは、「文化振興法」の正式名称からもうかがわれるように、「アイヌ文化の振興並びにアイヌの伝統等に関する国民に対する普及及び啓発」がうたわれていることによる。市立博物館の「馬場・児玉コレクションにみる北の民アイヌの世界」展を中心に、週末には講演会や「アイヌ古式舞踊」の上演、ムックリ（口琴）の製作といった企画を組み合わせるというかなり大がかりなものだった。宣伝用のカラーポスターが二種類作成され、特に地下鉄車内で多数吊り下げられていたのが目立っていた。九月九日に名古屋市教育センターで行われた「アイヌ文化フェスティバル」に私も出席する機会を得たが、無料ということもあってか八五〇人強収容の会場は満員、「アイヌ文化」になじみのない人が多いであろう名古屋のような地でも、宣伝の仕方によってはこれだけの人数を動員できるものかと感心させられた。

さてその「アイヌ文化フェスティバル」の内容であるが、形質人類学者埴原和郎による講演「アイヌの祖先を探る」、ビデオ「アイヌ文化を学ぶ」の上映、カムイユカㇻの朗読、白老民族芸能保存会によるムックリの演奏指導と「アイヌ古式舞踊」の上演といった、バラエティに富んだプログラムであった。とはいえ、私自身はこのフェスティバルに積極的に出かけたいとは思っていなかった。「文化」現象に関心を持つ身としては、形質人類学者の興味関心は共有していないし、埴原氏がどのような話をするかはあらかじめ予測がついてもいた。なんで形質人類学者の話が「アイヌ文化」や「伝統」の「啓発普及」として登場してくるのかという違和感、時間のむだかな、という気持ちがいささか斜に構えた態度で私をフェスティバルに向き合わせることになったのだろう。そういう気分だったので、埴原氏の講演中私は居眠りをしていた。しかしながらこの日の催し物の内容、とりわけ埴原氏がなぜ「文化振興」事業に出演を要請されたのか知人と話し合ううちに、[2]むしろこの日のプログラム構成は現在における「アイヌ

（文化）」への「日本人」の関心のあり方を端的に示しているのではないかと思うようになった。

以下では違和感からある種の「納得」に至った私の思考過程を示していくことにしよう。歴史社会学的アプローチを取る者としては、本来であれば北海道旧土人保護法が制定される前後からの「アイヌ文化」の対象化のされ方を緻密にトレースしていく必要があるが、ここでは準備不足と紙幅の都合で期間を限定したい。それはアイヌの民族復権運動が立ち上がって以降の一九七〇年代から約三十年間の動向である。それ以前の時代との相違を対比的にいえば、一九六〇年代まで〈「アイヌ民族（文化）は滅びゆくもの〉として蔑まれ、〈日本人に同化すべきである〉といった論調が支配的だったのに対し、〈アイヌ民族はすばらしい文化を持っている〉として肯定的な評価を受けるように表面的には変化してきている。しかし結論を先取りしていえば、そのような肯定的な評価は「日本人」の対アイヌ認識・表象枠組みがラディカルに再編されたものというよりは、むしろ旧来の表象のバリエーションとして登場しているのではないかというのが私の考えである。

同時期の「アイヌ文化」表象を直接扱った先行研究としては、木名瀬高嗣「他者性へのヘテロフォニー」があげられる（木名瀬 1998）。木名瀬論文によれば、復権運動期以降のアイヌ（文化）像の特徴は、「『発話するポジション』の多極化」と「エスニックイメージの一元化」であるという。つまりイメージとしてはアイヌが打ち出すアイヌ像も周囲の「日本人」が求めるアイヌ像も「自然と共生するアイヌ」という似たようなものでありながら、どの場所から発話されるかによってその意味合いは多様なものになるという「ヘテロフォニック」な様相を呈しているというのである。近年の動向の一面を切り取った整理とは思うが、私は木名瀬が言及してはいるものの十分には展開しなかった側面から「アイヌ文化」現象をとらえてみたい。「イメージの一元化」という評価があたっているとしても、一元化の覆いの下に隠されたものをとらえるような視点が必要ではないだろうか。また表象する主体としてはアイヌ側よりも「日本人」側、そして「アイヌ文化」を受容（需要）する日本社会の社会意識を照らし出すことに主眼を置く。

もし復権運動活性化以降の時期の「アイヌ文化」表象を一元化というのであれば、それを指し示す言葉は、「共生」には違いないが、「自然」に限定されない「多文化主義」をも含んだより広い意味での「共生」ではないかと思われる。[3] 少なくとも表面的には「同化」主義が批判され、異質な「アイヌ文化」を価値あるものとして継承しなければならないといった論調が徐々に浸透する時代だからである。次節では「共生」の内容を特徴づけるものとして「自然との共生」と「縄文人（文化）」起源論、そして「多文化共生」の三点を中心的な要素として抽出し、要素ごとに分析を加えながら三要素の連関を浮き彫りにしたい。その後で一元化に収斂されないアイヌ側の「文化」への関わり方を検討する。なお一部別稿（東村 2001b）と重なる記述があることをおことわりしておく。

2　ネガからポジへ——「共生」への一元化

2—1　「自然との共生」・「知恵」・「魂」

「アイヌ文化」に対するある種のポジティブな評価がアイヌの復権運動期以前にまったく存在しなかったわけではない。一九五〇—六〇年代ごろから北海道の都市部においてカルチャーセンター的な嗜好をもって「アイヌ文化」に接しようという動向が「日本人」の間で生じていた。たとえば『毎日新聞』（北海道版一九六〇・四・二二）「〝趣味と実益〟で人気／アイヌ模様の民芸品づくり」は「アイヌ模様の民芸品造りが、札幌市内の民芸愛好家の間でちょっとしたブームを起こしている」と報じている。つまり人種化された「文化」（cf.吉野 1997: 148f）というネガティブなイメージを脱し、自分のものとして「アイヌ文化」を受容しようという態度である。そして八〇年代に入ると、札幌で「アイヌ文化」を学ぶグループが登場し、また道内にかぎらず道外でも「アイヌ」に関心を持つ市民団体が首都圏など都市部を中心に増加していることも疑いない。その要因の一つには、高度経済成長期以降道内のコタン（集落）から札幌や東京へ転出するアイヌが多くなり、彼（女）ら自身の活動に「日本人」も何らかの形で加わる機会が増えていることもあげられるが、政治的な「運動」として参画しようとする層よりは、「文化」的な要素に引かれて講習会や展覧会に足を運ぶ層が多いであろうことは推測できる。

また復権運動期以降に特に強調されてくる要素は「心」「魂」や「知恵」である。これらの要素も以前にまったくかえりみられなかったわけではない。たとえば「北方文化」を提唱した河野広道などは、アイヌの生活習慣の中で北国の寒冷な環境に適合的な工夫は学ぶべきものがあると述べていたし（河野 1941: 69）、実際にアイヌプリ（アイヌ風の生活習慣）の中から部分的に「道民」の生活へ取り入れられていたものもある。しかし、一般に「アイヌ」は遅れたものという認識がある中で、アイヌプリを「知恵」として文化相対的に評価するような視点は復権運動以前にはあまり見受けられないものである。「文化」の「保存」にしても、人類学的な関心からではあるが、それは現代に適応されるべきものというよりは基本的に博物館標本型文化保存であった。

それが「知恵」という言葉をともなって表象されるようになるのは、管見では主に一九七〇年代以降のことである。野草の採集や樹皮繊維の利用の仕方といったような、あるいは動物の習性を見極める狩猟技術の習得といった場面で、自然と協調的なアイヌプリが「知恵」といわれはじめたことは、それまでアイヌの「同化」＝アイヌの「無知」を別の「知」で「充填」するといった発想とはベクトルを異にしているように見える。さらに「心」や「魂」が持ち出されるとき、それは単にアイヌ賛美というだけではなく、物質文明で「心」を失った現代「日本人」のライフスタイルと対比され、反省的に参照される言葉となっている。

たとえば『北海道新聞』（一九八三・三・二〇）「不安の時代に…／自然と調和したアイヌ文化／ひと味違う学習熱」にはそのような〈時代の気分〉とでもいうべきものが濃厚に現れているように思われる。この記事は前年に札幌で発足した「アイヌ文化に親しむ会」や同年旭川でスタートした長期連続講座「ウネウサラ（楽しく集う）」の模様を報道したものだが、「これまでのアイヌ文化研究とはひと味もふた味も違ったアイヌ学習熱」の原因は「不安の時代といわれる現在の世相の反映」という「アイヌ文化に親しむ会」会長の言葉と、また旭川の連続講座主催者側の見解として「現在社会は人間を忘れて進みすぎてどんづまりに来ています。多くの人が帰り道を模索していて、それをアイヌの人たちの生活文化や自然観から学ぼうとしているのでは」という声も合わせて紹介されている。そしてそれまでの研究がもっぱら専門家やそれに近い人々によって担われ〈生きた〉ものではなかったのに対して、一般市民による「自分自身のため」の学習は好ましいものとして受けとめられている。大変好意的な「アイヌ文化」に対する態度と受容（需要）のようにも思われるが、同時代のアイヌの姿からは切り離された「自然と調和したアイヌ文化」像の浸透であることも否定できない。

ごく最近の二例をつけ加えておこう。一つは、『北海道新聞』（一九九九・一・一〇）「息づく北の伝統7アイヌ民族の刺しゅう」という記事である。「基本の技術と背景の考え方を学んだら、後はあなたの個性です。制服のように同じものを作ろうとしないのが、アイヌの文化」というアイヌの講師の言葉が紹介されているが、続けられているのは「その言葉に、大量消費とは無縁の、自然に優しい生き方をする知恵を感じた」というまとめであった。なぜ「個性」＝「大量消費否定」＝「自然に優しい生き方」＝「知恵」、とまで連想がつながっていくのか、私には論理が飛躍しているとしか思えない。講師がいおうとしたのはあくまでも「個性」の尊重である。ところが札幌の街中でさえ、「アイヌ刺しゅう」から「自然に優しい」「知恵」までが見事に導き出されているのはなぜなのか。いや、札幌の街中だからという方が適切なのかもしれない。なぜなら、それだけ刺しゅうが生み出された「生活」から脱コンテクスト化されているからこそ、逆に理想的な意味を込めることが可能になるからである。あるいは最初から結論（＝「自然に優しい」）は決まっていて、「アイヌ」に関わるものであれば落ち着く先はすでにパターン化されているといってもよい。

もう一つは、『芸術新潮』一九九九年七月号の特集「いま全地球が注目している！　北の民族アイヌに学ぼう」である。記事の個々の内容には有益な情報も含まれているが、ここでは編集サイドの認識がよく現れていると思われる表紙コピーと目次に絞って言及しておく。表紙コピーは「アイヌは敬虔なナチュラリスト／北の厳しい自然と共生する彼らは、どんな文化をつくりあげたのだろう／ワシントンの国立自然史博物館で開かれている『アイヌ――北の民族の魂』展を機に、私たちの同胞の全貌を、もっと深く知りたい！」である。ここでいわれている「敬虔なナチュラリスト」とはいつの時代のことだろうか。また「私たち同胞」というときの「私たち」とはどういう範囲なのか（＝「日本人」？）。よく考えられた上での用語選択とはいいがたい。また目次のトップ「アイヌ――北方のめげない人々」は、反射的にアイヌを「めげさせる」ような状況を思い起こさせるが、なぜ「めげない人々」なのか不明である。もう一つだけ述べておくと、「富岡鉄斎のわくわくアイヌ・ワールド」や「アイヌに下戸なし、飲まにゃ損ソン」といったサブタイトルからは、軽いノリ以上のものは感じられない。

以上は社会現象と呼んでよいような事例であるが、一九九〇年代になると行政府の側でさえ「自然との共生」

を「アイヌ文化」の中に見出し参照しようとする例が見られる。一例として、一九九五年版の『環境白書』にはアイヌを含む先住民の伝統と経験には学ぶべきものがあるとして言及されている（環境庁編 1995: 49）。したがって、「自然との共生」をはかる上での「知恵」を時代の要請として超時代的な「アイヌ文化」に求め表象・流通していく傾向には、官民問わず共通したものが見られるといえる。

2—2 起源論の新たな衣装——「原日本人」論

「自然との共生」イメージにも関連するが、それだけにとどまらず、古代からの「日本史」の連続性を再構築するような機能を持ったアイヌ／「日本人」起源論争が近年静かに浸透しているように思われる。静かに、というのはイデオロギッシュなものとしては認識されておらず、それゆえ特にとりざたされることもなく受容されているという意味においてである。ましこ・ひでのりが指摘するように、その要因としては三内丸山遺跡の発見などによって話題性に富んだトピックとして注目されていることなどもあげられるであろう（ましこ 1999）。一九九〇年代に入り起源論を展開する論者は形質人類学の分野を中心に表舞台に現れてくるようになったが、それ以前から起源論を展開していたという点で、梅原猛をその筆頭にあげておくのが適当であろう。梅原のアイヌ認識を簡単にまとめると、縄文までさかのぼればアイヌは「原日本人」にあたる存在であり、「中央」から「周辺」へしだいに追いやられていった人たちである、というものである。彼は自説を展開するにあたって他分野の研究者たちと対談し彼らの知見を活用しており、一見柔軟な学的姿勢を取っているようにもみえる（梅原・埴原 1982、梅原・藤村編 1990）。しかし彼の論理構造と動機には留意しておく必要がある。後述する埴原和郎との対談を元にした書籍の冒頭で、形質人類学の知識を活用して「日本人」とアイヌが同根であることを証明することは「今なお日本人の心に残存する、アイヌといわれるひとびとに対する積年の偏見をなくするに役だつと私は思う」と述べている（梅原・埴原 1982: 4）。したがって、梅原が「アイヌ」を差別してはいけないという理由は「日本人」と同根だからなのであり、裏返していえば、もともと「違う」のであれば差別を否定する根拠とはならないのである（花崎 1986: 104）。

梅原流の起源論に対しては早くから批判が存在していた。北海道ウタリ協会のアイヌ史編纂事業に取り組んでいた故貝沢正からは、「研究者の人種起源や民族起源の探究によって、それらの問題（アイヌに対する耐え難い偏見や差別：筆者注）が解決されるという理由も保障もない」と喝破されていた（北海道ウタリ協会アイヌ史編集委員会 1984: 1-2）。また花崎皋平は、梅原のアイヌ＝原日本人論は近現代における異文化抹殺などアイヌ民族／「日本人」関係を考える上で回避できない問題に口をつぐんだまま「始めから終りまで日本人と日本文化のために、そしてその研究の必要にもとづいて『アイヌとアイヌ文化』を取り込もうとするものである」と断じ、「文化的収奪の新版」であると厳しく指摘していた（花崎 1986: 103-4）。

しかし批判の存在にもかかわらず、梅原は他の著作でも同様の持論をくりかえし展開してやまなかったし、近年では梅原以外にも縄文人≒アイヌ説を展開する論者が活躍している。その代表的な人物として一九八〇年代から梅原と共著で「アイヌは原日本人か」と論じていた（梅原・埴原 1982）形質人類学者の埴原和郎をあげておこう。彼の学説は人骨形態の多変量解析によって「〇〇人」間の位置関係を測定する作業から得られたものであるが、その後一九九〇年代に入り「二重構造モデル」という仮説に発展させた。「日本人」集団を構成する要素のうち、一派は旧石器時代以来日本列島に在住する東南アジア系集団で、もう一派は主に弥生時代に渡来してきた北アジア系の人々であるという説である（埴原 1994: 216）。

そして最近になると他の形質人類学者たちが遺伝子情報の分析を埴原の形態分析にオーバーラップさせて登壇するようになってきた。たとえば遺伝子・DNAに関するNHKの連続番組の中では、DNA解析によってアイヌとアンデスの先住民は近縁関係にあることが判明したと紹介され、書籍として刊行もされた（NHK「人体」プロジェクト 1999）。また著名な科学雑誌『Newton』に各種の「日本人」起源論がとりまとめられて紹介もされている（竹内 2000）。さらにこれは極端な例かもしれないが、一形質人類学者はとあるシンポジウムの席で、「アイヌを名乗る人が世界中からドンドンやって来るのを防ぐためにも、DNAの共通性で科学的に証明することが必要と訴えたそうである（長岡 2000）。

花崎らの手厳しい批判によって本質はすでに見抜かれてしまっていると思われる「原日本人」論＝起源論的関心が近年になってむしろ浸透しているとすれば、それを消費する側の受容（需要）が存在するからに他ならないだろう。論者たちの思想的な背景や興味関心はかつての「日本人種」起源論争と通底するものであるにもかかわらず、

「人種」論として抵抗なく受け入れられているのは、最新の科学的知見を折り込んだより洗練された新たなスタイルで登場しているからであろう。たとえば上述の遺伝子・DNAに関するNHKの連続番組の中に「人種」起源論が折り込まれると、そこには科学の進歩による未知の世界の解明という知的好奇心のくすぐりと、古代における人類の伝播経緯を類推し文明社会化以前のエコロジカルな生活を夢想するといったロマン化の文脈に同時に置かれ、味つけされている。アイヌとアンデス先住民の同一起源説について紹介した章の終わりは「共通の祖先から、自然とともに生きる知恵とスタイルを、受け継いできたに違いない」と閉じられているし、別の章にも「自然を尊び生きていた」先住民たちの言葉が紹介されている[4]（NHK「人体」プロジェクト 1999：第三章・第五章）。また同書の第五章「遺伝子が示す多様な日本人像」からうかがえるように、遺伝子をベースとした起源論争は多元論とも結びつけられているのである。

ここで「原日本人」論の展開における特徴を三点にまとめておこう。一点目は、装いは洗練され新しいものになっているが、根底にある発想は「古い酒」のままであること。つまり「日本（人）」が近代以降の構築物であり、それがどのように形成されてきたのかを問い直す方向には議論が展開せず、むしろ古代からの「日本（人）」の連続性を強調するものであるという点である。たとえば梅原・埴原共著の中の「アイヌは和人以上に日本人である」という一章は、「日本人」の定義がなされていないために意味不明な一節なのであるが（梅原・埴原 1982：第九章）、「アイヌ」を「日本人」というカテゴリーの中に回収しようとしている意図だけはたしかである。これはおそらく当人たちが対アイヌ差別解消を目した反省的善意に基づいているだけに、かえってやっかいで無意識なナショナリズムであるといえる。

二点目は、「人種」概念の再浮上である。上で指摘したように、梅原や埴原の「日本人」概念は規定されていないのだが、論理展開から推察するかぎり身体的特徴と文化的特徴そして集団アイデンティティが重なり合うものとして考えているらしい。特に形質人類学者の埴原は身体形質から人間集団を規定している点で、身体決定論のおもむきがある。埴原自身は「特別な文化をもっているという点で普通の和人とは違うから、アイヌは民族だというべきである」と述べ、一方「人種」的には同根ではないかとして概念の使い分けをしているようにも見える（梅原・埴原1982：128）。しかし実のところ彼は縄文から現在に至るまでの時代の人骨を計測し、その位置関係を表にして提示しているが、そこには「日高アイヌ」や「北見アイヌ」といった「民族」カテゴリーが紛れ込んでいるのである（埴原1994：229）。さらにいえば、彼の説は人骨計測から「〇〇人」の「定型」を導き出すような議論である。[5]このタイプの議論は、極端な例としてあげたが、場合によってはＤＮＡによって所属民族集団を規定するという危険な発想にも結びつきかねない。

三点目は、「原日本人」論が多元論やエコロジー論とも結びついていることである。起源論と多元論の癒着は戦前期における「混合民族論」（小熊1995）のリバイバル版といえるものであり、[6]エコロジー論との癒着は高貴な野蛮人モデルの変種に近いものかもしれない。

2—3　「アイヌ文化振興法」と「多文化共生」

一九九七年の「アイヌ文化振興法」制定が行政策時代区分として一時代を画すものであることに異論はないだろう。冒頭で述べたようにこの法律に対する批判は少なくないが、ここでは「文化振興」をはかる側の認識に焦点を当てていくことにしたい。

「アイヌ文化振興法」制定の直接の契機となったものは、村山内閣の下で内閣官房長官五十嵐広三が私的諮問機関「ウタリ対策のあり方に関する有識者懇談会」を設置、九六年四月に同諮問機関が提出した答申である。私がこの懇談会答申でかねてから気にかかっていたのは、委員の一人でありながら答申が出される直前に死去した司馬遼太郎の認識である。この答申には「司馬遼太郎委員の逝去という悲しみを乗り越えて形成された認識と提言を整理したもの」と記されていることからすれば、彼の意志が内容に反映されているとみても的はずれではなかろう。その答申が提出された直後の記事の中で、彼の生前の発言として次のようなくだりが紹介されている。「日本人の中にアイヌがいるということは大変豊かな感じがします。日本の中に少数者がいることは日本文化にとってたのもしいことだと思います。／最も大切なことは少数者の威厳を守ること。少数者の人たちが、自らの文化や言語を守るのを眺めていること。守れというのではなく、その人たちが自らの文化や言語を身に着け、他者とは違うと思い、その威厳を持っていることを尊しとすることです」（『北海道新聞』一九九六・四・二「『司馬史観』色濃く反映」）。彼は後段で「少数者の威厳を守ること」について語っているから、一概に否定的に評価されるべき見解ではないかもしれないが、前段では「日本」が「豊か」になるための存在として「アイヌ」が見られているのである。

行政側の認識も同様である。「アイヌ文化振興法」の施行にともなって、文化庁長官官房会計課長の水野豊は『月刊文化財』誌上で「アイヌ文化を日本の文化をより豊にするものとして積極的に位置づけて、多様な文化の発展を図っていくことが必要である」と述べている(水野 1997: 62)。一九七一年に同じく『月刊文化財』で国立劇場の職員が「アイヌの芸能のうちにわれわれの歴史以前の歴史の芸能の匂いをかぐことができるように思われる」(西角井 1971: 15)と起源論的関心を述べるのにとどまっていたのに比べれば、水野の認識はより「現在」へシフトしたものになっていると受け取れるかもしれない。とはいえ「日本」が豊かになるための「アイヌ文化」という点で、司馬遼太郎の発想と酷似している。

では「文化振興法」の運営主体当事者の認識はどのようなものか。アイヌ文化振興・研究推進機構の理事長に就任した佐々木高明は、一般読者を想定しながら書いたと思われる『多文化の時代を生きる』の中で、日本政府や日本社会には「アイヌ民族に対する無知と誤解」が存在していたと述べ、「絢爛たるアイヌの文化」の紹介に努めている。また「一部に『アイヌ新法(文化振興法:筆者注)は文化に偏り、生活の向上に役立たない』という厳しい批判が生じていることも事実です」とふれてもいる(佐々木 2000: 第四章)。このように佐々木の認識も反省的な側面が表出された文化論なのだが、ここでは本の表題である「多文化」と彼の立論との関係に着目してみよう。彼は「今日、多文化の時代を迎えるにあたり、日本の国土のなかで長く培われてきた『単一民族国家』の幻想が早急に転換されることが強く望まれるところです」(佐々木 2000: 153)と、「単一民族国家」観からの脱却と「多文化(主義)」への移行を時代が要請するものとして認識している。この認識が誤っていること、すなわち「単一民族国家」観が浸透するのは戦後のことであるのはすでに小熊英二が明らかにしている(小熊 1995)。しかしながら佐々木は「単一民族意識」は「日本列島における国家の形成史とともにつくり出されてきたものであり、とくに近代国民国家の成立とともに、そうした国民(民族)意識が再生産され、強調されて今日に至ったということに注目しておきたいのです」(佐々木 2000: 138)と「近代」にアクセントを置きながらも均質な「日本」意識の連続性を通史的に述べる。[7] そこで彼が「単一民族」観相対化のために持ち出すのが古代における「日本文化の多重構造」で、縄文文化＝ナラ林文化＝採集・狩猟民文化に照葉樹林文化＝焼畑文化が流入、さらに弥生時代に稲作文化が伝来して「日本文化の原型」が成立するというふうに「多重構造」を説明する（佐々木 2000: 第二章）。そして他の北方諸民族との「文化」の共通性にも目配りした後で、彼は「アイヌ文化」を「東北アジアのナラ林帯で栄えた絢爛たる採集・狩猟民文化の一部」として位置づける（佐々木 2000: 160）。

この立論の仕方からわかるように、縄文文化と「アイヌ文化」を同一のものとして論じているわけではないにしろ、佐々木のアイディアもまた梅原らの縄文文化＝基層文化＝アイヌ文化論と親和性が高いものであることはうかがえるであろう。民族学者を自称する佐々木はさすがに埴原のように身体（人種）決定論に近い議論を展開しはしないが、環境が文化的・民族的アイデンティティを規定していると考えているし、「多文化共生」の基盤となる「文化」認識を古代に遡及して求めているという点でも上述の論者たちと議論の土俵を共有しているのである。実際他の著作では埴原の研究を持論の補説として組み込んでもいる（佐々木 1993）。

ところで「アイヌ文化振興法」は第一条で「アイヌの人々の民族としての誇りが尊重される社会の実現を図り、あわせて我が国の多様な文化の発展に寄与することを目的とする」としながらも、「誇り」の源を当該の人々の主導で運営するのではなく、国家が定める「指定法人」（アイヌ文化振興・研究推進機構）が管理するという仕組みを作っているという事実からして、アイヌを主体として認知していないものでもある。このように「文化」運営の主体が「日本人」側であること、そして他者の「文化」を取り込む側が豊かになる契機としてとらえているという点で、オリエンタリズムの延長線上にあるものと考えることができる。

国家が管理運営・操作するこのような「文化」についての批判的な検討は、多文化主義に関する研究などの中で近年よく見かけるものである。たとえばモーリス - 鈴木はオーストラリアの多文化主義行政における先住民族アボリジニーの扱われ方について次のような批判的見解を述べている。「多」文化とはいってもあらゆる要素が平等に尊重されるということはなく、「特別な社会的承認を受ける（文化資本）」もののみが好待遇を受けている。具体的にいうと「アボリジニーズの美術は国家規模で奨励されているにもかかわらず、その美術様式を創造した生活形態は否定され」、「多くの場合、『多文化主義』という名の公式政策は、多様性に対する切り貼り的アプローチ」にすぎない、と（モーリス - 鈴木 1996: 52-3）。「アイヌ文化」についても同様の事態が起こりうる可能性がある。「文化振興法」以前の「アイヌ文化」の扱われ方には「切り貼り的アプローチ」という評価が十分当てはまるし（東村 2001b）、以前の経緯に対して行政府側からの適切な批判や反省がなされていない以上、「切り貼り的アプローチ」の延長線上に「文化振興法」も位置づけられるからである。

2—4 「共生」の現実——「日本人」側の願望

以上の分析で、「自然との共生」・「原日本人論」・「多文化共生」の三つの要素が連結し合って今日の「アイヌ文化」表象の網の目を形成していることは明らかであろう。かつて古代に存在したとイメージされる「自然と調和的な」生活習慣と多元的な文化複合形態に現代社会の閉塞から脱出するヒントがあるとし、自分の理想（ほしいもの）を投影して「人種」論に重ね合わせているのである。指摘しておきたいのは、「日本人」が「アイヌ（文化）」に求める像が、自己像の反転のような様相を呈していることである。アイヌの民族復権運動活性期以前の状況と比較すればその他者像はポジからネガへと転換しているが、他者像と自己像が対比的にイメージされる構造は同じである。

ここまでお読みいただければ、一昨年九月に名古屋で行なわれた「アイヌ文化フェスティバル」に違和感を抱いていた私が、なにゆえに現在の「アイヌ文化」現象を端的に示している構成なのだと「納得」するに至ったのか、おわかりいただけよう。「古式舞踊」は復権運動期以降に国から正式な文化財指定を受けたものであるし（東村 2001a）、埴原の人種論は梅原の「原日本人」論やＤＮＡ解析研究と癒着して浸透している学説である。そしてそれを支える枠組みは「多文化共生（主義）」を指向する「アイヌ文化振興法」なのである。

「文化振興法」の枠組みでは、誰が「アイヌ民族」で何が「アイヌ文化」なのかという根本的な問いが不問にされ、近代以降の日本社会における「アイヌ文化」の対象化／非対象化の過程が検証される機運も生じていない。ネガがポジに変わったり、あるいは新たな装いをしているように見える部分もあるが、「古式」や起源、あるいは

「人種」で「アイヌ」を固定する枠は根強く継承されているのである。そして論者たちには差別や過去の研究の歪みを反省している身振りがうかがえるのであるが、その分だけ自分の立論が「日本」枠の再構築であるという政治性に無自覚であると思われる（ましこ1999）。また「原日本人」論や「文化振興法」に対する批判が存在しながらも一定の集客をはたしているのは、それだけの需要が存在するからに他ならないであろう。

このような脱コンテクスト化された、「日本人」側に都合のよい「アイヌ文化」のもてはやされ方に早くから警鐘を鳴らしていたのが、梅原猛に批判を浴びせていた花崎皋平である。『読売新聞』（北海道版一九八三・一・十二）「内省が欠ける『アイヌ文化』論ににがにがしい思い」で彼はこう述べている。「なぜにがにがしいかといえば、こうした『流行』は、シャモ（非アイヌ多数派日本人）の学者や一般市民の知的おもちゃとして、『アイヌ』とその文化をいじくる（ある場合にはもてはやす）という従来くりかえされてきた型を、無反省に踏んでいるものだからである。…アイヌを取り巻くシャモ社会の雰囲気は、よくなってはいない。表面上ではなんの差別もないかのようなたてまえをとりながら…。それだけに、文化が文化だけ切り離されて、野原に咲いた美しい花を折るように摘み取られ、飾られて、鑑賞の対象とされる雰囲気に気色がわるくなるのである」。彼の言葉はかなり感情をあらわにした手厳しい批判であるが、そこには彼自身が関わっていた日本交通公社の差別広告事件（成田・花崎ほか編1998）に対する認識や梅原批判も反映されていたであろう。ただ、それらの突出した事例に対してのみの批判の言葉でもなく、同時代の「アイヌ文化」表象一般に対する危機感を表しているように思われる。そして実際彼の批判の後にも「文化が文化だけ切り離されて」「鑑賞の対象とされる雰囲気」は存続するのである。

このような分析結果をもとにするかぎり、復権運動期以前の「文化」表象との異同ということに関していえば、「はじめに」で述べたように、変わったようで変わっていない、あるいはかつての表象パターンが形を変えて登場してきたという総括が妥当ではないだろうか。たとえばSiddle（1996: 171）や木名瀬（1998: 187）が指摘するように、「人種化」されて語られていた「文化」のカテゴリーを、復権運動期においてはアイヌの活動家たちが「脱 - 人種化」し、肯定的な意味づけをして用いるようになったというのは一面の指摘としては正しいかもしれない。しかしながら、その一方で身体的特徴と「文化」を結びつけてとらえるような議論が再登場していることも事実である。つまり「文化」と「身体」は分離と接合の両面をくりかえしながら、複合的に「文化」表象の場面に浮上してくるのである。また「原日本人」論のような起源論争は、別稿で述べたような「アイヌ古式舞踊」を「古式」で縛る評価とも通底している（東村 2001a）。もちろんネガのイメージがポジに反転したことによって、アイヌ自身の「文化」表象への抵抗感が薄れていくというプラスの面は存在するにせよ、こと日本社会の受容のあり方にかぎっては、「シャモ社会の雰囲気は、よくなってはいない」という花崎の言葉を今一度想起する必要がある。ポジティブな表象を歓迎する前に、それがどれだけ過去の表象枠組みと異なるのか、慎重に見極められなければならないということである。

3 アイヌが表明する「文化」――「一元化」に収斂されないもの

3―1 「武器としての文化」

「はじめに」で述べたように、私の主眼は日本社会が「アイヌ文化」をいかに受容してきたのかを批判的に検討することにある。ゆえにアイヌ自身の「文化」活動に関して論ずる適役ではないし、特に今日のようにアイヌ自身が自らの主張を展開する機会が多くなっている時代においては、代弁者のような立場に立つことを避ける意味でも慎重でありたい。ただ、「日本人」側が「アイヌ文化」に付す意味のみを論じるだけでは、当事者のアイヌ民族が「文化」に付す意味との交錯が読者にはとらえにくいだろうと思われる。そこで、ここでは上述の「エスニックイメージの一元化」に収斂されないような「文化」の主張をとりあげて検討したい。いいかえれば、「日本人」側が「文化」を一元化し飼い慣らしてしまわないために読み取るべき「力」である。

以上を前提として、この時代の「文化」活動について考えるときにまず留意すべきことは、世代による「文化」の継承や意味づけの違いである。いわゆる伝統的なアイヌプリに通じていない若い世代が増加するにつれ、「アイヌ語」や「アイヌ文化」は意識して自覚的に習いおぼえる対象へと変化していることは疑いないだろう。つまり「文化」を主張する際にも、それを我が身から一度切り離して対象化し説明する言葉を与えるといった態度が生じる。それは太田好信の言葉を借りれば「文化の客体化」（太田

1998：第二章）であり、このことを意識的に実践しようとしていた人物の代表が結城庄司ではないかと思われる（結城 1997）。木名瀬は結城が「アイヌモシリ」という用語を核に「自然と共生するアイヌ」像を広めるのに大きな役割を果たしたと述べているが（木名瀬 1998：187）、私が着目したいのは運動家としての彼が「文化」に与えていた意義である。

結城は「アイヌ解放同盟」を結成し、一九七二年の日本人類学会日本民族学会連合大会における研究者に向けての公開質問、同年静内のシャクシャイン像の台座に刻まれた「知事　町村金吾書」の文字の削除、また七七年の北大の林教授のアイヌ差別講義に対する抗議運動などに見られるように、「抵抗」の実力行動を強く指向していたかのように受けとめられてきた活動家であろう。それがネガティブに表象されると、当時他に頻発した「アイヌ解放」を唱えた各種の爆弾騒ぎなどの動向とひとくくりにされて、「アイヌ過激派」というレッテルを警察やマスコミからはられることになる。結城自身は北海道新聞に対して「過激派」の呼称をやめるよう申し入れをしているが、その主張が正当であるにせよ、一度はられた「過激派」のイメージは、彼が「同胞からも遊離させられていった」（竹内 1993）という結果をもたらしたこともあった。しかし、彼は抑圧に対する抵抗の側面だけを押し進めたわけではないようである。どのように運動を周囲に伝え、支持を得るかという点についても自覚的に考えていた節がある。それが端的に表れているのが「文化というのは武器なんだ」（「被差別大衆の生活と文化」1981：34）という言葉であり、具体的な実践としてはアシリチェップノミという行事の企画である。

竹内渉によれば、アシリチェップノミは一九八一年に創設された札幌アイヌ文化協会の最初の取り組みとして、かつてコタン毎に行われていたという新しい鮭を迎える儀式を一年かけて復活させたものである。ただし、「復活」とはいっても、まったく往時のままのスタイルを行なったわけではない。何より札幌という大都市の街中で開催することについては、アイヌの中でも賛否両論があったようである。しかし、そのことは結城も十分承知した上で、あえてそのような場所を選んだのは、「コンクリートジャングルのここ札幌で、アイヌ民族の伝統行事を行ない、滅びることを拒否し続けているアイヌが多数参加すること自体が、声高に叫ばなくとも、鋭い刃物となる」という発想に基づくものであった（竹内 1993）。

もちろんそれを「鋭い刃物」として提示したいという結城の意図にはそわないような解釈が現れることもある。たとえば、「アイヌ肖像権裁判」の公判のやりとりで、被告側弁護人がアシリチェップノミについて「神事というよりも、むしろ、観光的な要素が強いと言えますね」と評している。ただし、それに対して原告側証人は「私はそうは考えてはいません」と反論している（現代企画室編集部編 1988: 181、cf.太田 1998: 第三章）ように、異なった解釈に対して意義を再主張するような場として、アシリチェップノミは機能してきたのである。

ここで考えておきたいことは二点ある。一つは結城庄司が思い描いていたような「武器としての文化」は存続されているのか、あるいはいまでも有効であるのかということである。アイヌを抑圧へ「抵抗する主体」／「同化される客体」というように二分してとらえる見方は近年批判をあびるようになってきた（小川 1993）し、「アイヌ文化」も「抵抗の象徴」と短絡的・一面的にとらえることには慎重でなければならないだろう。とはいえ、結城の意図が「鋭い刃物」の提示にあった以上、このような「文化」活動が抵抗の所産と受けとめられることは決して彼の意図からはずれているものではない。また、アイヌプリに則った行事を「復活」させようという試みにはまだ法的・行政的制約が多いことを考えると、「抵抗」として「文化」活動が構想されることはもはや時代遅れだと簡単に片づけてしまうわけにもいかないようである。裏返していえば、アシリチェップノミのような行事の意義は、「文化」活動に際しての諸制約を表面化させたことにあるといえるかもしれない。[8] 現行の漁業法や水産資源保護法の枠組みでは、「伝統文化」祭礼を行なうためにサケを自由に捕獲することはままならない。アシリチェップノミ用としてごくかぎられた数のみの捕獲は行政から許可されているものの、サケ資源全体から見ればスズメの涙に等しいものであることは明らかである。

3―2 「生活」と「文化」の関係

ただ、表出される「文化」活動現象もさることながら、一方で私が関心を抱いているもう一つの点は、「生活」と「文化」に結局どのように折り合いをつけていこうとアイヌ自身が考えているのかということである。たとえば「アイヌ古式舞踊」の重要無形民俗文化財の指定に際しても、それは「生活」から遊離したものであってはならないというような批判は早くから存在していた（東村 2001a）。ただし、ことは舞踊にかぎったことではないとするならば、個々人のアイヌが生きる「生活」と「アイヌ文化」と呼びならわされるものとがどのような関係にあるのかは、彼（女）らのアイデンティティの定め方とも密接に関連する問題となってくる。

近年の若い世代のアイヌ（といっても私と同年代という意味であるが）の発言として私が興味深く受けとめたのは、『アイヌ文化の現在』（札幌学院大学人文学部編 1997）という、本稿の主題・問題関心とまさに重なり合うようなタイトルの本に収められた二人が語る「アイヌ」と「アイヌ文化」である。そのうちの一人、阿寒湖畔で民芸品店を経営する秋辺日出男は、この書籍の帯カバーにも抜き出されているような〈アイヌと自分が認識している人間が営んでいる生活がアイヌ文化にあたる〉という見解を述べている（秋辺 1997: 14）。もう一人、独学でアイヌ語を学んだ後現在は研究者としての道を歩んでいる大谷洋一は、別の文中でであるが、「最近、『自分をアイヌだと思っている人』というアイヌの定義をよく見聞するが、私にはそう思っている人の『アイヌ像』がさっぱりわからない。心底、自分自身をアイヌと思える人は幸せであるが、私は自分自身を真からアイヌと思えないままでいる。今の私はただ、アイヌの血を引いているだけの人間にすぎず、『アイヌの一子孫』という存在でしかない。別の言い方をすれば『現代アイヌ』でもいい」（大谷 1997a: 373）と、それだけ抜き出せば固定的ともとれる「アイヌ」認識を述べている。しかし、彼は自己否定をしているわけでも現在におけるアイヌ民族の存在を否定しているわけでもない。彼がいう「アイヌ」とは彼が目標とする姿であり、目標との距離を努力によって埋めようとしているのである。「僕が理解しているアイヌっていうのは本当に立派な人の意味がこもっているわけ。…カムイとの対話ができないアイヌは、本来のアイヌではないなと思っている。そういうアイヌになりたいっていう僕の考えなんだ、本当は」（秋辺・大谷 1997: 94-5）。そして「アイヌだけに対して厳しく民族としての定義をふりかざして、アイヌが現代アイヌとして存在することを否定しようとする動きに反発」するとも述べている（大谷 1997b: 72）。それに対して秋辺もまた「アイヌのよさ」についてふれ、「昔、古きよき時代の精神的背景とか優しさを、お年寄りから習った」と語っている（秋辺 1997: 15-6）。この二人の発言をしたり顔で論ずることは自重したいが、ここまでの引用から「文化」と「生活」をとらえ直すために汲み取るべきこととして私が感じたことを述べておきたい。

「文化」と「生活」をさしあたり別のカテゴリーとして設定した場合、アイヌの民族復権運動期における「文化」と「生活」の関係は次の二つのベクトルの複合として指し示されることになろう。一つのベクトルは、秋辺がいうように「生活」こそが「文化」であるという発想で、自らがまずアイヌとしてあり、その人間の生に「文化」を重ね合わせるという順序（規定）になっている。もう一つのベクトルは、「文化」をあるべき姿・目標として設定し、そこに「生活」を近づけていくというもので、それは大谷が時に揺れを感じさせながら自分の目標としての「アイヌ」を思い描いているさまである。そして二人の対話における発言などからわかるように、両者は二項対立・二律背反ではなく、現実には歩み寄り、時に目標としての「文化」を掲げながら運動や学習へとつなげ、また固定化された「文化」概念により我が身を縛られないために、「生活」こそが「文化」であると規定し直してみる、そういう関係でもある。

どちらか一方がすばらしいというのではなく、平板な物言いではあるが、「文化」への関心・関わり方の多様さに応じて、固定的ではない「アイヌ文化」がありうるだろう。[9]それをアイヌ自身が意識化して広めていくことは、他者（「日本人」）のための「文化」ではなく、アイヌ自身にとっての「文化」を意味づけることにつながるものではなかろうか。

4　むすびにかえて

このエッセイでは主に過去約三十年間の動向、すなわち現代史に絞って「アイヌ文化」の状況を検討してきた。一九七〇年代以降アイヌ自身が「文化」活動に参画する動きが目に見えて増加するようになったことを私は軽んじたいわけではない。しかし、「アイヌ文化」への着目はアイヌがそこに主役として参画しようとしまいと起こりえたことだとも私は考えている。つまり、アイヌ抜きであっても、マジョリティ「日本人」側の需要によって（もちろんその中での関心はかぎられた層にとどまるが）必要であるかぎり、「アイヌ」は着目され流通されてきたのである。その歴史的な文脈の上に現代の「アイヌ文化」現象が生じていることはたしかである。「共生」の美名の下で展開している一見ポジティブな「アイヌ文化」表象は、「基層」を破壊した後にはえてきた新種ではなく、「基層」の栄養分の上に繁殖している変種のようなものである。

したがって、一元化に収斂されないようなアイヌ自身の「文化」活動や認識についてふれはしたものの、それに頼ることなく、「日本人」側がどれだけ自分の視線に自覚的であれるかどうかが問われることになる。そのためには、マジョリティ側の「文化」認識をさらに具体的にえぐりだすことが今後の課題としてあげられる。第一には「アイヌ文化振興法」行政の今後の展開に着目したい。また社会意識論としては、「自然との共生」・「原日本人」・「多文化共生」の連結の概要については示し得たと思うが、そのような表象の浸透を支える側、つまり受容する側の嗜好や意識により深く迫る試みがやはり求められるだろう。そして「アイヌ文化」のみにとどまらず「日本文化」や「北海道（北方）文化」がどのように表象されてきたのか、「アイヌ文化」表象との比較あるいは位置関係（従属・内包・排除など）を考察することも必要である。いずれにせよ、何が、誰によって、どのように「文化」として対象化され、価値づけされて流通していくのかという基本の視点を見失わずに、同時代の「文化」現象に迫りたいと思う。

注

1　「アイヌ文化振興法」制定以前においては、「アイヌ新法」の略称はすぐ後に述べる「アイヌ民族に関する法律（案）」を指す語として用いられることがほとんどであった。「文化振興法」を「アイヌ新法」の名で呼ぶことは、「アイヌ民族に関する法律（案）」との相違を不明にし、「文化振興法」は「アイヌ新法」の名称に値しないとする運動関係者にとっては使用されないこともある。

2　上述のように、私は当日講演中に居眠りをしていたので、埴原氏の話の内容をきちんとチェックしていたわけではない。よって私の記憶が定かでない個所については、いっしょに出席した知人から補足的に聞いたことも参考にしている。ただしもちろんすべての文責は私自身にある。

3　アイヌ民族にかぎらず、「障害者」「部落民」「在日」といったさまざまなマイノリティ集団との「共生」が現代日本における「時代の要請」であることは、他の論者も指摘している（金1999：第二章）。

4　ちなみにこの書籍で紹介されているアイヌの音楽家加納沖は、別の場所でであるが次のように述べている。「最近よく耳にする、DNAのミトコンドリア鑑定による〝血統〟みたいなものが民族だというのは、あまりしっくりきません。…DNAのミトコンドリアなんて、科学的にはうま味のあるものかもしれませんが、私たちは、そんなことには関係なく先住民族であり続けるのです」（加納1999）。

5　名古屋で行なわれた「アイヌ文化フェスティバル」における埴原の講演「アイヌの祖先をさぐる」の席上、彼は「アイヌの定型的容貌」としてある人物写真をスクリーンに映し出していた。このような研究者の「定型」表象については、佐々木昌雄がすでに一九七〇年代初頭に痛烈な批判を行なっていた（佐々木 1974、東村 2000）。

6 実際埴原自身、小金井良精・清野謙次・鳥居龍蔵ら人類学分野の先人には「一面の真理をついてい」る面があると述べる。よって自分たちの世代の研究者の課題は彼らの説を「新しい研究で少しずつ塗り変えながら復活させる」ことにあり、「それをしなくては日本人論は成り立たない」とまでいっている（梅原・埴原 1982: 97）。

7 佐々木は埴原などと比較すると「近代」に対してはるかにセンシティブな論者であることは認められる。ごく最近発表された対談中の発言でも、「縄文人も弥生人も国籍なんてなかった。…われわれがお互いに自分たちのことを『日本人』だと思うようになったのは明治維新以後のことでしょう。それまではせいぜい自分は薩摩の人とか会津藩の人とかいう自覚しかない。『日本人』というアイデンティティは明治時代になって国民国家が出来て以後、とくに日清・日露戦争を経てナショナリズムが高揚して以後に形成されたものと考えた方がいいと思います」とごくまっとうな「常識」を述べてもいる（佐々木・北村・赤坂 2001: 201）。ただし本文で述べたように、「単一民族国家」観の浸透を戦前に求めるのは時期尚早である。

8 アシリチェップノミ以外の「文化」活動については、たとえばイオマンテ（熊送り）があげられる。一九五五年北海道庁は人前で熊を「殺す」ことは野蛮であるから禁止する旨の通達を出す。その後白老のアイヌ民族博物館が伝統的な送り技法の記録や伝承を目的として一九九〇年代に行なったイオマンテも、いったん新聞で報道されると「残酷だ」という新聞読者からの抗議の声が届いたそうである（中川 1995: 155）。この件については別稿（東村 2002）を参照。

9 ただ、そうはいっても次のような指摘を目にするとき、シンボリックな「文化」が求められることがあるのも否定できず、いわゆる当事者にとっての「文化」表象（展示）の意義を再考察する必要がある。「アイヌやアボリジニィに関する博物館のほとんどには、差別への戦いの歴史が欠落していると申しましたが、そのことはまた、差別との戦いの歴史を通じてアイヌやアボリジニィがどのような文化を創りだしてきたかという問題が、問われていないことを示しています。ということは、そこで展示されるアイヌやアボリジニィの『民族文化』なるものは、固定化され自己完結したイメージで語られることにならざるをえない、すくなくともそういう傾向を強くもたざるをえないと思います。『同化』の道をえらんだアイヌやアボリジニィにとっては、現実生活から切断されたところの『民族文化』であるがゆえに、固定化し自己完結化している方が、かえって心のよりどころにしやすいということもあるでしょう。…にもかかわらず、そうした『民族文化』が差別との戦いの中で更新され変革されてきた生きものとして受け継がれないかぎり、その『異化』の道も『同化』の道も平等社会へはつながらないのではありますまいか」（ひろた 1999: 193）。

文献（新聞記事は文中に記した）

（財）アイヌ文化振興・研究推進機構編 2000『馬場・児玉コレクションにみる北の民アイヌの世界』。

秋辺日出男 1997「若者にとってのアイヌ文化とは」札幌学院大学

人文学部編 1997, 1-40.
秋辺日出男・大谷洋一 1997「（対談）アイヌ文化の現在」札幌学院大学人文学部編 1997, 75-117.
上野千鶴子 1998『ナショナリズムとジェンダー』青土社。
梅原猛・埴原和郎 1982『アイヌは原日本人か』小学館。
梅原猛・藤村久和編 1990『アイヌ学の夜明け』小学館。
NHK「人体」プロジェクト 1999『驚異の小宇宙・人体Ⅲ遺伝子・DNA③日本人のルーツを探れ——人類の設計図』NHK出版。
太田好信 1998『トランスポジションの思想——文化人類学の再想像』世界思想社。
大谷洋一 1997a「異言語との闘い」『岩波講座日本文学史第17巻口承文学2・アイヌ文学』岩波書店、371-385.
——1997b「道外に住むアイヌとして」札幌学院大学人文学部編 1997, 41-73.
小川正人 1993「近代アイヌ教育史への課題」『地方史研究』245: 18-22.
小熊英二 1995『単一民族神話の起源——〈日本人〉の自画像の系譜』新曜社。
加納沖 1999「もう一度ウトゥワスカラㇷ゚」『けーし風』23：12-3.
環境庁編 1995『環境白書総説平成7年版』。
木名瀬高嗣 1998「他者性へのヘテロフォニー——現代のアイヌイメージをめぐる考察」『民族学研究』63(2): 182-191.
金泰泳（キム テヨン）1999『アイデンティティ・ポリティクスを超えて——在日朝鮮人のエスニシティ』世界思想社。
『芸術新潮』1999「特集いま全地球が注目している！ 北の民族アイヌに学ぼう」一九九九年七月号。
現代企画室編集部編 1988『アイヌ肖像権裁判・全記録』現代企画室。
河野広道 1941『北方文化の主潮』北方出版社。
佐々木高明 1993『日本文化の基層を探る——ナラ林文化と照葉樹林文化』日本放送出版協会。
——2000『多文化の時代を生きる——日本文化の可能性』小学館。
佐々木高明・北村昌美・赤坂憲雄 2001「ブナの森、ナラの林の文化論」『東北学』4：186-205.
佐々木昌雄 1974「『アイヌ学』者の発想と論理」新野直吉・山田秀三編『北方の古代文化』毎日新聞社、167-198.
札幌学院大学人文学部編 1997『アイヌ文化の現在』札幌学院大学生活協同組合。
竹内均 2000「竹内均の日本人起源論データ編」『Newton別冊日本人のルーツ血液型・海流で探る』、118-55.
竹内渉 1993「アイヌ宣言——私論・結城庄司アイヌ」『別冊宝島EXアイヌの本』宝島社、136-7.
長岡伸一 2000「シンポジウム『人類学は先住民族をどう考えているか？』in札幌」『シサム通信』106：6-7.
中川裕 1995『アイヌ語をフィールドワークする』大修館書店。
成田得平・花崎皋平ほか編 1998『新版近代化の中のアイヌ差別の構造』明石書店。
西角井正大 1971「アイヌの芸能」『月刊文化財』95: 13-9.
花崎皋平 1986「現代日本人にとっての民族的自覚とは」『世界』483: 99-117.
——1998「共生の理念と現実——アイヌ文化振興法の成立と『共生』の今後」『岩波講座現代の教育5共生の教育』岩波書店、

3-25.
埴原和郎編 1994『日本人の起源〈増補〉』朝日新聞社。
東村岳史 2000「『状況としての「アイヌ」』の思想と意義——『アヌタリアイヌ』による〈アイヌ〉表象の問い直し」『解放社会学研究』14: 39-75.
——2001a「『文化財』としての『アイヌ古式舞踊』」『解放社会学研究』15: 98-118.
——2001b「『アイヌ文化』の『フォーマット化』」『国際開発研究フォーラム』18: 113-23.
——2002「戦後におけるアイヌの『熊祭り』——1940年代後半——1960年代後半の新聞記事分析を中心に」『解放社会学研究』16: 111-140.
ひろた・まさき 1999「日本における差別史研究の諸問題」『現代思想』27(2): 187-199.
「(座談会) 被差別大衆の生活と文化——アイヌ」1981『別冊解放教育差別とたたかう文化』10: 12-36.
北海道ウタリ協会アイヌ史編集委員会 1984『アイヌ史の要点』。
ましこ・ひでのり 1999「縄文文化=基層論の政治性——知識社会学としての歴史社会学」第47回関東社会学会大会報告原稿。
水野豊 1997「『アイヌ文化の振興並びにアイヌの伝統等に関する知識の普及及び啓発に関する法律』について」『月刊文化財』409: 60-66.
モーリス - 鈴木、テッサ 1996「文化・多様性・デモクラシー——多文化主義と文化資本の概念にかかわる小考察」『思想』867: 38-58.
結城庄司 1997『遺稿チャランケ』草風館。
吉野耕作 1997『文化ナショナリズムの社会学——現代日本のアイデンティティの行方』名古屋大学出版会。
Siddle, Richard. 1996, *Race, Resistance and the Ainu of Japan*, London: Routledge.

あとがき——日常の両義性を讃えて

山田富秋

今回の企画は日常生活から差別問題にアプローチしようという趣旨から始まった。私たちは差別問題と聞いたとたんに、ある一定の構えを持ってしまいがちだ。そして差別という現象が立ち上がってくる具体的な状況をないがしろにして、すぐに決まり文句となった正義の言説を繰り出すのである。もちろん普遍的な正義の言説は、できあいの処方箋として、一時的な安心感を与えるかもしれない。しかし差別という現象がどのようにして発生してきたのか、まさにその成り立ちのプロセスを覆い隠してしまうのである。その結果私たちは、その具体的な差別を私たちの日常とは無関係のものとしてうまく処理してしまう。どれほどその差別が恐ろしいものであろうと、いやむしろそれが恐ろしいだけに、自分とは関係ないものとする「切り離し」手続きは強くはたらくだろう。そしてこの「切り離し」手続きは、それとは反対に感動的な反差別の取り組みを目撃するときにもはたらく。編者の一人、好井裕明の同和問題啓発ビデオの分析は、このビデオを視聴することで「向こう側」の真摯さには感動するものの、最終的にはそれを自分の日常生活から切り離してしまう効果を明らかにしている。

　しかしながら、私たちがフィールドワークを実践したとたんに、こうした「切り離し」手続きはいともかんたんにくずれてしまう。それはなぜだろうか。その答えはかんたんだ。私たちが頼りにする善悪二元論は、変化する現実に耐えられないからだ。蘭由岐子がまさに身をもって語っているように、私たちはフィールドワーカーとして、フィールドの現実にそのつど一定の道徳的責任を負うかたちで調査せざるをえない。そしてそれは時には矛盾した要請に同時に答えることにもつながっていく。もちろんそのことで、私たちは罪悪感に囚われることもあるだろう。しかしそのことは調査の欠点ではない。むしろ社会学者が考えている現実が平板すぎるのだ。それではフィールドに巻き込まれることによって何が見えてきたのか。それはこの本に寄稿していただいたおのおのの論文を読むことでしかわからないだろう。ただし、それは調査者の立場を棚上げしたり、自分を中立的な場所におくことで得られる単純な二元論ではないことは共通している。

ここからどんなことが言えるだろうか。まず、正義や悪の言説が具体的な状況を無視することによって生まれるということだ。また、これを差別問題に引き寄せて考えれば、具体的な状況を超えた「差別者」や「被差別者」といった、固定したアイデンティティは存在しないということだ。同時にフィールドワーカーもまた、私や他者のアイデンティティを本質化することなく、その時々の関係性それ自体に対して責任をとっていくことになる。そこでは、つぎつぎと変化していく関係性に敏感になり、その関係性自体に責任を負う。それは、関係性それ自体に対して応答していく道徳的で政治的な責任である。同時にそれは最初から善悪をたてないという意味で、状況の意味の両義性を積極的に評価することにつながっていく。そしてこのことを雄弁に語ったのはミハイル・バフチンである。

バフチンによれば、私たちは身体を持った存在であり、それによって具体的な〈いま - ここで〉の世界に定位することができる。しかも私には私の身体の全体を見ることはできず、私を見る他者によって私の視点は完成するのである。ここにはサルトルのように、他者の視線にまなざされることで石に化してしまうような、自己と他者の相克は存在しない。むしろまったく反対に、私が存在するのは他者の存在に負っているし、逆もまた真である。そして私が身体を持つことは、さらに重要な結果をもたらす。それは正義の言説が指定する超越的な場所には、私は存在できないということだ。もし私が私の身体のコピーを同時に他の場所に持つことができたなら、普遍的な言説も可能だろう。しかし私は〈いま - ここで〉具体的な他者と関係を持つことでしか存在できないために、私の語る言説はつねにユニークな始源としての「語り」となる。しかもそれは私に回収される私の所有物ではない。むしろ、私の語りはつねにそれを聞く他者に開かれている(Gardiner, M. & Bell, M. M. eds., *Bakhtin and the Human Sciences*, Sage, 1998)。したがって、私たちの「語り」は、〈いま‐ここで〉どのような方向に進んでいくのか、まえもって予想することもできないのだ。この世界がつねに多様な応答の方向に開かれているということ、これが両義性の意味である。

さて、最後に私自身がここで行ったフィールドワークについて、少しだけ補足しよう。差別問題の最大の特徴は、差別者と被差別者とのあいだの圧倒的な非対称性である。つまり、差別問題は差別された社会的カテゴリー当事者の告発によってしか提起されない。そして、そのカテゴリーに該当しないと信じる一般の人々は、差別をしてもそれに気づかない。被差別カテゴリーの当事者は、生死を問われるくらいに強迫された状況に陥れられる一方、その他の人々は何も感じないということ、これが圧倒的な非対称性である。この非対称性は日常生活において巧妙に維持されている。そして差別問題が被差別当事者以外によって表面化されるときは、かならずと言っていいほど非日常的な事件においてなのである。そこでは日常的に維持されている非対称性は最初から無視され、ふしぎなことに、被差別のカテゴリーの人々が加害者として表現されていくのである。これは精神障害者がなにか事件を起こしたとき、精神障害者はこわいと吹聴するマスコミ報道によくあらわれているだろう。この結果どうなるかはもうおわかりだろう。被差別カテゴリーには入らないと信じる圧倒的多くの人々は、日常的に差別問題を語ることばをもたないということだ。たとえば精神障害者は非日常的な事件の加害者としてしか語られない。

差別問題が非対称性を特徴とするとしたら、私たちにできることは、被差別カテゴリーを語る日常的な語りをつむぎだしていくことだろう。障害者があたりまえに地域で暮らすことをノーマライゼーションという。しかし障害がつねに非日常的な文脈で語られるために、あたりまえに地域で暮らすことはじつはあたりまえじゃない。長野県のS会でもよくこの語りを聞いた。あたりまえに生きることは、あたりまえじゃないんだ。私がこの調査を始めてから、私の定型化された理論的知識は現実の多様性を隠していくだけで、ほとんど「あたりまえじゃない」現実を記述する役にはたたないことに気づいてきた。そして私はここでS会の「語り」を私自身の視点から記述することに努めた。奮闘の結果できあがったのが本書の論文だが、いつも理論的記述を得意とする私には、まだまだ日常の語りには近づけないと反省させられた。もっと理論的なよろいを脱いだらともう一人の編者にも言われたが、日常の語りという文体（スタイル）を獲得するにはまだ時間がかかるだろう。

さて、この本が最終的にあるメッセージを読者に伝えるようになったとすれば、それはひとえにせりか書房編集長の船橋純一郎氏に負っている。彼の仕事がなければ、本書はひとつの一貫したテーマに統一されることはなかっただろう。それは〈いま - ここ〉の日常から差別問題をみていくと、フィールドワークの仕事と通底していく。そしてこの作業は非対称性を強制されている「差別の政治（ポリティックス）」を、日常の語りのなかに脱構築していくことにもなる。これが本書を編む作業で明らかになったことではないだろうか。私の日常もまたここにつながっている。

執筆者紹介

好井裕明（よしい　ひろあき）
1956年生まれ。広島国際学院大学現代社会学部教授。京都大学博士（文学）。これからやってみたいこと——薬害HIV感染被害問題の社会学、映像に見る「ヒロシマ」イメージの解読、社会啓発実践のエスノメソドロジー、差別・排除の会話分析。「差別の日常」からたちあがる生活者の社会学の創造、映画の社会学などなど、いっぱいあります。一つずつこなしていかねば……

山田富秋（やまだ　とみあき）
1955年生まれ。京都精華大学人文学部教授。文学博士。専門はエスノメソドロジーと差別の社会学。特に精神障害を中心とした地域福祉のフィールドワークを現在行っている。いまの関心は日常の「語り」に焦点をあてて、バフチンとフーコーとエスノメソドロジーの問題領域を横断することにある。

蘭　由岐子（あららぎ　ゆきこ）
1958年生まれ。賢明女子学院短期大学助教授。目下、日本のハンセン病者の病の経験についてライフヒストリーの視点から研究中。研究の過程で受けるさまざまなインパクトを自分の糧にしていきたい。

倉石一郎（くらいし　いちろう）
1970年生まれ。東京外国語大学教員。博士（人間・環境学）。教育の社会学、差別・マイノリティ論が二大テーマで、一方の探求が他方に対して本質的な寄与をなすはずとの祈りにも似た信念に支えられて研究中。現在、ミハイル・バフチンの著作群の社会科学的可能性に心を奪われている。

杉浦郁子（すぎうら　いくこ）
1969年生まれ。中央大学ほか非常勤講師。社会学専攻。「性」現象が関心領域。「レズビアンのライフヒストリー」研究、「トランスジェンダーの社会史」研究など。

風間　孝（かざま　たかし）
1967年生まれ。東京大学大学院総合文化研究科博士課程在籍。ゲイ・スタディーズ、社会学専攻。日本の同性愛者をとりまく社会・文化的状況とカミングアウト実践の関係を研究している。共著として『ゲイ・スタディーズ』（青土社）など。

山本薫子（やまもと　かおるこ）
1973年生まれ。山口大学教育学部教員。横浜・寿町で聞き取りを中心としたフィールドワークを続けるなかで、超過滞在者をはじめとする外国人労働者とその家族たちが日本社会においてどのようなポジションに置かれ、また選び取らされているのか、そこで働いている同化／排除のメカニズムとはなにか、といった問題に関心を持ち続けている。

倉本智明（くらもと　ともあき）
1963年、大阪市生まれ。関西大学社会学部他非常勤講師。専攻：障害学・福祉社会学。現在の関心は、イデオロギー装置としての「福祉文化」、マイノリティ運動における分配への要求と承認への要求の関わりなど。

寺本晃久（てらもと　あきひさ）
1973年生まれ。東京都立大学大学院社会科学研究科博士課程在籍。現在は障害認識の歴史に関心があり、昭和期の学／政策／運動における知的障害認識の変遷について調べてみたい。障害学理論を深めたい。

東村岳史（ひがしむら　たけし）
1963年生まれ。名古屋大学大学院国際開発研究科教員。近現代におけるアイヌ民族と「日本人」の関係変遷が研究テーマ。特に戦後史の「分厚い記述」を今後の目標としている。

お知らせ

●視覚障害の方のために、点訳データ、音読データ、拡大写本データなどに利用する場合に限り、本書内容を複製することを認めます。ただし、営利を目的にする場合はこの限りではありません。

●視覚障害、肢体不自由などのため、本書のテキストデータが必要な方は、フロッピーディスクで提供いたします。200円切手を貼った返信用の封筒（ディスクが入る大きさの定形封筒に住所明記）と「テキストデータ引換券」（コピー不可）を同封し、下記宛先までお送りください。

〒101-0064 東京都千代田区猿楽町2-2-5　興新ビル303
せりか書房「テキストデータ」係

実践のフィールドワーク
テキストデータ引換券

実践のフィールドワーク

2002年5月15日　第1刷発行

編　者　好井裕明・山田富秋
発行者　佐伯　治
発行所　株式会社せりか書房
　　　　東京都千代田区猿楽町2-2-5　興新ビル303
　　　　電話03-3291-4676　振替00150-6-143601
印　刷　信毎書籍印刷株式会社
装　幀　工藤強勝

ISBN4-7967-0239-3